现代情报检索理论

康耀红 著

科学技术文献出版社

图书在版编目(CIP)数据

现代情报检索理论/康耀红著.—北京：科学技术文献出版社，1990.3（2019.7重印）
ISBN 978-7-5023-0973-2

Ⅰ.①现… Ⅱ.①康… Ⅲ.①信息检索 Ⅳ.①G254.9

中国版本图书馆CIP数据核字（2019）第128583号

内容简介

本书主要对已应用于商用系统的情报检索理论作较详尽的介绍和进一步讨论。另一方面，对那些在不久的将来可能影响到情报检索领域的理论也作深入的探讨。本书对情报检索理论的重要部分作了综合阐述，对情报检索的新领域，如模糊检索、代数检索、概率检索、多值相关性判定检索、布尔检索的新发展等，都作了全面的介绍，对与情报检索有关的文献内容的自动分析和自动标引、检索策略、查询加权、系统评价等作了比较充分的论述。本书还探讨了情报检索的哲学问题。

本书的读者对象是情报专业的教师及高年级学生，图书馆专业、计算机专业，以及某些应用数学专业的研究人员。

现代情报检索理论

策划编辑：孙江莉 责任编辑：王锡文 责任校对：科　文 责任出版：张志平

出　版　者	科学技术文献出版社	
地　　　址	北京市复兴路15号　邮编　100038	
编　务　部	（010）58882938，58882087（传真）	
发　行　部	（010）58882868，58882870（传真）	
邮　购　部	（010）58882873	
官方网址	www.stdp.com.cn	
发　行　者	科学技术文献出版社发行　全国各地新华书店经销	
印　刷　者	北京厚诚则铭印刷科技有限公司	
版　　　次	1990年3月第1版　2019年7月第2次印刷	
开　　　本	787×1092　1/32	
字　　　数	217千	
印　　　张	10.25	
书　　　号	ISBN 978-7-5023-0973-2	
定　　　价	68.00元	

版权所有　违法必究

购买本社图书，凡字迹不清、缺页、倒页、脱页者，本社发行部负责调换

再印前言

知识的一半，是知道到哪里去找它。明日的文盲，不是不能阅读的人，而是缺乏检索能力的人。

据说这句话出自一个叫赫伯特的美国人，有案可查的是它的前半句刻在了美国佛罗里达州立大学道尔大厅的门楣上。实际上，检索行为确实已成为人们日常生活中的普遍现象。

进入20世纪以来，互联网将众多情报资源连接起来，并提供对这些资源的检索。信息环境和信息载体的发展使情报检索的方法和技术也不断成熟。情报检索已不是早期单纯的文献检索，而是扩展到事实检索、知识检索、超文本检索、多媒体检索等领域，并将发展为人工智能、大数据、云计算高度融合的检索系统。美国情报机构已计划研制通用翻译机，实现多语言查询。用户可通过输入单一语言，从全球超过7000种语言中对相关文档进行搜索。可以说现代科学技术的进步，特别是计算机和互联网技术的应用，已经使情报检索演变为计算机信息技术的一门分支学科。

快速、便利的情报信息共享深刻地影响着各类受众，但仍有很多欠缺的地方：比如广泛应用的搜索引擎，存在漏检、重复、相关度混乱及缺乏统一标准等局限性；再比如检索系统中关键的文献标引和用户需求的自然语言表达，虽然已经可以有多种方式自动化，但仍进入不到实用阶段。我所观察到的现象是随着计算机运算速度、储存技术的快速发展和互联网的广泛应用，情报检索的开发与应用普遍因为技术的进步而忽略了关于理论的完善和算法的优化，以致关于检索理论的研究氛围和热度不够，没有出现较大的突破。

现代情报检索理论是多学科融合的理论，尤其现代数学和计算机信息科学，已经成为现代情报检索理论的两大支柱。这在本书中得到了充分的体现。本书注重用数学工具量化描述或推导情报理论的各个要素，并以计算机信息科学为背景构建情报检索模型；关注到情报检索的人文特性，探讨了情报检索的哲学问题。

本书初版于1990年，当时正处于情报检索发展进步的重要转折时期，客户/服务器检索模式开始取代终端/主机结构。情报检索即将进入互联网时代，但我当时没有享受到这种便利。为撰写本书，我在5年多的时间里为了查询相关文献，在北京和西安之间来回穿梭，复印了国际国内几乎所有相关资料。为了节省费用，睡地下室，挤公交车，吃开水泡馍等等，颇受了些辛苦。

30多来，本书受到广大读者的普遍欢迎。至今，书中阐述的概念和原理，特别是基于相关性概念和按照检索指标要求所树立的检索理论，对于情报检索领域的研究者仍然具有很好的参考价值和指导意义。

先是雄心勃勃地准备对本书进行全面修订，退而踌躇满志地计划重写《情报检索问题的哲学解》一章，但考虑到以现在的时间和能力都根本无法达到自己想要的目的，最后还是决定不做任何修改。现在"情报检索"一词已经完全被"信息检索"所替代，而我没有把书名改为《现代信息检索理论》的原因是不想给读者造成是一本新书的误会。不妥之处，敬希读者谅解。

衷心感谢李洁、张星熠两位女士对本书再印的支持和帮助！

康耀红

2019年7月5日于弗措斋

序　言

近三十年来，情报检索已发展成为一门具有丰富理论的学科，其中某些理论和方法（如布尔检索等）已发展得相当成熟，并已在实际中广泛应用。国外关于情报检索理论的研究仍然方兴未艾，因为对新的情报检索理论的探索，将有助于在新的起点上建立新型情报检索系统，对适应信息化社会更加广泛的情报检索应用具有重要的现实意义。了解情报检索的理论基础以及众多的新的检索理论，对我国情报检索学科建设和未来新型情报检索系统的设计，更具有重要的战略和现实意义。

情报检索的理论研究已越来越呈现出多样化的趋势。就检索策略而言，在商用系统中得到广泛应用的布尔检索方法及理论上的缺陷越来越受到挑战，人们一方面希图建立新型理论来代替布尔检索，提出了代数检索、概率检索等新型检索模型和方法，另一方面也致力于对布尔检索理论本身的推广和拓宽。近年来国内国外涌现了大批的文献和研究成果，可以肯定，随着科学技术的进一步发展和情报检索理论的进一步完善，一些先进的理论将会实用化和普及，并进入商用系统中产生更高的效益。

康耀红同志是一位从数学专业转向计算机情报检索理论研究的青年教师。《现代情报检索理论》一书是他以近五年时间悉心阅读数百篇国内外有关论著的读书心得和综合分析的研究成果，对情报检索的众多研究成果进行了精心推敲并予以系统化。本书对情报检索理论的新领域如模糊检索、代数检索、概率检索、多值相关性检索、布尔检索的新发展等，从基本内容到当前进展作了比较系统的介绍，对与情报检索有关的文献内容的自动分析与自动标引、检索策略、查询加权、系统评价、查全-查准互逆关系的数学解释等作了比较充分的论述，其中对国外某些理论和方法的介绍在我国还是第一次见到，无疑对我国学者了解情报检索的基础理论及国际国内的研究现状具有重要参考价值。

我国已出版了不少关于情报检索的论著，其中大都侧重于情报检索系统的组成和软件介绍，而类似《现代情报检索理论》这一理论化的专著，在我国是第一次出版。作者在书中结合国际国内的现状研究，还融合了本人的一些观点和研究成果。例如，布尔检索中的双曲模型，概率检索中对于词相依性的不相关化处理，第八章中的词关联性测度，第十二章中多值相关性判定检索理论，第十三章关于情报检索的哲学问题等，都含有作者独立研究或具有独到见解的一些研究成果。本书写作注意语言表述的通俗性和数学论证的严密性，书中涉及的重要结果，都指出了出处和有关的参考文献，写作作风和态度是严谨的。

总之，本书是一部具有一定学术价值、对我国情报检索学科建设具有一定意义并能反映我国有关情报检索理论研究现状的著作。我相信它的出版将会对我们的情报检索理论研究产生有益的影响，因此很乐于向我国计算机情报检索同仁和同行推荐这一学术著作。

曾民族谨识
1989年6月27日

前　言

作为一本试图系统介绍和全面研究现代情报检索理论的书，又不致使篇幅太长，在其形成过程中，作者面临的最大困难是对数百篇文献的取舍和加工。本书的作法是，对于已应用于商用系统或实验系统的理论作较详尽的介绍和进一步的讨论，另一方面对那些不久的将来可能影响到情报检索领域的理论也作了深入的探讨。对于所有的重要结果，作者都指出出处及其它必要的参考文献。

除第一章、第十一章和第十二章外，其余各章最后都附有补记。这主要是为了对该章内容作补充的说明，特别是对有关的理论作简要的介绍和评价，以满足部分研究者的特殊需要。

书中没有用专门的篇章介绍有关的数学知识，除个别的理论（§4—1，§11—1）作了概略的介绍外，大部分都是直接引用的。这些知识可以从现有的许多数学教科书中找到。

我衷心感谢北京文献服务处曾民族老师，正是在他的支持和帮助下，我才得以坚持始终地完成了本书的写作。我还要感谢汤兆魁、周智佑、曹天顺几位老师，他们对本书的出版提供了许多有益的帮助。**本书的出版受到了西安电子科技大学科研基金的资助。**

虽然作者已尽了一切力所能及的努力，但书中还难免存在一些错误或不足之处，恳请广大读者予以批评指正。

康耀红
1989年3月

目 录

序 言
前 言

第一章　引论 ······································ (1)
 §1—1　情报检索及其分类 ················· (1)
 §1—2　情报检索系统 ························ (2)
 §1—3　现代的检索理论 ···················· (5)
 §1—4　数学在情报检索中的重要性······· (7)

第二章　文献内容的自动分析与自动标引 ······· (9)
 §2—1　标引方法的不同类型 ··············· (9)
 §2—2　Zipf 定律与 Luhn 的思想 ········ (12)
 §2—3　标引有效的评价指标 ··············· (16)
 §2—4　由词的文献频率和区分值导出的权值
　　　　设计 ································ (18)
 §2—5　基于词相关性与价值测度的理论······ (27)
 §2—6　叙词标引 ······························ (38)
 §2—7　2—Poisson 模型 ···················· (44)
 补 记 ·· (47)

第三章　文档结构 ································· (54)
 §3—1　流式文档 ······························ (55)
 §3—2　顺序文档 ······························ (57)
 §3—3　索引文档 ······························ (60)
 §3—4　倒排文档 ······························ (62)
 补 记 ·· (69)

V

第四章 代数检索 ………………………………（70）

§4—1 有关数学知识 ……………………………（70）
§4—2 查询语言的代数结构 ……………………（76）
§4—3 传统的向量空间模型 ……………………（78）
§4—4 词关系矩阵 ………………………………（84）
§4—5 广义向量空间模型 ………………………（88）
§4—6 布尔查询情形下的广义向量空间模型 …………………………………………（100）
§4—7 一般代数检索理论 ………………………（104）
补 记 ………………………………………………（110）

第五章 概率检索 ………………………………（114）

§5—1 相关性及排序原则 ………………………（115）
§5—2 一般决策模型 ……………………………（119）
§5—3 标引词独立情形下对 $P(x/w_i)$ 的逼近 ………………………………………（125）
§5—4 标引词相依情形下对 $P(x/w_i)$ 的逼近 ………………………………………（129）
§5—5 对相依情形下的不相关化处理 …………（135）
补 记 ………………………………………………（139）

第六章 模糊检索 ………………………………（146）

§6—1 情报检索的模糊数学描述 ………………（146）
§6—2 查询语言的 λ—水平语义 ………………（149）
§6—3 基于语言变量和语义范式的输出规则 ……………………………………………（154）

§6—4　输出结果的稳定性讨论…………………（159）
§6—5　模糊兼容检索……………………………（170）
补　记　…………………………………………………（171）

第七章　布尔检索……………………………………（174）

§7—1　传统的布尔检索理论及其存在的问题………………………………………………（175）
§7—2　Bookstein 模型……………………………（180）
§7—3　Salton 模型…………………………………（185）
§7—4　加权布尔检索的基本理论………………（194）
§7—5　布尔查询分类……………………………（204）
补　记　…………………………………………………（210）

第八章　文献自动分类………………………………（214）

§8—1　关联性测度………………………………（215）
§8—2　分类假设与分类方法……………………（220）
§8—3　聚类文档…………………………………（228）
§8—4　基于聚类文档的检索模型………………（231）
补　记　…………………………………………………（237）

第九章　相关反馈检索………………………………（242）

§9—1　相关反馈的基本思想……………………（243）
§9—2　Rocchio 模型………………………………（245）
§9—3　基于词联结矩阵的查询修正……………（246）
§9—4　概率检索模型中的最理想查询…………（249）
§9—5　关于布尔查询的两种反馈思想…………（251）

补　　记 ………………………………………… (255)

第十章　检索评价 ……………………………… (258)

§10—1　查全率，查准率及其相互关系 …… (259)
§10—2　混合测度 ………………………………… (260)
§10—3　Swets 模型 ……………………………… (263)
§10—4　Cooper 模型 …………………………… (266)
§10—5　SMART 测度 …………………………… (270)
§10—6　一般模型 ………………………………… (273)
补　　记 ………………………………………… (280)

第十一章　多值相关性判定下的检索理论 ……… (283)

§11—1　模糊贝叶斯法则 ………………………… (284)
§11—2　广义检索指标的模糊概率定义 …… (286)
§11—3　E_R—E_P 互逆关系的数学解释 ……… (288)
§11—4　多值相关性判定下对几种加权标引
效率的讨论 ……………………………… (296)
§11—5　多值相关性判定下的一般决策模
型 ………………………………………… (299)

第十二章　情报检索的哲学 ……………………… (304)

§12—1　情报检索的描述与说明 ……………… (304)
§12—2　情报理论的结构 ………………………… (306)
§12—3　检索问题的哲学解 …………………… (309)

第一章 引 论

本章阐述情报检索的特点,介绍情报检索系统以及现代情报检索理论的发展状况。

§1—1 情报检索及其分类

情报检索一词同"情报"一样,目前仍是一个没有统一定义的术语。但从人们在"情报检索"范围内所进行的研究或活动来看,它主要涉及情报资料的表示、组织和存取,通过检索系统为用户提供与用户查询主题相关的情报资料。

按照检索对象的性质不同,情报检索可分为数据检索、事实检索和文献检索三种类型。数据检索的对象是数据,检索就是搜索数据文档,并针对查询提供答案。事实检索的对象也是数据,但要针对查询,由检索系统对数据文档进行分析、推理后,将最终结果输出。文献检索的对象是文献或文献的某种表示形式,通过检索系统为用户提供与查询主题相关的文摘索引、文摘内容或文献全文。

数据检索和事实检索是一种确定型检索,它提供与用户要求相关的情报;文献检索是一种不确定型检索,它不仅要提供与用户要求相关的情报,而且要提供相关的程度。这样的差异导致了必须用不同的方法去处理文献检索、数据检索和事实检索。Van Rijsbergen 在〔1〕(指每章后所列参考文献编号,下同)中详细地阐述了处理数据检索和文献检索的不同方法。文献检索较数据检索和事实检索内容更为丰富，处理方法更为一般，因此 Van Rijsbergen 指出用"文献"来代替"情报"就足以论述情报检索了。从这个意义上讲，情报检索主要就是文献检索。实际上情报检索研究的中心问题也就是以计算机在文献检索中的应用为对象，研究适用于计算机处理的文献的表示、存贮、组织和检索的理论、技术和方法。

本书研究的对象是文献检索。

§1—2 情报检索系统

检索系统，狭义地说就是利用一定的检索设备从整理好的，存贮在某种载体（如卡片、书本、缩微胶卷或磁带等）上的文献集合中找到所需文献的系统。这里所说的检索设备是指卡片机、选卡机、电子计算机和缩微品检索装置等。所谓整理好的文献集合，可以是用自然语言描述的正文，或经过标引之后给出检索标志并按规定的顺序排列而成的文摘或题录的集合[2]。情报检索系统响应一个查询请求的输出是由一组参考文献所构成，这些参考文献倾向于向系统用户提供可能有兴趣的资料。

我们采用下图说明情报检索系统的主要功能。标引就是将来到系统的文献和查询要求经过概念分析，转换成某些词或"标引语言"。然后，文献和查询的标引被输入信息处理机。由图示看出信息处理机处理的不是原始文献和查询需求，而是文献和查询的一种表示。显然，如果不能构造出准确反映文献和查询的主题内容的标引，检索结果是很难想象

的。所以，标引是影响检索效益的一个重要因素。信息处理机的功能包括通过某些适当的途径将情报结构化，例如对情

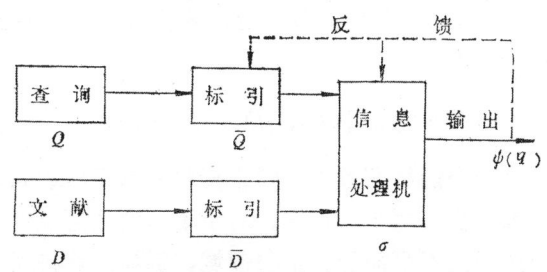

情报检索系统示意图

报进行分类、排档等；同样包括实际的检索功能，即执行响应查询的检索策略。检索策略是建立在对文献和查询的比较之上的，是文献表示和查询表示的一种连接。对于给定的文献表示和查询表示，通过检索策略确定与查询表示相关的文献表示。检索策略的优劣直接影响最终检索结果，它也是影响检索效益的一个重要因素。由于标引和检索策略往往出现误差，信息处理机往往不能为用户提供满意的情报，因而需从用户对输出结果的分析所得的情报进行反馈，以得到修正的标引和检索策略。

采用数学语言，情报检索系统可以定义为一个四维数组：

$$S=\langle D, Q, T, \sigma\rangle.$$

其中 D 表示原始文献集，Q 表示用户查询等，T 是标引词集合。而 σ 为匹配函数：

$$\sigma: \overline{D} \times \overline{Q} \longrightarrow R.$$

此处，$\overline{D}$ 是经过标引的文献集合，$\overline{Q}$ 是经过标引的查询集合，R 是函数值集合。值 $\sigma(\overline{d}, \overline{q}) \epsilon R (\overline{d} \epsilon \overline{D}, \overline{q} \epsilon \overline{Q})$ 表示文献 d 关于查询 q 的相关程度。设 k 为检索状态值，则关于查询 q 的检出文献集为：

$$\Psi(q) = \{d | \sigma(\overline{d}, \overline{q}) \geqslant k, d \epsilon D\}.$$

要建立一个能够有效利用情报资料的情报组织系统是困难的。原因至少有两个：首先，对于不同的主题范围来说，情报量的增长是不平衡的。某些领域，例如计算机科学，以极快的速度在发展。然而其它一些学科，例如外语研究方面的资料，就可能根本不增加。将来情报增长的模式是难以预测的，因而对各个学科的任何预言，实际上都有很大的悬殊。为了仔细研究情报未来增长的情况，人们可以就每一学科和每一主题领域内，力求事先提出某些规定的扩充结构。最后，在这些扩充结构中，某些领域的资料可能是容纳不下的，而在另外的一些领域中却可能根本就没有用到。

在创造有效情报组织方面的第二个困难，是如何把相关条目放置得相近一些。例如，关于代数，图论和拓扑学的书籍，在一个文献集合中应是相互靠近的。第一眼看上去，这个问题似乎很容易，特别是当人们把这些主题都清清楚楚地放在更广泛的一般数学主题下面的时候，则更为简便。然而，会出现特殊的问题，例如对于某一交叉学科，这一特定学科可能与几个主题有关。要把分散在所有相关主题类目中的系统分析方面的资料，都放在相近的位置上，仅用把资料按顺序放在书架上的方法（这是一种一维的组织方法），是不能实现的，而必须采用多维的组织方法。

Lancaster在〔3〕中对情报检索系统的特性、试验及评价作了定性的论述,Salton在〔4〕中也用专门一章介绍了实际运行的检索系统。本书将对已应用于商用系统或实验系统的理论作较为详尽的介绍和进一步的讨论,另一方面对那些在不久的将来可能影响到情报检索领域的理论也作深入的探讨。

§1—3 现代的检索理论

我们已经知道文献的标引和检索策略是文献检索中的两个重要因素。如何对文献进行标引,如何制定高效益的检索策略,这是情报检索理论研究的两个重要课题。

在传统的情报检索中,一方面标引是由学科专家或职业标引人员手工完成,其固有的缺点是需要占用大量的人力物力;另一方面,当文献量激增,文献的专业化程度愈来愈高的同时,我们不可能把各方面的学科专家聚集起来用于文献标引,而职业标引人员要就不同内容的文献给予精确的标引又越来越困难,从而使手工标引常常无法与实际需求相适应。

在过去,人们建立了关于布尔检索策略的系统理论。这种检索策略的优点是运算程序简单,查询描述准确。因为这些原因,布尔检索在实际中得到了广泛的应用。但这种传统的检索方法还存在不少缺陷,例如不能控制系统输出量的大小,不能对系统输出按与用户的目的相关程度进行排序等。随着科学技术的飞速发展,情报用户队伍的结构愈来愈复杂,对情报检索系统的要求也愈来愈高,传统的布尔检索将无法与新的形势相适应，必须有新的理论和更先进的方法。

科学技术的大发展不仅需要发展情报检索理论，而且也给现代情报检索理论的发展准备了两个重要条件——现代数学和电子计算机。现代数学，如概率论、模糊数学等，为现代情报检索理论提供了多种多样的研究工具，而电子计算机的发展更具有决定性的作用，可以说情报检索的现代理论是和电子计算机平行发展起来的。50年代末Luhn提出了自动抽词的思想，奠定了自动标引的理论基础；60年代Salton提供了矢量检索理论，并成功地应用于SMART实验系统。S.K.M.Wong建立了广义矢量模型，考虑了词与词的相依性。Z.W.Ras利用格与布尔代数理论建立了代数模型。Cooper和Bookstein利用集合论建立了情报检索的一般模型。Maron、Roberton和Sparck Jones于60—80年代期间也已先后建立了三个概率检索模型。Van Rijsbergen还在词相依情形下讨论了概率检索模型。荷兰的Raedcki在模糊检索理论方面作了出色的工作。最近几年，Salton又建立了扩展布尔检索模型，都小健、康耀红在多值相关判定的前提下提出了广义检索理论。关于自然语言的正文文献的输入和输出还是一个尚待解决的问题，但已越来越引起人们的重视。可以想象，未来硬件以及现代检索理论的发展，完全有可能使自然语言的输入输出成为现实。

现代情报检索理论的特点是标引、分类、反馈等过程的自动化和理论的多样化。人们可以根据文献和查询的相关程度将输出的文献进行排序，以便使用户可以首先得到最相关的文献，还可以控制输出量的大小。

应该指出，尽管现代情报检索理论有很多优点，但传统情报检索理论也有其长处。例如查询的布尔表示比向量表示就准确一些。所以布尔检索的思想是我们在以后的研究中应该予以借鉴的。

§1—4　数学在情报检索中的重要性

周智佑在〔5〕中谈到情报科学的性质时指出："情报科学是一门交叉学科,但它不是自然科学内一门学科与另一门学科间的交叉,而很大程度上是社会科学与自然科学这两大门学科之间的交叉。"许多交叉学科如管理学、未来学、科学学都已发展到相当的程度,其原因就是成功地应用了数学。

情报检索的实际问题涉及到大量的数据。一个高效的检索系统要求的复杂程度越高,处理情报的工作量就越大。在这种情况下,数学工具是必不可少的。运用数学不仅能使被研究的对象和现象的质的概念精确化和深化,并能预见新现象的产生。在情报检索中引入数学模型,巧妙地运用数学方法能够事先预见在这些参数或那些参数变化条件下,某种假设的接近于实际的情报体系的发展过程。

随着计算机的发展,使用计算机可以建立各种既可快速又有智能的情报检索系统。早些时候,图书馆的编目和一般管理都为计算机所完成,随之而来的是众所周知的"图书馆联机革命"。但现在仅这些已无法与科技文献迅猛增长的形势相适应,于是进一步出现了计算机自动抽取文摘、自动标引、自动分类、自动收集书目数据等处理方法。尽管许多自动化的情报检索系统都还停留在试验阶段,但它们已越来越受到人们的重视。

计算机化的情报检索系统必须是既经济又实用的,因而一方面要求检索系统能够准确快速地为用户提供所需情报,另一方面必须使检索费用尽可能低,以直接或间接地提高检索效益。这样一来,系统的结构就应有更复杂的数学设计,检索原理就应该有更严谨的数学论证,以保证在既经济又实用的前提下可以使用计算机和计算机可存取的存贮装置。

因此必须对数学方法进行有效的研究。如不通晓数学,就无法应用新技术使情报检索取得更大的进展。

参 考 文 献

〔1〕 Van Rijsbergen, C.J., Information Retrieval, Butterworths, London, 1979.

〔2〕 科技情报工作概论,科学技术文献出版社,北京,1984.

〔3〕 兰卡斯特,F.W.,情报检索系统——特性,实验与评价,陈光祚等译,书目文献出版社,北京,1984.

〔4〕 Salton, G., McGill, M.J., Introduction to Modern Information Retrieval, McGraw-Hill, New York, 1983.

〔5〕 周智佑,情报科学的发展,情报科学,1986,6,pp54—61.

第二章 文献内容的自动分析与自动标引

计算机化的情报检索系统所贮存的不是原始文献本身，而是文献的某种表示形式。因而，在建立系统的过程中，首先必须通过对文献正文的分析，产生出一种计算机能够处理的文献表示形式来。

文献正文分析的出发点可以是文献全文、摘要、标题或者一个词表。到目前为止，人们已建立了多种文献正文分析的方法，借以讨论产生文献表示的具体途径。

在本章中，我们尤其推崇Luhn的思想，这种思想是应用统计方法进行文献正文分析和文献标引的基础。其次，将根据词的不同特征给出几种相应的权值设计方法。最后，简单讨论一下概率检索模型。

§2—1 标引方法的不同类型

一、手工标引和自动标引

按照形成标引的途径来划分，标引可分为手工标引和自动标引两种类型。

手工标引就是由标引人员通过对文献的阅读，了解文献的内容，猜测用户对它的哪些地方最感兴趣，然后选择适当数量的词作为标引词构成文献的标引。因为种种原因（如

§1—4所述），手工标引常常无法与实际相适应。例如美国国立医学图书馆的 MEDLARS 系统中要求每年标引20万条[1]，这使标引人员不能逐字阅读文献，而是采用浏览阅读的方式。在该系统中，要求标引人员每小时平均标引3—5篇文献，由此种方式形成的文献标引是难以准确反映文献的主题内容的。

把计算机应用到情报检索中去，提供了另一种有意义的可能性，即把文献自动地转换成二次文献。这种过程称为自动标引或机器标引。自动标引主要有两种：

1）赋词标引。计算机在自动标引过程中，如果采用的标引词选自预先编制的词表，我们称之为赋词标引[2]。赋词标引的方法主要有：

(i) 相关概率模型。相关概率模型是由 Maron[3] 1961年提出的，其主要思想是：选一批样本文献，去掉公用词和低频词，把这些文献放入适当类目中，然后统计候选关键词在类目中出现的频率，再由人最后确定一个词表。标引时用新文献中的词同此表进行比较，将找到的关键词赋与该文献。

(ii) 词表法[1]。详细分析抽样文献，编制一个关键词表。把与文献的主题内容相关的词表中的词赋予文献构成文献的标引。

(iii) 区分分析法[2]。样本文献按词频和每一范畴中最重要词的理论频率分为二级分类体系。将文献中词的频率同每一类目中的理论词频比较，选择词频高于理论词频的词作为标引词构成文献的标引。

赋词标引要依靠计算机的识别能力，而机器的识别能力是有一定限度的，所以这种标引方法也不是尽善尽美的。尽管如此，它也不失为一种行之有效的标引方法。

2）抽词标引。从文献中自动抽出能表达文献主题的词作为标引词，以构成文献的标引，这种标引方法称为抽词标引。抽词标引的前提是假设文献中的词能很好地代表文献内容（主题）。如果略去只起句法作用的"共用词"（虚词），一个词在文献中出现的次数越多，则该词代表文献主题的程度越大。例如，在一篇文献中，如果"素数"、"偶数"、"殆素数"、"和"与"乘积"出现的次数较多就可以认为

(i) 这篇文章是关于"哥德巴赫猜想"的；

(ii) 出现次数最多的这五个关键词是确切表达其内容的标引词；

(iii) 经常同时出现这五个词的其它文献也是属于同一课题的文献。

在这些假设下，我们就可以通过计算机完成下述三件事：(a) 从文献中抽出代表其主题的关键词；(b) 将该文献赋于"哥德巴赫猜想"这一泛指的范畴；(c) 根据文献所含的词，用数学语言指出主题内容相似的文献类目。

二、二值标引与加权标引

从标引词所起的作用来划分，标引又可分为二值标引和加权标引。

设 $D=\{d_1, d_2,\cdots,d_m\}$ 为文献集合，$T=\{t_1, t_2,\cdots,t_n\}$ 为标引词集合。D 中第 i 篇文献经过标引后其特征为

$$d_i=\{d_{i1}, d_{i2},\cdots,d_{in}\},$$

其中

$$d_{ij} = \begin{cases} 1, & \text{第}i\text{篇文献标上了第}j\text{个标引词,} \\ 0, & \text{第}i\text{篇文献未标上第}j\text{个标引词,} \end{cases}$$

则这种关于文献的标引方法称为二值标引。

在标引时，如果我们按标引词反映文献主题内容的程度设计一个权值附加给该标引词，标引词反映文献主题内容的程度越高，权值越大，反之越小，则这样的标引称为加权标引。

二值标引的取值范围是只含有两个元素的集合$\{0,1\}$，它只能表示出每个标引词的含义与文献的主题内容是相关的，还是不相关的。如果某个标引词的含义与文献的主题内容是相关的，则相关的程度如何，即该标引词反映文献主题内容的深度和广度如何，二值标引是无法表示出来的。这主要是因为我们在事实上假定了标引词与文献的相关性是二值的。另一方面，加权标引的取值范围则可以是一个闭区间$[0,1]$，所以它是一种多值标引，即假定了标引词与文献的相关性是多值的。已有充分的证据表明，加权标引比二值标引具有更高的检索效益[4-7]，这是我们对"相关性"的不同假设的结果。关于"相关性"的较深入的讨论将在以后（第五、十一章）进行。

§2—2 Zipf 定律与 Luhn 的思想

一篇文献中不同词的使用有什么特点，它们在文献中出现的频率有没有一定的规律，其表现形式应是怎样，Zipf收集了大量的统计材料[8]，发现自然语言词汇的分布服从一个简单的定律。他称这一定律为"省力法则"（Principle of least effort)。即将某一篇较长的文献（约5000字以上）中每个词出现的频率按照递减顺序排列起来（高频词在前，低频词在后），并用自然数给这些词编上等级序号，频次最高的是1级，其次是2级，3级…，这样一直到D级。如果用 f 表示词在文献中出现的频次，用 r 表示词的等级序号，则有

$$fr=c \quad (c\text{ 为常数})$$

如果建立 f 与 r 的坐标系，用横坐标表示词的等级序号，纵坐标表示频次 f，我们就得到双曲线的一支（图2-1）。

Zipf 定律在许多领域都得到了验证。许文霞在〔9〕中验证了中文文献中的词频分布符合 Zipf 定律。

Luhn 在50年代就在 Zipf 定律的基础上，

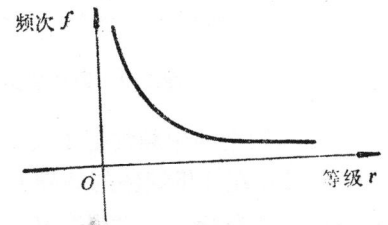

图 2-1 词的频率与排序的关系

作了许多文献内容自动分析方面的工作[10—11]，提出了自动抽词的基本思想。即一篇文献中一个词出现的频率是这个词的重要性的有效测度；一个句子中具有给定该重要性测度的词的相关状态，成为该句子重要性的有效测度。将词的出现频率按等级排列，以一定的标准排除高频词与低频词，剩下的就是最能代表文献主题内容的词。其具体步骤如下：

1）给定 m 篇文献组成的一个集合，计算第 k 个词在第 i 篇文献中发生的频率 f_{ik}；

2）决定该词在整个文献集上的发生频率：

$$f_k = \sum_{i=1}^{n} f_{ik};$$

3）按照 f_k 的大小将词降序排列，确定一个上截止阈值，并去掉 f_k 大于上截止阈值的那些词。同样确定一个下截止阈值，并去掉 f_k 小于下截止阈值的那些词，如图 2-2 所示：

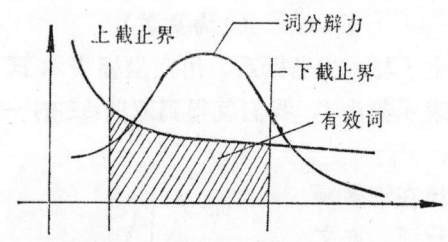

图 2-2 词分辨力与词频的关系

4）剩余的中频词用于文献的标引。

Luhn 在分析词频的基础上提出了词分辨力（resolution power）的概念。他设想在文献中每个词都具有一定的分辨力（即帮助人或机器区分不同文献的能力）。并发现频率太高的词（高频词）分辨力很低，有些甚至于接近零。因为它们一般都是一些只起语法作用而无实际内容的功能词（如介词、连词等），或是一些很泛指的词。它们既然不能给文献本身增添什么实际内容，也就起不到区分不同文献的作用。频率过低的词（低频词、罕用词）在文献中很少出现，不能依靠它们来区分不同文献，所以分辨力一般很低。中频词的分辨力较强，称为有效词（Significant term），它是可供文献用的标引词。现在许多自动标引的工作是在 Luhn 的思想影响下进行的。Luhn 本人也用这些想法设计了一种自动编制文摘的方法[10]。他这一开创性的工作引起了一些情报科学家和计算机应用专家的极大注意。他的文摘自动编制思想是：计算机程序通过对词出现情况的统计分析为被分析的文摘建立联通格（Cattice of word—pair linkcege）。选取包含有所确认的联通格的句子，将其再连贯起来自动建立文摘。也就是对文献中各句子的语义进行数值测度研究，各句子按照测度大小被排列，最高的排列包含在实际抽取的文摘中。

有许多证据表明，Luhn的原始自动抽词思想在实际检索时是粗糙的[12]，因为高频词的去舍会降低查全率，将高频词用于文献标引会检索出大量的相关文献。相反，低频词的去舍会降低查准率。最基本的问题是对于标引词的绝对频率（f_{ik}，f_k）的计算。原因是一个好的标引词必须有两个功能，一方面它必须与文献的主题内容相关，以便使这个文献需要时能被检索出来（查全功能）；另一方面，一个好的标引词必须能区分新标引的文献与其它文献，以免检索时不加选择地检出所有文献（查准功能）。

关于阈值的确定，Luhn是用试错的方法确定上（下）截止界的。显然，如果截止界定得不合适就可能出现两种情况：或者是许多与文献主题无关的词包括进来，或者是忽略了许多有用的词，或者两方面兼而有之。由于Luhn早期工作存在的问题，后来的研究者提出了许多补救的办法。

§2—3 标引有效的评价指标

标引的质量是影响检索效率的主要因素之一。按照Lancaster的说法[1],标引的深度是由标引的网罗度和标引词的专指度共同衡量的。

标引的网罗度(Eexhaustivity)是对衡量标引的认识文献主题内容的广度而言的。文献主题内容认识愈深透,则抽出的主题词愈多,标引的网罗度就越高,相应主题的文献就会被检索出来,因而查全率较高。另一方面,如果网罗度太高,检出的文献就会渗杂着较多的非适用文献,查准率低。因此,标引的网罗度是支配查全率和查准率的重要因素之一。

标引词的专指度(Specificity)是指标引词表达文献主题的准确程度。在标引文献时选用专指度强的标引词愈多,则检出文献的针对性愈强,查准率就愈高。但标引词的专指度太高,与该标引词相关的一部分文献就可能被漏掉,从而查全率变低。因此标引词的专指度也是支配查全率和查准率的重要因素之一。

我们可以通过调整标引的网罗度和标引词的专指度来控制查全率和查准率。例如在检索提问中增加上位词的数量可以提高查全率,增加下位词的数量可以提高查准率。因此适当调整上位词和下位词的数量比例关系就可以获得所需要的查全率和查准率,从而提高检索效率。

Sparek Jores[13—14],Salton[15]曾试用定量的方法研究标引的网罗度和标引词的专指度,但未获得多大成功。

在实际中,如何应用它们来评价标引效率,还有待于探讨。

C.T.Yu 和 Salton[16]用相关文献和查询之间相似程度的期望值与无关文献和查询之间相似程度的期望值之比,即

$$\frac{E\{f(q,\ d)|d\epsilon R\}}{E\{f(q,\ d)|d\epsilon I\}}, \quad (2\text{--}0)$$

作为标引效率的评价指标。其中 R、I 分别为相关文献集和无关文献集。

显然,上述比值越大,说明相关文献的主题内容与查询要求相似的程度越大,无关文献的主题内容与查询要求相似的程度越小,故有较高的标引效率;反之,标引效率就低。

为了讨论简便,匹配函数 f 总是取向量点积函数,即

$$f(q,\ d) = \sum_{i=1}^{n} q_i d_i,$$

此处 $q=(q_1,\ q_2,\cdots,q_n)$,$d=(d_1,\ d_2,\cdots,d_n)$ 表示查询与文献的向量表示。

有效的标引应该使相关文献与用户查询比不相关文献与用户查询更相似。这可用数学语言描述如下:

定义 2—1 对于初始查询表示 q 与初始文献表示 d,经过修正后得到修正查询表示 q^* 与修正文献表示 d^*,如果

$$\frac{E\{f(q^*,d^*)|R\}}{E\{f(q^*,d^*)|I\}} \geqslant \frac{E\{f(q,d)|R\}}{E\{f(q,d)|I\}},$$

则称修正标引是有效的。

我们还要提到词精确度的概念,这仍然是 C.T.Yu 和 Salton 在[16]中给出的:

定义 2—2 设 $Q=\{q_1,q_2,\cdots,q_n\}$ 是查询 q 的标引词集

合，r_i、σ_i 分别表示文献集合 R、I 中包含 q_i 作为标引词的文献个数。定义查询标引词 q_i 的精确度为

$$\frac{r_i}{r_i+\sigma_i}.$$

词精确度同词的权值一样，不是词的固有性质。它是针对一个特定查询而言的。对于不同的查询可以有不同的精确度。当查询给定时，词的精确度反映了一个词作为标引词的标引效率。词的精确度越高，用其作为标引词的标引效率越高；词的精确度越低，用其作为标引词的标引效率越低。

为了以后研究方便起见，我们对词精确度作如下假设：

设 q_i 和 q_j，$(1\leq i, j\leq m)$ 表示两个不同的查询标引词。r_i、σ_i 分别表示文献集 R、I 中包含 q_i 作为标引词的文献个数；r_j、σ_j 分别表示文献集 R、I 中包含 q_j 作为标引词的文献个数。如果 q_i 的文献频率不小于 q_j 的文献频率（即 $r_i+\sigma_i\geq r_j+\sigma_j$），则可假设 q_j 的词精确度不小于 q_i 的词精确度，即

$$\frac{r_i}{r_i+\sigma_i}\leq \frac{r_j}{r_j+\sigma_j}. \tag{2—1}$$

读者可从 Luhn 的思想中领会出这个假设的合理性。

§2—4 由词的文献频率和区分值导出的权值设计

从本节开始，我们讨论几种主要的自动加权标引方法。

对文献进行自动标引就是从文献中自动抽取标引词形成文献的标引。而要得到有效的标引就必须对构成文献的词进

行自动分析。一篇文献的词大致可分为"特征词"和"非特征词"两大类。特征词就是能反映文献的主题内容的词；非特征词就是不能反映文献的主题内容的词，只是为了语法或写作风格上的需要才出现。自动标引的实质就是通过对文献的自动分析，根据词在文献中出现的特点，选择一部分特征词作为标引词。

设 f_{ik} 为第 k 个词在第 i 篇文献中的发生次数，称为词发生频率 (frequency of occurrence)，f_k 为包含第 k 个词的文献个数，称为词的文献频率 (document frequency)，则

$$f_k = \sum_{i=1}^{n} b_{ik},$$

其中

$$b_{ik} = \begin{cases} 1, & f_{ik} \geqslant 1, \\ 0, & f_{ik} = 0. \end{cases}$$

词发生频率只对文献集合中某一确定的文献才有意义，而词的文献频率则是对整个文献集合而言的。在一个文献集合中，非特征词的文献频率一般较高，例如一些反映句子语法结构的词，几乎在所有的文献中都出现；而特征词的文献频率一般较低，例如"激光"一词只在一些主题内容与激光有关的文献中才出现。

在一篇特定的文献中，特征词的发生频率越高，说明它与该文献的主题相关的程度越高。所以在标引中，人们总希望所选择的标引词在某些特定的文献中发生频率较高，而在整个文献集合中出现的频率较低。一个词如果文献频率较低，说明它不是特征词，若这个词在某篇特定的文献中的发

生频率较高,则用这个词可以较好地反映该文献的主题内容。故在文献频率一定时,词的发生频率越高,越能较好地反映文献的主题内容,即高频特征词是较好的标引词。在设计词权时,权的大小应与标引词的发生频率一致,与标引词的文献频率成反比。依据这一思想,可用如下方法设计词权:

$$w_{ik} = \frac{f_{ik}}{f_k}, \qquad (2-2)$$

式中 w_{ik} 表示词权。此式说明对于固定的词发生频率 f_{ik},标引词的权值随文献频率 f_k 的增大而减小,随 f_k 的减小而增大,如图2-3所示。

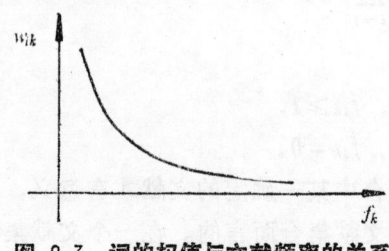

图 2-3 词的权值与文献频率的关系

由(2-2)式确定的标引词的权与标引词的文献频率有相逆关系,故称这种标引方法为逆文献频率加权标引 (inverse document-frequency) [17-20]。

在逆文献频率加权标引中,由于 f_{ik} 的确定较为繁杂,在实际中往往只根据词的文献频率设计词的权值。即如果 q_i 的文献频率大于 q_j 的文献频率,则 $w_i \leqslant w_j$,其中 w_k 是修正查询中第 k 个词的权,不妨设

$$w_1 \geqslant w_2 \geqslant \cdots \geqslant w_k \qquad (2-3)$$

命题 2-1 在(2-1)式的假设下,上述逆文献频率加权标引是有效的。

证明 由 r_i 的定义可知,q_i 在与 q 相关的 r_i 篇文献中

发生,从而

$$\sum_{d_1 \in R} f(q, d_1) = f\left(q, \sum_{d_1 \in R} d_1\right) = \sum_{i=1}^{m} r_i.$$

同理

$$\sum_{d_2 \in I} f(q, d_2) = \sum_{i=1}^{m} \sigma_i.$$

故

$$\frac{E\{f(q,d_1)| d_1 \in R\}}{E\{f(q,d_2)| d_2 \in I\}} = \frac{\sum_{i=1}^{m} w_i^2 r_i / |R|}{\sum_{i=1}^{m} w_i^2 \sigma_i / |I|}.$$

要证命题成立,只须证

$$\left(\sum_{i=1}^{m} w_i^2 r_i\right) \cdot \left(\sum_{i=1}^{m} \sigma_i\right) \geqslant \left(\sum_{i=1}^{m} w_i^2 \sigma_i\right) \cdot \left(\sum_{i=1}^{m} r_i\right).$$

上式两边同减去 $\sum_{i=1}^{m} w_i^2 \sigma_i r_i$,并整理得

$$\sum_{i=1}^{m-1} \sum_{j=i+1}^{m} (w_i^2 - w_j^2)(r_i \sigma_j - r_j \sigma_i) \geqslant 0,$$

由于 $i \leqslant j$,由 (2—3) 式知 $w_i^2 \geqslant w_j^2$,由 (2—1) 有

$$\frac{r_i}{r_i + \sigma_i} \geqslant \frac{r_j}{r_j + \sigma_j},$$

所以 $r_i \sigma_j - r_j \sigma_i \geqslant 0$。命题得证。

以下,我们讨论由词区分值(Term Discrimination Value)导出的数值设计,这种方法称为词区分值加权标引方法。[15]

词的区分能力也可以说就是词对文献集合的"分离"能

力。如果一个词能够尽可能有效地将文献集合分离开来,那么用这个词作为标引词就不致于使我们在检索时将相关文献和不相关文献混杂在一起,无法加以选择地输出给用户。图 2-4 显示了不同标引词对同一文献集合的分离效果。

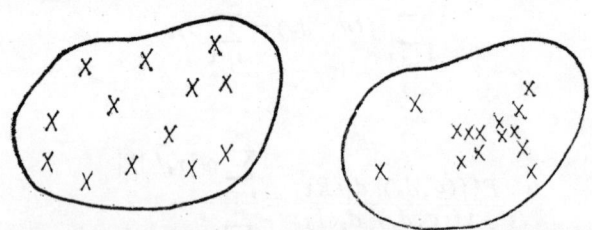

图2-4 同一文献集的不同标引效果 "×"表示某篇文献

把一个文献集合中的任意两篇文献进行比较,其内容不可能完全相同,即使反映同一主题的两篇文献,其内容的深度、广度仍有不同。如果一个词能够较好地反映出文献集合中各文献的上述差异,则我们说这个词区分文献的能力较强;如果一个词不能较好地反映文献集合中各文献的上述差异,则我们说这个词区分文献的能力较弱。因此可以从词区分文献的能力的大小出发来设计词数。

两篇文献之间内容上的差异,即两篇文献的内容的相似程度,可以用一个相似函数 S 来表示。设 d_{ik} 表示第 k 个标引词在第 i 篇文献的特征表示中的数值,相似函数 S 取夹角余弦函数

$$S(d_i,d_j)=\frac{\sum_{k=1}^{m}d_{ik}d_{jk}}{\sqrt{\sum_{k=1}^{m}(d_{ik})^2\sum_{k=1}^{m}(d_{jk})^2}}$$

两篇文献 d_i, d_j 的相似程度可以近似地用函数 $S(d_i, d_j)$ 来度量。$S(d_i, d_j)$ 越小，说明 d_i 与 d_j 的相似程度越小；$S(d_i, d_j)$ 越大，说明 d_i 与 d_j 的相似程度越大。

对文献集合中各文献进行标引得到文献的特征表示空间，简称为文献空间。文献空间的密度即所有不同文献对的相似程度的平均值，用 $\bar{S}$ 来表示，即

$$\bar{S}(d_i,d_j)=\frac{1}{N(N-1)}\sum_{\substack{i=1\\i\neq j}}^{N}\sum_{\substack{j=1\\j\neq i}}^{N}S(d_i,d_j), \quad (2-4)$$

式中 N 为文献个数。

函数 $\bar{S}(d_i, d_j)$ 从宏观上显示了文献集合中各文献的相似程度，因而可以用它来刻划出词的区分能力的大小。一个词的区分能力强，将其作为标引词会使 $\bar{S}$ 减小；一个词的区分能力弱，将其作为标引词会使 $\bar{S}$ 增大。

设 $\bar{S}_k$ 是去掉第 k 个标引词后的文献空间密度，则该词的区分值定义为

$$DV_k=\bar{S}_k-\bar{S}$$

由定义可知，词区分值 DV_k 越大，词的区分能力越强；DV_k 越小，词的区分能力越弱。

Salton 在〔21〕中证明了文献空间密度越小，标引的效率越高；文献空间的密度越大，标引的效率越低。故一个词的区分能力大于零，用其作为标引词会使文献空间密度减小，从而使标引效率提高，因而设计词权时应取较大的权值；一个词的区分能力小于零，用其作为标引词使文献空间密度增大，从而使标引效率降低，因而设计词权时应取较小的权值。换句话说，词权的大小应与词区分值的大小相一致。

按照这一思想设计词权如下：
$$\omega_{ik} = f_{ik} \cdot DV_k,$$
式中 ω_{ik} 表示词权。

词区分值 DV_k 与文献频率 f_k 存在下列关系：

1) 高频词作为标引词使文献空间密度降低，从而 $DV_k < 0$；

2) 低频词只在个别文献中发生，作为标引词对文献空间密度的影响不大，从而 $DV_k = 0$；

3) 中频词作为标引词使文献空间密度增大，从而 $DV_k > 0$。

其关系如图2-5所示。

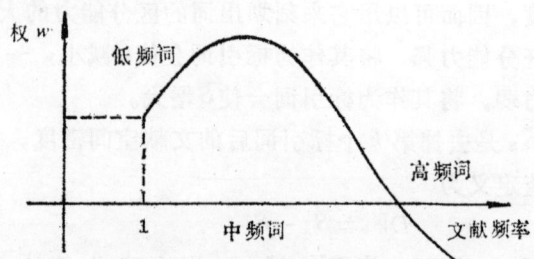

图2-5 词的权值在词区分值加权系统中随词频的变化

词区分值加权标引与逆文献频率加权标引是基本一致的。在逆文献频率加权标引中，词的文献频率与词权有相逆关系；在词区分值加权标引中，词区分值与权值相一致。若词的文献频率高，用其作为标引词会使文献空间密度增大，从而使词区分值减小；若词的文献频率低，用其作为标引词会使文献空间密度减小，从而使词区分值增大。故词的文献频率与词区分值有相逆关系，从而词区分值加权标引中的词权与文献频率有相逆关系,或者说逆文献频率加权标引中的词权与词区分值相一致。这说明两种标引方法在本质上是一样的。

由词区分值导出的权值设计主要依赖于对文献空间密度的计算。而(2—4)式所确定的算法对于含有m篇文献的一个文献集合来说,总共需要计算m^2-m次,这样高的复杂度在实际中是难以容忍的。为了降低计算复杂度,我们提出两种新的算法。

文献空间的质心C:C定义为"文献空间中所有文献向量各相应分量的平均值组成的向量"。可以称之为"理想文献"。这个理想文献是这样求出来的:

$$C=(C_1, C_2, \cdots, C_n),$$
$$C_j=\frac{1}{m}\sum_{i=1}^{m}d_{ij} \quad j=1, 2, \cdots, n. \tag{2—5}$$

C与文献空间中各文献向量的关系如图2-6所示:

文献的空间密度可以按"文献空间中所有文献向量与理想文献C的相似程度之和"来计算,即

$$\bar{S}=\sum_{i=1}^{m}S(d_i, C) \tag{2—6}$$

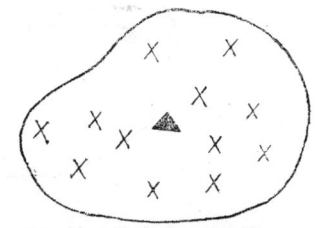

图 2-6 ×表示某文献
▲表示理想文献

若文献量很大,我们可以考虑将文献集分成l个类$\{C_1, C_2, \cdots C_l\}$,并根据(2—5)式求其每一类的理想文献表示:

$$C_k = (C_{k1}, C_{k2}, \cdots, C_{kn}), \quad 1 \leqslant k \leqslant l,$$

其中

$$C_{kj} = \frac{1}{|C_k|} \sum_{d_i \in C_k} d_{ij}, \quad j = 1, 2, \cdots, n,$$

并计算出整个文献集的理想文献表示：

$$C = (C_1, C_2, \cdots, C_n),$$

其中

$$C_j = \frac{1}{m} \sum_{i=1}^{m} d_{ij} \quad j = 1, 2, \cdots, n,$$

或

$$C_j = \frac{1}{l} \sum_{i=1}^{l} C_{ij} \quad j = 1, 2, \cdots n.$$

这种分类及计算的效果如图2-7所示。

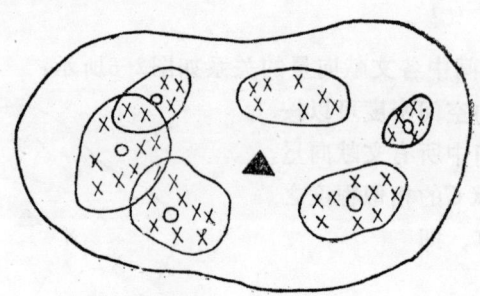

图2-7 ○表示类的理想文献　▲表示整个文献集的理想文献
　　　×表示某篇文献

于是，可由下式计算空间密度：

$$\overline{S} = \sum_{k=1}^{l} S(C_k, C). \qquad (2-7)$$

权与文献频率有相逆关系，或者说逆文献频率加权标引中的词权与词区分值相一致。这说明两种标引方法在本质上是一样的。

由词区分值导出的权值设计主要依赖于对文献空间密度的计算。而（2—4）式所确定的算法对于含有m篇文献的一个文献集合来说，总共需要计算m^2-m次，这样高的复杂度在实际中是难以容忍的。为了降低计算复杂度，我们提出两种新的算法。

文献空间的质心C：C定义为"文献空间中所有文献向量各相应分量的平均值组成的向量"。可以称之为"理想文献"。这个理想文献是这样求出来的：

$$C=(C_1, C_2, \cdots, C_n),$$

$$C_j=\frac{1}{m}\sum_{i=1}^{m}d_{ij} \quad j=1, 2, \cdots, n. \tag{2-5}$$

C与文献空间中各文献向量的关系如图2-6所示：

文献的空间密度可以按"文献空间中所有文献向量与理想文献C的相似程度之和"来计算，即

$$\bar{S}=\sum_{i=1}^{m}S(d_i, C) \tag{2-6}$$

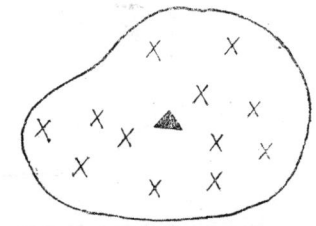

图 2-6 ×表示某文献 ▲表示理想文献

若文献量很大，我们可以考虑将文献集分成l个类$\{C_1, C_2, \cdots C_l\}$，并根据（2—5）式求其每一类的理想文献表示：

$$C_k = (C_{k1}, C_{k2}, \cdots, C_{kn}), \quad 1 \leq k \leq l,$$

其中

$$C_{kj} = \frac{1}{|C_k|} \sum_{d_i \in C_k} d_{ij}, \quad j = 1, 2, \cdots, n,$$

并计算出整个文献集的理想文献表示：

$$C = (C_1, C_2, \cdots, C_n),$$

其中

$$C_j = \frac{1}{m} \sum_{i=1}^{m} d_{ij} \quad j = 1, 2, \cdots, n,$$

或

$$C_j = \frac{1}{l} \sum_{i=1}^{l} C_{ij} \quad j = 1, 2, \cdots n.$$

这种分类及计算的效果如图2-7所示。

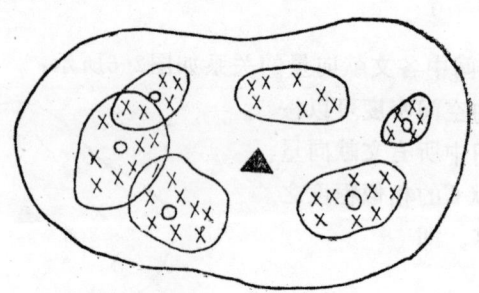

图2-7 ○表示类的理想文献　▲表示整个文献集的理想文献
× 表示某篇文献

于是，可由下式计算空间密度：

$$\bar{S} = \sum_{k=1}^{l} S(C_k, C). \qquad (2-7)$$

逆文献频率加权标引和词区分值加权标引主要依赖于词的频率特征（标引词在一特定文献中的发生频率或词的文献频率）和词的区分能力。这两种方法的主要缺陷是与用户的相关性无关。Yu[22-23,17]等提出的词相关性加权标引模型，以及Cooper, Maron[24]和Salton[25-26]提出的价值测度加权标引模型，不仅考虑了词在一特定文献或整个文献集中的频率特征，而且考虑了标引词在相关文献集和无关文献集中的频率特征，以及检索结果的效益值。理论和实践都证明这两种方法比前两种方法更为有效。我们将在下一节介绍这些理论。

§2—5 基于词相关性与价值测度的理论

在检索系统中，文献可以由一个 n 维向量来表示：
$$T = (T_1, T_2, \cdots, T_n),$$
其中，第k个分量T_k表示文献反映第k个标引词所达到的程度。当在文献集合中随机抽取文献时便抽到表示被抽取文献的随机变量T。

在构造检索规则时，人们总希望有较高的查全率和查准率。但实际上这是不可能的，一般是在给定查全率的情况下使查准率达到最高。由 Neaman—Person[27] 基本引理可知满足这样条件的最优检索规则为：若

$$\frac{P(T=x/T\in R)}{P(T=x/T\in I)} \geqslant K, \text{则检索文献} x。$$

其中R, I为相关文献集和无关文献集。K为命中阈值（详尽的讨论参见§5—2, §11—4）。

上述检索规则中的概率$P(T=x/T\in R)$、$P(T=x/T\in I)$在实际中很难计算。一般在讨论中，假设文献的标引是二元标引，同时也假设标引词在相关文献集和无关文献集中的出现是独立的，且服从二元分布。令

$P_k=P(T_k=1/T\in R)$，$q_k=P(T_k=1/T\in I)$，由标引的独立性假设得

$P(T=x/T\in R)=P(T_1=x_1/T\in R)P(T_2=x_2/T\in R)\cdots P(T_n=x_n/T\in R)$，

$P(T=x/T\in I)=P(T_1=x_1/T\in I)P(T_2=x_2/T(-I)\cdots P(T_n=x_n/T\in I)$。

又标引词服从二元分布的假设，因而有

$$\frac{P(T=x/T\in R)}{P(T=x/T\in I)}=\frac{\sum_{k=1}^{n}P_k{}^{x_k}(1-P_k)^{1-x_k}}{\sum_{k=1}^{n}q^{x_k}(1-q_k)^{1-x_k}}$$

$$=\sum_{k=1}^{n}\left[\frac{P_k(1-q_k)}{q_k(1-P_k)}\right]^{1-x_k}\frac{1-P_k}{1-q_k}.$$

设r_k和σ_k分别为第k个标引词在相关文献集和无关文献集中出现的次数。则用频率估计概率的方法可得

$$\frac{P_k(1-q_k)}{q_k(1-P_k)}=\frac{r_k(|I|-\sigma_k)}{\sigma_k(|R|-r_k)}$$

Yu和Salton定义

$$\omega_k=\frac{r_k(|I|-\sigma_k)}{\sigma_k(|R|-r_k)} \quad (2-8)$$

为第k个词的词查准率。显然ω_k越大，说明第k个词与标引的文献内容越相关，故设计词权时应使词权与ω_k有相同

的**增减性**。设 ω_{ik} 为第 k 个词在第 i 篇文献中的词权，则根据上述思想可以设计词权如下：

1) $\omega_{ik} \geqslant \omega_{il} \Longleftrightarrow \omega_k \geqslant \omega_l$, $1 \leqslant k, l \leqslant n$；
2) $\omega_{ik} = f_{ik} \cdot \omega_k$。

其中 f_{ik} 为第 k 个词在第 i 篇文献中的发生频率。

上述关于词查准率的定义假设了在同一相关类中标引词的出现是独立的，即不考虑标引词之间的相互关系。然而在实际语言表达中，概念与词的出现常常是有联系的，即非独立的。尤其在同类文献中，某些有关联的概念常协同出现。在词相依的情况下，我们有

$$\omega_k = P(x_k=0, T \in R) \log \frac{P(x_k=0, T \in I)}{P(x_k=0)P(T \in I)}$$

$$+ P(x_k=1, T \in R) \log \frac{P(x_k=1, T \in R)}{P(x_k=1)P(T \in R)}$$

$$- P(x_k=1, T \in I) \log \frac{P(x_k=1, T \in I)}{P(x_k=1)P(T \in I)}$$

$$- P(x_k=0, T \in R) \log \frac{P(x_k=0, T \in R)}{P(x_k=0)P(T \in R)},$$

利用频率进行估计得

$$\omega_k = \frac{|I|-\sigma_k}{|D|} \log \frac{|D|(|I|-\sigma_k)}{|I|(|D|-r_k-\sigma_k)}$$

$$+ \frac{r_k}{|D|} \log \frac{r_k \cdot |D|}{|R|(r_k+\sigma_k)} - \frac{\sigma_k}{|D|} \log \frac{\sigma_k \cdot |D|}{|I|(r_k+\sigma_k)}$$

$$- \frac{|R|-r_k}{|D|} \log \frac{|D|(|R|-r_k)}{|R|(|D|-r_k-\sigma_k)}.$$

下面讨论词查准率与文献频率之间的关系。

设词的文献频率为f,关于一特定用户在相关文献集和无关文献集中的文献频率分别为r和S,用户在构成查询时最不理想的情况是随机地挑选标引词,这些词在相关文献集和无关文献集中是随机分布的。这样检索结果所得的相关文献集为$r=\frac{|R|}{|D|}\cdot f$;最理想的情况是用户只挑选在相关文献集中出现的词作为标引词,在这种情况下,当$f\leqslant|R|$时,$r=f$,当$f>|R|$时,$r=|R|$,$S=f-|R|$,如图2-8所示。

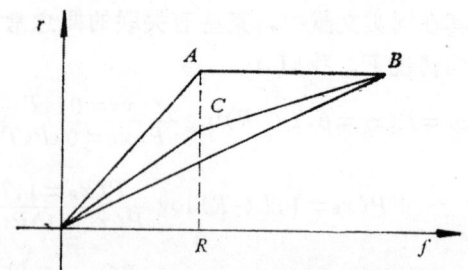

图 2-8 相关文献数与文献频率之间的关系

实际构造查询的效果往往在上述两种情况之间。令r_k和f_k分别表示包含第k个词的相关文献数和文献总数,在实际标引系统中总认为下述关系式成立:

i) $f_i<f_j\Rightarrow r_i\leqslant r_j$;

ii) $f_i<f_j$。

由此可得在标引过程中r_k和f_k的关系都可如图2—8中的虚线所示,数学表达式为:

i) $r=af$,当$0\leqslant f\leqslant|R|$,其中
$b=\frac{|R|}{|D|}<a<1$;

ii) $r=d+ef$，当 $|R|\leqslant f\leqslant |D|$，其中 $0<e<b=\dfrac{|R|}{|D|}$，$d=|R|-e|D|$。

命题2—2 i) 当 $0\leqslant f\leqslant |R|$ 时，ω_k 是 f 的增函数；ii) 当 $|R|<f\leqslant |D|$ 时，ω_k 是 f 的减函数。

证明 计算 ω_k 关于 f 的微分得

$$\frac{d\omega}{df}=\frac{S(|I|-S)|R|\frac{dr}{df}-|I|r(|R|-r)\frac{dr}{df}}{r\sigma(|R|-r)(|I|-\sigma)}.$$

当 $0\leqslant f\leqslant |R|$ 时，$\sigma=f-af=(1-a)f$，$\dfrac{dr}{df}=a, \dfrac{d\sigma}{df}=(1-a)$，故

$$\frac{d\omega}{df}=\frac{(a|D|-|R|)}{(|R|-af)(|I|-f+af)}>0,$$

从而（i）成立。

当 $|R|\leqslant f\leqslant |D|$ 时，$\sigma=(1-e)f-d$，$\dfrac{dr}{df}=e, \dfrac{d\sigma}{df}=(1-e)$，$r=(|R|-|I|)-ef$，故

$$\frac{d\omega}{df}=\frac{-e(1-e)d(|R|-f)^2}{(d+ef)(|R|-d-ef)((1-e)f+d)(|I|-(1-e)f+d)}$$

<0，

从而（ii）成立。

命题2—2的结论说明由词查准率设计的词权，中频词的权值最大，而高频词和低频词的权值较小。这与逆文献频率

加权标引和词区分值加权标引的思想是一致的。由命题的结论知,当$|R|\leqslant f\leqslant|D|$时,$\omega_k$与$f$有相逆关系。

类似于逆文献频率加权标引有效性的证明,可得出词查准率加权标引是有效的。

对于词相依情形下的词查准率,Yu得到了下面的定理:

命题2—3 若$0\leqslant f\leqslant|R|$,$1>a+b(1-b)/(3-b)$,且$I>2|R|$,$\dfrac{d\omega}{df}>0$,则

$$\lim_{a\to 1}\dfrac{d\omega}{df}\bigg|f=R=-\infty;$$

若$R\leqslant f\leqslant f_0$,$\dfrac{b}{2}\leqslant e\leqslant b$,且$I\geqslant 6R$,$\dfrac{d\omega}{df}<0$,则

$$\lim_{e\to 0}\dfrac{d\omega}{df}\bigg|f=|R|=\infty;$$

若$f_0\leqslant f\leqslant N$,且$I>R$,则$\dfrac{d\omega}{df}<0$。

Yu在他的论文中对词查准率加权标引的效率作了深入的讨论,得到了下面的定理:

定理2—1 给定查询$q=(q_1, q_2, \cdots, q_m)$,其中$q_j$是以词查准率的大小减序排列,则存在一种对于$q$的权值设计,使检索效率提高。

定理2—1的缺陷仍然是没有对文献进行加权标引,这不符合自动加权标引的思想。

为了研究词加权系统,一种方便的方法是使用众所周知的价值测度作为一种估计模型。考虑给定的查询q,将含有m篇文献的文献集合中相关文献集和无关文献集分别记为R和

I。实际检索出的相关文献数为r,每检索一篇相关文献的效益值假定为v_1;实际检索出的非相关文献数为S,每检索一篇非相关文献的费用值为C。总的检索特征概括为图2-9所示的表格。

	R	I	
E	rv_1	SC_2	$r+S$
$\overline{E}$	$(R-r)C_2$	$(I-S)v_2$	$R+I-r-S$
	R	I	

图2-9 查询q的检索特征

设T为检索阈值,并假设系统检出所有与查询的匹配值不小于T的文献,则相关文献集R关于查询q在阈值下的价值测度为

$$\bigcup(R,q,T)=v_1r-C_1S-C_2(R-r)+v_2(I-S). \quad (2-9)$$

如果$f(d,q)$为表示文献d和查询q之间相似程度的随机变量,则

$$\bigcup(R,q,T)=v_1NP\{d\in R, f(d,q)\geqslant T\}$$
$$-C_1NP\{d\in I, f(d,q)\geqslant T\}$$
$$-C_2NP\{d\in R, f(d,q)<T\}$$
$$+v_2NP\{d\in I, f(d,q)<T\}.$$

令P表示上式括号中描述的事件的概率,并假设阈值T服从均匀分布,则由

$$P\{f(d,q)\geqslant 0\}=1$$

得

$$E(f(d,q))=\int_0^\infty P\{f(d,q)\geqslant T\}dT,$$

从而

$$U(R,q) = \int U(R, q, T)dT$$
$$= -C_2 NP\{d \in R\} + v_2 NP\{d \in I\}$$
$$+ (V_1 + C_2)NP\{d \in R\}E\{f(d, q)|d \in R\}$$
$$- (V_2 + C_1)NP\{d \in I\}E\{f(d, q)|d \in I\}.$$

在上式中令

$\alpha_R = P\{d \in R\}$, $\alpha_I = P\{d \in I\}$ 且

$$f(d,q) = \sum_{k=1}^{m} \frac{q_k}{(\Sigma q_i^2)^{\frac{1}{2}}} \cdot \frac{d_k}{(\Sigma d_i^2)^{\frac{1}{2}}},$$

则可获得一个新的价值测度：

$$U(R,q) = N\sum_{k=1}^{m} \frac{q_k}{(\Sigma q_i^2)^{\frac{1}{2}}}(\alpha_k - \beta_k)$$
$$- C_2 N\alpha_R + v_2 N\alpha_I, \qquad (2-10)$$

此处

$$\alpha_k = (v_1 + C_2)\alpha_R E\left[\frac{d_k}{(\Sigma d_i^2)^{\frac{1}{2}}}\bigg| d \in R\right] \quad (2-11)$$

$$\beta_k = (v_2 + C_1)\alpha_R E\left[\frac{d_k}{(\Sigma d_i^2)^{\frac{1}{2}}}\bigg| d \in I\right] \quad (2-12)$$

因为（2—10）式是点积函数（$\Sigma x_k y_k$），所以最优查询表示 $q_{opt} = (q_1, q_2, \cdots, q_m)$ 的权值一定与 $(\alpha - \beta)$ 按某一个常数C成正比。故对第 k 个查询标引词的权值可设计为

$$\omega_k = (\alpha_k - \beta_k)C, \qquad (2-13)$$

其中 $(\alpha_k - \beta_k)$ 为第k个词在相关文献和非相关文献中期望

值的差。这个事实可被利用于交互式检索中的反馈查询，其中检索前的相关判定对用户来讲是有效的。由以上讨论可得：

$$U(R, q_{opt}) = N \sum_{k=1}^{m} \frac{(\alpha_k - \beta_k)^2}{(\Sigma(\alpha_k - \beta_k)^2)^{\frac{1}{2}}}$$
$$- C_2 N \alpha_R + V_2 N \alpha_I, \qquad (2\text{—}14)$$

这里

$$\sum_{k=1}^{m}(\alpha_k - \beta_k)^2 = \sum_{k=1}^{m} \alpha_k^2 - 2\sum_{k=1}^{m} \alpha_k \beta_k + \sum_{k=1}^{m} \beta_k^2. \quad (2\text{—}15)$$

考察（2—15）式第一项，假设在相关文献中的词是独立且同分布的，则

$$\sum_{k=1}^{m} \alpha_k^2 = (v_1 + C_2)^2 \alpha_R^2 E\left[\frac{d_k}{(\Sigma d_i^2)^{\frac{1}{2}}} \middle| d \in R\right]^2$$

$$= (v_1 + C_2)^2 \alpha_R^2 \sum_{k=1}^{m} E\left[\frac{d_k}{(\Sigma d_i^2)^{\frac{1}{2}}} \middle| d \in R\right] E\left[\frac{d_k'}{(\Sigma d_i'^2)^{\frac{1}{2}}} \middle| d' \in R\right]$$

$$= (v_1 + C_2)^2 \alpha_R^2 \sum_{k=1}^{m} E\left[\frac{d_k}{(\Sigma d_i^2)^{\frac{1}{2}}} \cdot \frac{d_k'}{(\Sigma d'_i^2)^{\frac{1}{2}}} \middle| d \in d, d' \in R\right]$$

$$= (v_1 + C_2)^2 \alpha_R^2 E\left[\sum_{k=1}^{m} \frac{d_k}{(\Sigma d_i^2)^{\frac{1}{2}}} \cdot \frac{d_k'}{(\Sigma d_k'^2)^{\frac{1}{2}}} \middle| d \in R, d' \in R\right]$$

$$= (v_1 + C_2)^2 \alpha_R^2 E[\cos(d, d') | d \in R, d' \in R], \quad (2\text{—}16)$$

其中 E 表示括号中变量的期望值。表达式（2—16）表明，

$\sum_{k=1}^{m}\alpha_k{}^2$ 与一对相关文献的余弦相似值的期望值成正比。同样 $\sum_{k=1}^{m}\beta_k{}^2$ 与一对无关文献的余弦相似值的期望值成正比。$\sum_{k=1}^{m}\alpha_k\beta_k$ 表示一组相关文献与无关文献的匹配期望值。从而（2—14）式、（2—15）式说明价值测度的值随相关文献和无关文献的分别聚类而增大，随两类间的距离的增大也增大。前面的条件使（2—15）式中的第一、三项增大，而后一项使（2—15）式中的中间项减小。

如果假设标引为二值标引，而且在每一文献中的标引词数趋于 l，则

$$E\left[\frac{d_k}{(\Sigma d_k{}^2)^{\frac{1}{2}}}\bigg|d\in R\right]=\frac{1}{L^{\frac{1}{2}}}[d_k|d\in R],$$

$$E\left[\frac{d_k}{(\Sigma d_k{}^2)^{\frac{1}{2}}}\bigg|d\in I\right]=\frac{1}{L^{\frac{1}{2}}}[d_k|d\in I].$$

利用频率估计概率可得

$P\{d\in R\}=\alpha_R=R/N,$
$P\{d\in I\}=\alpha_I=I/N,$
$P\{d_k=1|d\in R\}=E[d_k|d\in R]=r_k/R,$

从而（2—13）式中的最优词权变成

$$\omega_k=(v_1+C_2)\frac{r_k}{N(L)^{\frac{1}{2}}}-(v_2+C_1)\frac{f_k-r_k}{N(L)^{\frac{1}{2}}}$$

则第 k 个词在第 i 篇文献中的词权为

$$\omega_{ik}=f_{ik}\omega_k.$$

下面我们讨论词权与文献频率的关系。

由前述讨论,我们可以假定 r 和 f 满足关系式

$$r = a + b\log_2 f。$$

对 ω 关于 f 微分有

$$\frac{d\omega}{df} = \frac{1}{N\sqrt{L}}\left[(v_1+C_2+v_2+C_1)\ \frac{dr}{df} - (v_2+C_1)\right]$$

$$= \frac{1}{N\sqrt{L}}\left[(v_1+C_2+v_2+C_1)\log_2 e \cdot \frac{b}{f} - (v_2+C_1)\right],$$

从而

$$\frac{d\omega}{df}\begin{cases} \geqslant 0, & \text{当}f\leqslant \dfrac{(v_1+C_2+v_2+C_1)(\log_2 e)b}{v_2+C_1}, \\ < 0, & \text{当}f> \dfrac{(v_1+C_2+v_2+C_1)(\log_2 e)b}{v_2+C_1}. \end{cases}$$

由图2-10可以看出价值测度加权标引与词相关性加权标引是一致的。

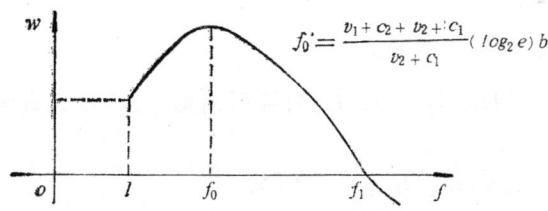

图 2-10 权值 ω 与文献频率 f 的关系

§2—6 叙词标引

从文献中抽取的词并不能都成为很好的标引词,例如对高频词和低频词尤其如此。因此许多情报检索系统要依靠建立词库来修改文献和查询的表示,通过改变标引使标引词具有较高的区分能力。这种思想主要是通过词之间的聚类或结合,将词的语义予以限制或拓宽而实现的,我们把它称为叙词法。

一个较复杂的概念按照一定的逻辑推演可以分析出较简单的概念;几个较简单的概念按照一定的逻辑推演可以综合成一个较复杂的概念。叙词法就是以这种概念的分析和综合为基础的,它是建立在自然语言基础之上的一种情报检索语言。

自动构造词库是以语法和统计为基础的,这也是机器模仿人工手段的很有前途的出发点。事实表明使用语法是价值不大的,因此我们将致力于各种统计方法的研究。

一、低频词的聚类

设 $T=\{t_1, t_2, \cdots, t_n\}$ 为标引词集合,T 中元素的词向量为

$$t_i=(t_{i1}, t_{i2}, \cdots, t_{im}),$$

其中 t_{ik} 表示第 i 个标引词在第 k 篇文献表示中的权值。

标引词之间的相似测度可由下列方法计算:

1) $S(t_i, t_j)=\sum\limits_{k=1}^{m} t_{ik}t_{jk}$;

2) $S(t_i, t_j) = \dfrac{\Sigma t_{ik} t_{jk}}{\Sigma t_{ik}^2 + \Sigma t_{jk}^2 - \Sigma t_{ik} t_{jk}}$.

由相似测度得到T上的相似矩阵为：

$$S = \begin{pmatrix} S_{11} & S_{12} & \cdots & S_{1n} \\ S_{21} & S_{22} & \cdots & S_{2n} \\ \vdots & \vdots & & \vdots \\ S_{m1} & S_{m2} & \cdots & S_{mn} \end{pmatrix},$$

其中$S_{ij} = S(t_i, t_j)$。则利用S，对于给定的阈值可以对T进行分类（参见§8—2）。

在文献自动加权标引中，词的文献频率太低，用其作为标引词会使查全率降低。为避免这种情况，一般采用的方法是，将文献频率太低的词构成叙词类（Thesaurus term class），用一个词代替该叙词类，使文献频率升高。例如"微型计算机"和"小型计算机"这样的同义词可以组成一个词类，用"微型计算机"来代替。我们可借助下述命题来理解这种方法的有效性：

命题2—3 设q_j是一查询标引词，且

$$\frac{r_j}{r_j + \sigma_j} \geqslant \frac{\sum\limits_{i=1}^{m} r_i}{\sum\limits_{i=1}^{m} (r_i + \sigma_i)} \tag{2—17}$$

又q_k不是查询标引词但其语义与q_j相关，如果q_k的词精确度不小于q_j的词精确度，即

$$\frac{r_k}{r_k + \sigma_k} \geqslant \frac{r_j}{r_j + \sigma_j}, \tag{2—18}$$

则用 q_j 和 q_k 组成的叙词类的代表 q_{jk} 进行的修正标引是有效的（q_{jk} 在文献和查询的向量表示中的权值规定为 q_j 和 q_k 的相应权值之和）。

证明 设 q^*、d^* 是经修正后的查询和文献表示，则

$$E\{f(q^*, d^*)|R\} = \left(\sum_{i=1}^{m} r_i + r_k\right)/|R|,$$

$$E\{f(q^*, d^*)|I\} = \left(\sum_{i=1}^{m} \sigma_i + \sigma_k\right)/|I|.$$

故要证命题成立，只需证

$$\frac{\sum_{i=1}^{m} r_i + r_k}{\sum_{i=1}^{m} \sigma_i + \sigma_k} \geqslant \frac{\sum_{i=1}^{m} r_i}{\sum_{i=1}^{m} \sigma_i},$$

即

$$\frac{r_k}{\sigma_k} \geqslant \frac{\sum_{i=1}^{m} r_i}{\sum_{i=1}^{m} \sigma_i}.$$

由 (2—17)、(2—18) 式立得命题成立。

在命题 2—3 中，(2—17) 式主要是为了保证词的文献频率较低。因为如果词的文献频率较高，将其作为同义词构成的词类就会使查准率降低。

命题 2—4 设 q_j 和 q_k 是两个查询标引词，且

$$\frac{r_l}{r_l + \sigma_l} \geqslant \frac{\sum_{i=1}^{m} r_i}{\sum_{i=1}^{m} (r_i + \sigma_i)}, \quad l = j, k, \qquad (2-19)$$

则用 q_j 和 q_k 组成的词类的代表 q_{jk} 进行的修正标引是有效的（q_{jk} 的定义与命题2—3相同）。

证明 设文献和查询的二值标引的向量表示为

$$d = (x_1, x_2, \cdots, x_j, \cdots x_k, x_{k+1}, \cdots, x_n),$$
$$q = (q_1, q_2, \cdots, q_j, \cdots q_k, q_{k+1}, \cdots, q_n).$$

则文献和查询的修正标引的向量表示为：

$$d^* = (x_1, \cdots, x_{j-1}, x_j+x_k, x_{j+1}, \cdots, x_{k-1}, 0, x_{k+1}, \cdots, x_n),$$
$$q^* = (q_1, \cdots, q_{j-1}, q_j+q_k, q_{j+1}, \cdots, q_{k-1}, 0, q_{k+1}, \cdots, q_n).$$

设 r_{jk} 是初始文献标引中相关文献集 R 包含 q_j 和 q_k 作为标引词的文献个数，则在 R 中包含 q_j 而不包含 q_k 作为标引词的文献个数为 $r_j - r_{jk}$，包含 q_k 而不包含 q_j 作为标引词的文献个数为 $r_k - r_{jk}$。令

$$d_1 = (x_1, \cdots, x_{j-1}, 0, x_{j+1}, \cdots, x_{k-1}, 0, x_{k+1}, \cdots, x_n),$$
$$q_1 = (q_1, \cdots, q_{j-1}, 0, q_{j+1}, \cdots, q_{k-1}, 0, q_{k+1}, \cdots, q_n),$$

则在相关文献集 R 中有

$$f(q, d) = f(q_1, d_1) + r_j + r_k,$$
$$f(q^*, d^*) = f(q_1, d_1) + 4r_{jk} + 2(r_j - r_{jk}) + 2(r_k - r_{jk})$$
$$= f(q_1, d_1) + 2r_j + 2r_k,$$

所以

$$f(q^*, d^*) = f(q, d) + r_j + r_k.$$

同理，在无关文献集 I 中有

$$f(q^*, d^*) = f(q, d) + \sigma_j + \sigma_k.$$

故

$$E\{f(q^*, d^*)|R\} = \left(\sum_{i=1}^{n} r_i + r_j + r_k\right)/|R|,$$

$$E\{f(q^*, d^*) | I\} = \left(\sum_{i=1}^{n} \sigma_i + \sigma_j + \sigma_k \right) / |I|.$$

要证命题成立，只需证

$$\frac{r_j + r_k}{\sigma_j + \sigma_k} \geqslant \frac{\sum_{i=1}^{m} r_i}{\sum_{i=1}^{m} \sigma_i}.$$

由不等式

$$\frac{b_1 + b_2}{a_1 + a_2} \geqslant \min\left(\frac{b_1}{a_1}, \frac{b_2}{a_2}\right)$$

及（2—19）式知命题成立。

二、高频词的结合

词的文献频率太高，用其作为标引词会使查准率降低。为了避免这种情况，可以将这些词组成词组，使词的文献频率降低。例如"程序"和"计算机"可组合成"计算机程序"。

我们主要考虑基于词的频率特征的标引词组的构造方法。这种方法的要点包含在以下命题2—5的叙述和证明之中。同时，这个命题指出了这种标引方法的有效性。

命题2—5 设 q_j 和 q_k 是两个查询标引词，且

$$\frac{r_l}{r_l + \sigma_l} \leqslant \frac{\sum_{i=1}^{m} r_i}{\sum_{i=1}^{m} r_i + \sigma_i}, \quad l = j, k. \quad (2-20)$$

由 q_j 和 q_k 组成的词组为 q_{jk}，q_{jk} 的权值当 q_j 和 q_k 的权值同时为1时规定为1，否则规定为0。假设 q_{jk} 的词精确度 不

小于 q_j 和 q_k 的词精确度,即

$$\frac{r_{jk}}{r_{jk}+\sigma_{jk}} \geqslant \frac{r_l}{r_l+\sigma_l}, \quad l=j, k. \qquad (2-21)$$

则由 q_{jk} 所进行的修正标引是有效的。

证明在查询 q 中去掉标引词 q_j,则表达式 $\sum_{d \in R} f(q, d)$ 的值减小 r_j,$\sum_{d \in R} f(q, d)$ 的值减小 σ_j;去掉标引词 q_k,则 $\sum_{d \in R} f(q, d)$ 的值减小 r_k,$\sum_{d \in I} f(q, d)$ 的值减小 σ_k。而将 q_{jk} 作为标引词时 $\sum_{d \in R} f(q, d)$ 的值增加 r_{jk},$\sum_{d \in I} f(q, d)$ 的值增加 σ_{jk},所以,对修正查询表示 q^* 和修正文献表示 d^* 有

$$E\{f(q^*, d^*) | R\} = \left[\sum_{i=1}^{m} r_i - (r_j + r_k - r_{jk})\right]/|R|.$$

同理

$$E\{f(q^*, d^*) | I\} = \left[\sum_{i=1}^{m} \sigma_i - (\sigma_j + \sigma_k - \sigma_{jk})\right]/|I|.$$

故要证命题成立,只需证

$$\frac{\sum_{i=1}^{m} r_i - (r_j + r_k - r_{jk})}{\sum_{i=1}^{m} \sigma_i - (\sigma_j + \sigma_k - \sigma_{jk})} \geqslant \frac{\sum_{i=1}^{n} r_i}{\sum_{i=1}^{n} \sigma_i},$$

即

$$\frac{r_j + r_k - r_{jk}}{r_j + r_k + \sigma_j + \sigma_k - r_{jk} - \sigma_{jk}} \leqslant \frac{\sum_{i=1}^{n} r_i}{\sum_{i=1}^{n} (r_i + \sigma_i)}$$

借助不等式

$$\min\left\{\frac{b_1}{a_1}, \frac{b_2}{a_2}\right\} \leq \frac{b_1+b_2}{a_1+a_2} \leq \max\left\{\frac{b_1}{a_1}, \frac{b_2}{a_2}\right\}$$

及（2—21）式可得

$$\frac{r_{jk}}{r_{jk}+\sigma_{jk}} \geq \max\left\{\frac{r_j}{r_j+\sigma_j}, \frac{r_k}{r_k+\sigma_k}\right\}$$

$$\geq \frac{r_j+r_k}{r_j+\sigma_j+r_k+\sigma_k}$$

$$\geq \frac{r_j+r_k-r_{jk}}{r_j+r_k+\sigma_j+\sigma_k-r_{jk}-\sigma_{jk}},$$

又由（2—20）式有

$$\frac{\sum_{i=1}^{m} r_i}{\sum_{i=1}^{n} r_i+\sigma_i} \geq \max\left\{\frac{r_j}{r_j+\sigma_j}, \frac{r_k}{r_k+\sigma_k}\right\}$$

$$\geq \frac{r_j+r_k}{r_j+r_k+\sigma_j+\sigma_k},$$

所以，命题成立。

在命题2—5中，（2—20）式的假设是为了保证词的文献频率较高。如果词的文献频率较低，将其组成的词组用于文献标引会使查全率降低。

§2—7　2—Poisson模型

2—Poisson模型是Bookstein, Swenson[28—29],Harter[30—31]等三人提出来的。其主要思想是从概率论的

角度研究文献自动标引，按照特征词在相关文献集和无关文献集中的分布的差异程度来设计权值。

如§2—4所述，非特征词不能反映文献的主题内容。它们在文献集合的各篇文献中都可能出现，而且出现的频率是等同的。所以在整个文献集合中，非特征词的出现频率可以由一个参数来确定，服从Poisson分布。

特征词能够在一定程度上反映文献的主题内容。能够反映某篇文献主题内容的某个标引词，一般来说在该文献中出现的频率比较高，而且在与该文献有同一主题内容的各篇文献构成的相关文献集中出现的频率也较高。但在非相关文献集中出现的频率就相对比较低，甚至等于零。例如"情报"这个词，在主题内容与"情报"有关的文献中出现的频率较高；而在主题内容与"情报"无关的文献中出现的频率较低。这样看来，特征词在整个文献集合中的发生频率不能由一个参数来确定，因而在整个文献集合中不服从 Poisson 分布。

特征词能反映某一相关文献集中各篇文献的主题内容，于是我们可以认为它在该相关文献集中的出现频率是等同的，即特征词在相关文献集中服从 Poisson 分布。在无关文献集中特征词出现的频率低，但我们也可以认为它在各篇文献中出现的频率是等同的，即特征词在无关文献集中也服从 Poisson 分布。

因而，特征词在整个文献集合中所服从的分布，是它在相关文献集中所服从的 Poisson 分布与在无关文献集中所服从的Poisson分布二者的结合。即特征词在整个文献集合中的分布可以由两个参数 u 和 v 来确定。

假定 u_i 为特征词 t_i 在相关文献集中频率的期望值，v_i 为特征词 t_i 在无关文献集中频率的期望值。那么在相关文献集与无关文献集中特征词 t_i 出现 k 次的概率分别为：

$$f_1(K) = \frac{e^{-u_i} u_i^K}{K!},$$

$$f_2(K) = \frac{e^{-v_i} v_i^K}{K!}.$$

进一步假定任一特征词属于相关文献集的概率为 $P(R)=\pi$（从而该特征词属于无关文献集的概率为 $P(I)=1-\pi$），则在整个文献集合中，特征词 t_i 出现 K 次的概率为

$$f(K) = \pi \frac{e^{-u_i} u_i^K}{K!} + (1-\pi) \frac{e^{-v_i} v_i^K}{K!}.$$

由于特征词在相关文献集和无关文献集中服从不同的 Poisson 分布，因而特征词的标引能力可以用这两个 Poisson 分布的分离度来衡量。若某一特征词所服从的两个 Poisson 分布的分离度大，则用其作为标引词区分文献的能力就越强，在设计词权时应取较大的权值；若某一特征词所服从的两个 Poisson 分布分离度小，则用其作为标引词区分文献的能力就弱，在设计词权时应取较小的权值。

根据上述思想，对于第 K 个标引词，可将其词权设计为：

$$\omega_K = f_{iK} \frac{u_K - v_K}{\sqrt{u_K + v_K}},$$

式中 f_{iK} 表示第 K 个标引词在第 i 篇文献中的发生频率。

补 记

Zipf定律作为对情报检索研究对象的一个深刻描述，是我们在自动分类研究中若干思考方法的重要来源。截至现在，仍然有人（例如Pao[32], Chen[33]等）直接从Zipf定律出发进行自动标引研究。在本章中，我们已经看到以Zipf定律为出发点的Luhn的工作是如何备受推崇的。在这里，我们需要补充说明的是，关于本章所涉及的相当一部分内容，Rijsbergen在[34]中曾作了简要而紧凑的综合报道。目前看来，一种似乎有重大意义的标引方法正在受到人们的重视，这就是概率论的标引方法。从概率论出发来研究标引的开创性工作最早是由Maron及Kuhns[35]（1960年）进行的，70年代以来受到了人们的更多关注。在美国的Book-Stein, Swanson, Harter对概率标引进行深入研究的同时，英国学者Robertson, Sparck Jones[36]也对此作了卓有成效的研究。除我们在本章正文中已引用过的若干文献以外，近期的Roberston[37-38], Fuhr[39], Kwok[40-42]等人的文章也值得一阅。有些标引方法我们在文章中未能涉及，一种是语义分标标引方法，目前人们对这种方法还缺乏信心[12]。另一种是语言变量方法，可参见Montgomery[42]的文章。最后，关于最近的对自动标引的总结性论述，请读一下Salton[43]的文章。

参 考 文 献

[1] 兰卡斯特，F.W.，情报检索词汇规范化，科学技术文献出版社，北京，1982。

[2] 赵宗仁，科技文献自动标引的进展，郑登理等，情报科学与情报实践，科学技术文献出版社，北京，1986，pp99—134。

[3] Maron, M.E., Automatic Indexing: An Experimental Inquiry, Journal of the ACM, 1961, 8, pp 404-417.

[4] Salton, G., Automatic Information Organization and Retrieval, Mcgraw-Hill, New York, 1968.

[5] Salton, G., The SMART Retrieval System Experiments in Automatic Document Processing, Prentice-Hall, Englewood Cliffs, New Jersey, 1971.

[6] Salton, G., Recent Studies in Automatic Text Analysis and Document Retrieval, Journal of the ACM, 1973, 20, pp 258-278.

[7] Salton, G., Lesk, M.E., Computer Evaluation of Indexing and Text Processing, Journal of the ACM, 1968, 15, pp 8-36.

[8] Zipf, G.K., Human Behavior and the Principle of Least Effort, Addison-Wesley, Ca-

mbridge,Massachusetts,1949.

[9] 许文霞,中文词频的齐普夫分布,情报科学,1986,1,pp 24-29。

[10] Luhn,H.P.,The Automatic Creation of Literature Abstracts,IBM Journal of Research and Development,1958,2,pp159-165.

[11] Luhn,H.P.,A Statistical Approach to Mechanized Encoding and Searching of Literary Information,IBM Journal of Research and Development,1957,1,pp 399-317.

[12] Salton,G.,McGill,M.J.,Introduction to Modern Information Retrieval,McGraw-Hill,New York,1983.

[13] Sparck Jones,K.,A Statistical Interpretation of Term Specificity and its Application in Retrieval,Journal of Documentation,1972,28,pp 11-21.

[14] Sparck Jones,K.,Does Indexing Exhaustivity Matter,Journal of the American Society for Information Science,1973,24,pp 313-316.

[15] Salton,G.,Yang,C.S.,On the Specification of Term Values in Automatic Indexing,Journal of Documentation,1973,29,pp 351-372.

[16] Yu,C.T.,Salton,G.,Effective Information Retrieval Using Term Accuracy,Communi-

cations of the ACM,1977,20,pp 135-142.
[17] Yu,C.T.,Lam,K.,Salton,G.,Term Weighting in Information Retrieval Using the Term Precision Model,Journal of the ACM,1982,29,pp 152-170.
[18] 康耀红，广义情报检索理论体系，情报科学，1986，6，pp 1—23。
[19] 康耀红，对几种自动加权标引方法的讨论，情报理论与实践，1988，3，pp30-34。
[20] Salton,G.,Yang,C.S.,Yu,C.T.,A Theory of Term Importance in Automatic Text Analysis,Journal of the American Society for Information Science,1975,26,pp 33-44.
[21] Salton,G.,Wong,A.,Yang,C.S.,A Vector Space Model for Automatic Indexing,Communications of the ACM,1975,18,pp 613-620.
[22] Yu,C.T.,Precision Weighting-An Effective Automatic Indexing Method,Journal of the ACM,1976,23,pp 76-88.
[23] Salton,G.,Wong,A.,Yu, C.T., Automatic Indexing Using Term Discrimination and Term Precision Measurement,Information Processing and Management,1976,12,pp 43-51.
[24] Cooper,W.S.,Maron,M.E.,Foundations of Probabilistic and Utility-theoretic Indexing, Journal of the ACM,1978,25,pp 67-80.

[25] Salton,G.,Wu,H.,A Term Weighting Model Based on Utility Theory,In: Oddy,R.N., Robertson,S.E.,van Rijsbergen,C.J.,Williams,P.E.,Information Retrieval Research, Butterworths,London.1981,pp 9-22.

[26] Salton,G.,Wu,H.,Yu,C.T.,The Measurement of Term Importance in Automatic Indexing,Journal of the American Society for Information Science,1981,32,pp 175-186.

[27] 复旦大学，概率论，人民教育出版社，1979。

[28] Bookstein,A.,Swanson,D.R., Probabilistic Models for Automatic Indexing,Journal of the American Society for Information Science,1974,25,pp 312-318.

[29] Bookstein,A.,Swanson,D.R.,A Decision Theoretic Foundation for Indexing,Journal of the American Society for Information Science,1975,26,pp 45-50.

[30] Harter,S.P.,A Probabilistic Approach to Automatic Keyword Indexing,Part I: On the Distribution of Speciality Words in a Technical Literature,Journal of the American Society for Information Science,1975,26,pp 197-206.

[31] Harter,S.P.,A Probabilistic Approach to Auromatic Keyword Indexing,Part II: AN

Algorithm for Probabilistic Indexing, Journal of the American Society for Information Science,1975,26,pp 280-289.

[32] Pao,M.L.,Automatic Text Analysis Based on Transition Phenomena of Word Occurrences,Journal of the American Society for Information Science,1978,29, pp 121-124.

[33] Chen Ye-Sho,Leimkkuhler,F.F., Analysis of Zipf's Law: An Index Approach,Information Processing and Management,1987, **23,pp 171-182.**

[34] van Rijsbergen,C.J.,Information Retrieval, Butterworths,London,1979.

[35] Maron,M.E.Kuhns,J.L., On Relevance, Probabilistic Indexing and Information Retrieval,Journal of the A C M, 1960,7,pp 216-244.

[36] Robertson,S.E.,Sparck Jones,K.,Relevance Weighting of Search Terms,Journal of the American Society for Information Science,1976,27,pp 129-146.

[37] Robertson,S.E.On Relevance Weight Estimation and Query Expansion,Journal of Documentation,1986,42,pp 182-188.

[38] Robertson,S.E., Harding,P., Probabilistic Automatic Indexing by Learning Form Hu-

man Indexers Journal of Documentation, 1984,40,pp 264-270.

[39] Fuhr,N.,Two Models of Retrieval With Probabilistic Indexing,Organization of the 1986-A C M Conference on Research and Development in Information Retrieval,1986, pp 249-257.

[40] Kwok,K.L.,A Probabilistic Theory of Indexing and Similarity Measure Based on Cited and citing Documents,Journal of the American Society for Information Science, 1985,36,pp 342-351.

[41] Kwok,K.L.,An Interpretation of index Term Weighting Schemes Based on Document Components,Organization of the 1986-A C M Conference on Research and Development in Information Retrieval, 1986,pp 275-283.

[42] Montgomery,C.A.,Linguistics and Information Science,Journal of the American Society for Information Science,1972,23,pp 195-219.

[43] Salton,G.,Another Look at Automatic Text-Retrieval Systems,Communications of the A C M,1986,29,pp 648-656.

第三章 文档结构

在确定了文献表示和查询表示之后，还必须将文献的表示汇集、组织起来，以保证文档的查找或修改，这就是我们本章所要讲的文档结构。

指定一个由若干条"属性" K_1, K_2, $\cdots$, K_n 组成的集合 A：

$$A = \{A_1, A_2, \cdots, A_n\},$$

及集合 B：

$$B = \{0, 1\},$$

构造出有序对集合 C：

$$C = \{(A_1, X_1), (A_2, X_2), \cdots, (A_n, X_n)\},$$

其中 x_i 我们把它称为 A_i 的"值"，且 $x_i \in B$。对一篇文献而言，我们可以通过集合 C 实现该文献的一个纪录，其中 A_i 可以是文献的标引词或别的能够反映文献的某种属性的词，而 $x_i = 0$ 或 1，即当 A_i 适合这篇文献时，$x_i = 1$；而当 A_i 不适合这篇文献时，$x_i = 0$。

将纪录集合起来，称为文档的逻辑单位。通过对各个逻辑单位进行综合、分析和比较，就可以找出与用户查询相关的文献。在某一文档内部的纪录，通常都是根据纪录之间的关系进行组织的，比如按照各纪录进入文档的时间顺序进行组织，按照各纪录的某一部分的类别来依次排列等。这种逻辑组织就成为通常所说的文档结构。

在文档结构中，属性词选取的不同，以及各逻辑单位的排列方式不同，则文档结构的复杂程度也不同。文档结构可以是从几乎没有什么组织到能保持各文献之间各种关系的结构。本章主要讲四种文档结构，即流式文档、顺序文档、索引文档和倒排文档。

§3—1 流式文档

流式文档是最简单的文档结构。它在文字上是一个没有排列顺序的文献集合，建立文档时依据数据输入的先后顺序，连续地存放数据纪录，不考虑各纪录间的相互关系。

如图3-1所示的流式文档，由于这种文档结构中各文献的排列顺序可以是任意的，因而，当把新文献插入这个系统时，可以把这些新文献增加到文档中最末位置，而不改变系统中文献的顺序，所以这种文档基本不需要维护过程。

在流式文档结构中预先无法知道文档中哪一份文献是与用户查询相关的，因而需要一份一份地查找文档中的各篇文献。正在查找的文献可能在文档中的任何位置，我们就可能不得不检查所有的文献，以确定那些最终必须检索的文献。假定在文档中已经存在与用户查询相关的某篇文献，则平均需要查找 $(n+1)/2$ 份文献才能找到这份特定的文献，这里 n 代表文档中文献的数目。

流式文档的检索程序非常简单，只需按文档中文献的排列顺序一一查找就行了。但这种文档结构的可用性取决于文档中文献数目的多少和检索速度。当这个文档仅仅包括少数几篇文献时，我们通过一份一份地检查每篇文献，直至检出所要找的文献并不是很困难的事，因而这是一个合理的处

作者	陈景润	王元	潘承洞	尹文霖	王元	华罗庚
题目	大偶数为一个素数及一个不超过二个素数的乘积之和	表奇数为素数及殆素数之和	表偶数为素数及殆素数之和	关于表充分大的整数为素数之和	表大偶数为二个殆素数之和	表充分大的偶数为二素数之和
主题	偶数 素数 乘积	整数 素数 殆素数	偶数 素数 殆素数	整数 素数	偶数 殆素数	偶数 素数
位置号	1	2 ······	i ······	k ······	n	新文献

图 3-1 旗式文档

理过程。但对一个大型文档来说，检查整个文档而完成对某一特定文献的查找或确定一份文献的检索状态，除非有足够快的检索速度，否则，工作效率将非常不能令人满意。

流式结构只适宜于小型文档，对于大型文档来说，可以把它建成聚类文档。所谓聚类文档就是把文档中的所有文献分成若干类，每一类中的各文献都具有某种相似性。检索时可以按照用户的查询把检索限制在某个（某些）文献类中，这些文献类是与用户的查询相近似的。这样，一旦把检索具体到某个文献类中，就可以按照流式文档的程序进行查找。

§3—2 顺序文档

一般来说，存贮在文档中的某些部分，对于检索目的具有特殊的重要性，因而文档中的这一部分可以作为检索的主要标志。具体地说，文档中的各文献将存在某一方面的共同"属性"，这一属性反过来可用来描述文档中的每一篇文献，因而可以按照这个属性对文档中各文献进行排序。例如，一篇期刊论文的第一作者姓名就可以作为寻找这篇论文的主要准则。把文档中用于对存贮记录的存取的那一特定部分称为关键字。将文档中各文献按照某关键字的值来依次排序，用这个特定的顺序来对文档进行存取，这就是顺序文档。例如，一个由期刊论文组成的顺序文档，可以按照每篇文章第一作者的姓氏笔画顺序来排列。相比之下，流式文档与顺序文档有相同的逻辑单位，但流式文档没有特定的顺序。

图3-2所示的是一个按文章作者姓氏笔画顺序排列的

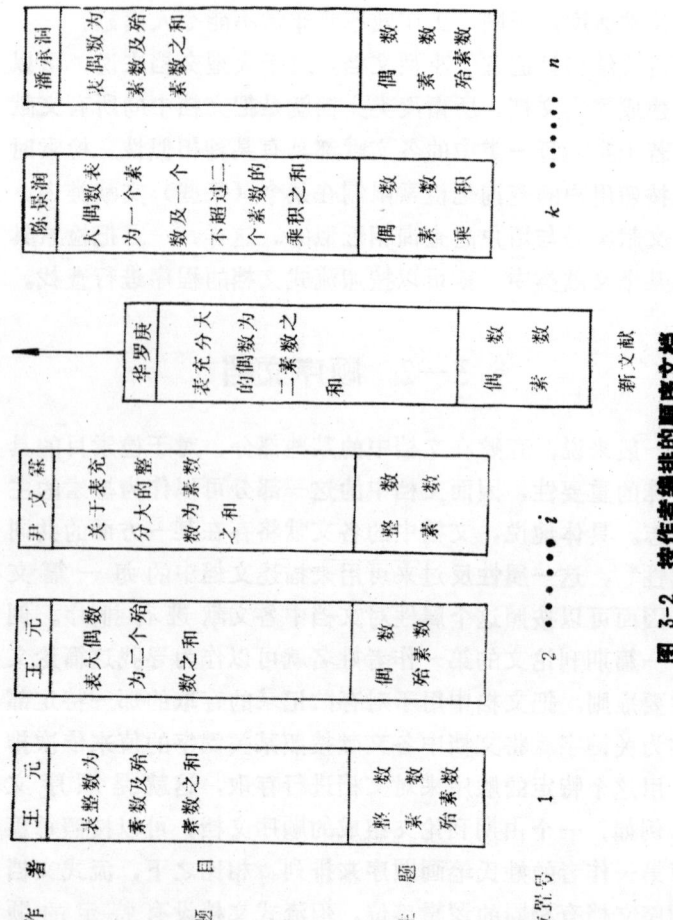

图 3-2 按作者编排的顺序文档

顺序文档。当把新文献插入这个系统时，不能随意放置，要把这份新资料存放到适当的位置上，以维持这个文档的顺序。这样就不得不移动其它的资料。自插入位置起，以后的文献要向后移动。因而这样的文档结构在进行更新时，需要有一个维护过程。而在没有编序的流式文档中，一篇新文献可以简单地放在下一个可用的位置上。

顺序文档的查找方法，可以采用顺序扫描，即可以从一个顺序文档的开头部分，依次查找文档中的所有文献，以找到文档中潜在的某一特定文献。这样，平均仍然需要查找$(n+1)/2$份文献才可找到需要的文献，这就失去了我们对于文档中各文献进行排序的意义了。由于个这文档是按照在检索中所用的关键字值的顺序来编序的，因而其检索效率实际上可以大大提高。一种典型的方法是折半查找法（亦称二分查找法），这种方法可以把所需要的步骤减少到$\log_2^{(n+1)}$，即对一个包含1023份文献的文档，使用折半查找法，平均只需10步就可以找到所需要的文献。但是，若用顺序扫描的方法来查找，平均需要512步。

所谓折半查找法，就是按照检索关键字值的大小将检索范围分成二分之一，逐步缩小，借以查找文献的方法。因而这种查找方法首先要求文档必须是根据某关键字值来排序，并且所要查找的文献必须是通过引用特定关键字值可以确定的，以图3-2所示的顺序文档为例，其所有的记录都可以通过对特定作者姓名的引用检索到。折半查找的方法是：首先检查文档中间的记录，而不是一开始就从文档的开头或结尾按顺序查找。把中间记录的关键字值同用户查询中所确定的关键字值进行比较，如果这两者的关键字值相匹配，那么,中间的记录就是需要查找的记录;如果这两个关键字值不相匹配,就进一步确定所要求的关键字值是在中间元素的前面,或者是后面。如果这个要求的关键字值是出现在中间元素的前面,则文档后边的一半就可以忽略,再去检查剩余部分的中间元素,一直继续到把与用户查询相关的文献找到为止。

在许多情况下,情报用户的查询并不是顺序文档中某一个关键字值所能够满足的。例如查询的内容是关于"计算机检索系统的发展历史"方面的文献,这样的查询并不显示对作者姓名有特殊的要求,而按照作者姓氏进行排列的顺序文档,就不能用来满足这一特定请求的检索,因为我们预先并不知道哪一个作者的文章是与用户查询相关的文章。一般顺序文档中用来标识存贮记录的关键字值有时在一个查询请求中要确定是很困难的。因此,为了满足用户的查询请求,就需要指定几个不同的关键字,以保证在更多的情况下,对于用户的不同方式的查询,都有相应的关键字可用来检索文档中的相关文献。但在这种情况下,一个查询请求可能与几个关键字有关,因而简单的折半查找方法就不再是有效的了。

§3—3 索引文档

当文档中文献的数目相当多时,在顺序文档中,即使用折半查找的方法也不能满足用户的实际需要。这时可以在顺序文档的基础上建立索引文档,形成索引顺序文档。例如,我们可以给如图3-2所示按作者姓氏笔画顺序排列的顺序文档建立一种索引。从图3-2中可以看出,姓氏为7画的那些作者是在位置号数为 K 的地方出现的。我们给图 3-2 所示的顺序文档建立如图 3-3 所示的一种索引。给出一个作者姓名，然后就可以用这个索引去找到作者姓氏是给定的笔画数的记录的存贮位置。一般来说，所谓索引顺序文档，就是将顺序文档分成若干区域，我们把分出的各个区域叫作顺序子文档，取出每个顺序子文档的第一个文献条目中用来标识其位置的关键字值，和该文献在文序文档中的存贮位置（记录号）组成新的文档，即引文档。使用索引可以提供对文献区域的访问，加快对信息项的查找。这样一来，对于某一篇特定文献的查找，仅需要查找一次索引和查找一次由该索引指定的子文档中的那个位置。即寻找一篇指定文献所需要的步骤将减少到需要查找这种索引的步骤数加上用于查找顺序子文档所需要的步骤数。

索引顺序文档在建立和维护时都很不方便，建立时，必须对文档中各文献按某一关键字值的大小排序并建立索引；插入新文献时，要将插入位置以后的所有记录后移，而且要

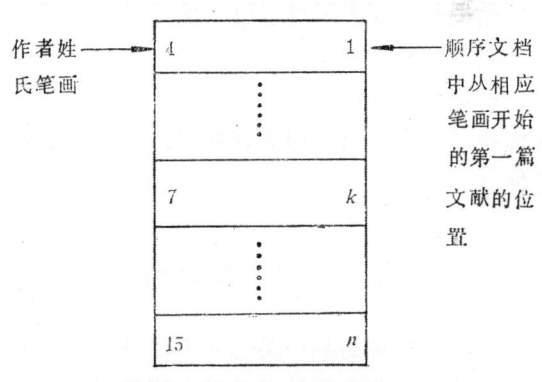

图 3-3 顺序文档的索引

修改索引文档的记录号值。文档本身和索引两者都必须改变，这可能是一项花费巨大的工作任务，这个花费可能超过在查找过程中所能达到的效益。当然，如果这个查询过程显得极为重要，并且只在偶然的情况下才有新文献插入的时候，建立这样的索引就会大大地提高检索效益。在此，我们没有提到在维护文档时构成溢出的可能性，通常在索引中还应该准备一个溢出区域。

为了减少修改文档时所需的工作量，在实际应用中，常常只对流式文档建立索引，而在索引中将所有的索引项按某个关键字值的大小顺序排列，形成较高一级的顺序文档。必要时，还可给该顺序文档建立索引。这样一来，得到的索引文档较索引顺序文档多一个完整的索引项索引，因此查找时间就多一次对完整索引项的查找，但建立和维护这种文档时就省事多了。

索引对于某些类型的计算机存贮器，如磁盘来讲，是特别重要的。磁盘可以快速存取连续的记录，但对磁盘的特定部分的存取是慢的。而索引可以用来确定磁盘上某一特定区域，这一区域存贮着与一个给定的查询有关的记录。然后，顺序扫描这些记录。对比之下，折半查找需要对文档的各个部分多次查找，没有索引文档的查找方式更易于适合计算机的物理特性。

§3—4 倒排文档

如果存贮在文档中的某一关键字不能满足用户的查询要求，我们就应该通过其它的辅助关键字获得对于文献的存取点。例如，除作者的姓名外，组成书名的各个单词也可以用于获得对记录的存取点。将单一关键词索引的概念扩展到包括所有记录的关键词，然后，可以建立一个单一的索引结构，它包括在文档中所有记录的每一个关键字的值。文档中的记录是我们通过对文献内容的组织抽象而来的，这样，文献的组织反过来又使我们获得关键字值并建立一个索引，通过索引中的各关键字值来获得对相应文献的存取点。这种文档结构称为倒排文档结构。换言之，倒排文档是由检索关键字来查找特定文献的一种文档结构。它把与某一关键字有关的所有文献的号数通过索引集中在一起，当通过该关键字查找文献时，立即可由尾随的号数获得所需文献在文档中的位置。

如图3-4所示，图3-4(b)表示了按文献号数排列的文献文档，每一份文献还可以在索引中进一步由不同的主题词来标识，我们把这种文档称为直接文档，即文档内的文献本身就提供了文档的主要顺序。图3-4(a)是我们给这个直接文档配置的倒排索引，它们构成了典型的倒排文档结构。

倒排文档可以实现对文献的快速查找，因为只须检查索引就可以确定哪些文献是与查询请求相关的，而不是查找真正的文献。此外，索引是按关键字值的顺序排列的，例如，用户的查询是关于"殆素数"方面的主题，就可先检查索引来确定"殆素数"主题的位置。在图3-4的例子中，就把条目1、2、5识别出来，作为检索的候选条目。人们不需要检查各个记录来确定它们的实际关键字值，因为这种信息已包含在索引中了。

相 关 情 报 资 料

主题					
整　数	1		3		
素　数	1		3	4	5
殆素数	1	2			5
乘　积				4	
偶　数		2		4	5

(a)

文献号数	1	2	3	4	5
作　者	王　元	王　元	尹文霖	陈景润	潘承洞
题　目	表整数为素数及殆素数之和	表大偶数为二个殆素数之和	关于表充分大的整数为素数之和	大偶数表为一个素数及一个不超过二个素数的乘积之和	表偶数为素数及殆素数之和
主　题	整数 素数 殆素数	偶数 殆素数	整数 素数	偶数 素数 乘积	偶数 素数 殆素数

(b)

图 3-4　倒排文档结构

(a) 倒排索引识别与特定主题相关的资料号
(b) 直接文档

在倒排文档结构中，直接文档（主要记录文档）不必要有特殊的顺序，当把一份新文献插入时，可以放在文档的末尾而不改变其它文献的排列顺序，但必须修改与这个新文献相关的索引项。例如，把一份新资料（号数为6）增加到图

文献号数	1	2	3	4	5	6
作者	王元	王元	尹文霖	陈景润	潘承洞	华罗庚
题目	表整数为素数及殆素数之和	表大偶数为二个殆素数之和	关于表充分大的整数为素数之和	大偶数表为一个素数及一个不超过二个素数的乘积之和	表偶数为素数及殆素数之和	表充分大的偶数为二素数之和
主题	整数 素数 殆素数	偶数 殆素数	整数 素数	偶数 素数 乘积	偶数 素数 殆素数	偶数 素数

图 3-5 (a) 增加了条目 (6) 的直接文档

3-4所示的这种文档结构中的效果,如图3—5(a)及图3-5(b)所示。

主 题	情 报 资 料				
	文献1	文献2	文献3	文献4	文献5
整 数	1	0	3	0	0
素 数	1	0	3	4	5
殆素数	1	2	0	0	5
乘 积	0	0	0	4	0
偶 数	0	2	0	4	5

(a)

情报资料	主 题				
	整 数	素 数	殆素数	乘 积	偶 数
文献1	1	1	1	0	0
文献2	0	0	2	0	2
文献3	3	3	0	0	0
文献4	0	4	0	4	4
文献5	0	5	5	0	5

(b)

图 3-6 倒排文档和直接文档的例子
(a) 倒排文档
(b) 直接文档

相关情报资料

整　数	1	3			
素　数	1	3	4	5	6
殆素数	1	2		5	
乘　积			4		
偶　数	2		4	5	6

图 3-5（b）　增加了条目的直接文档所附属的倒排索引

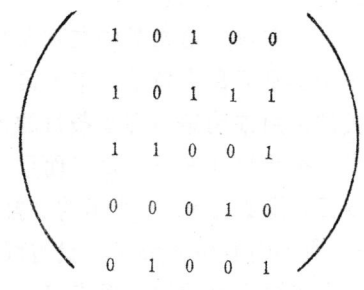

(a)

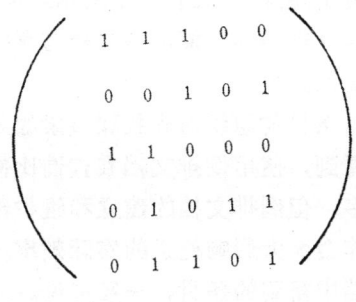

(b)

图 3-7　(a) 倒排文档对应的矩阵
　　　　(b) 直接文档对应的矩阵

当倒排文档中的索引项特别多时,还可以建立一个对索引文档的索引。实际上,常常需要使用分级的索引以保证快速查找成为可能。但对一个给定的分级索引,当增加新文献的时候,就要修改所有层次上的索引,这种文档的维护将是一种很费力气的工作。这实际上是许多典型文档结构的特点,在其设计中包含着检索时间和修改时间的一种均衡。

倒排文档可以识别出所有与给定关键词相关的文献条目,即对标引语言中作为识别该记录的所有术语,在索引中都带有一项用来指出与该术语相关的文献条目。相比之下,直接文档为每一个文献条目准备了一串术语,这些术语在检索中都可作为关键词用来确定各文献条目的位置。如果用"1"表示存在一个术语或一个条目,而用"0"表示不存在该术语或该条目,那么图3-4所示的倒排文档结构就可转换成如图3-6所示的表格的形式。我们可以从中看到,倒排文档是用各个术语来存取的,而直接文档是用各个文献条目本身来存取的。列出图3-6表中各栏内的数字(0或1)所对应的两个矩阵,如图3-7所示。可以明显地看出这两个矩阵是相互转换的,即倒排文档与直接文档的关系是一种矩阵转换关系。

在文档中,条目的组织对查找和检索的效率有很大的影响。我们已经看到,使用倒排文档来查询比使用直接文档来查询效率高得多。但倒排文档的建立和维护都比较困难,这方面的附属操作会大大影响检索的实际效率。

从直接文档中得到的条目,一般来说,是从通过与该条目有关的一些不完全的信息查找到该条目的。因而,在该条目作为一个查询结果输出之前,还必须经过分析,以决定该条目是否对用户可能有用。但由倒排文档中得来的条目，已经是将用户查询中的关键字值与文档中各记录的所有关键字值进行比较后得到的，就是说，所给的查询术语已经很大程度上可用来标引得到的文献条目，这样就可以直接假定该条目对用户可能是有用的。

用于检索的文档，其结构上的差异对检索过程起着重要的作用。在直接文档中，对一个特定的文献条目的存取，可以找出所有赋予该文献的索引词的信息。如果使用倒排文档，则只能找出该文献条目中与用户查询相匹配的那些信息项，得不到赋予该文献的其它任何信息。从查找过程的效率看，假定我们是引用文档记录中可用来标识各记录的某些术语作为查询术语的，那么对倒排文档的存取可以直接识别所检索的全部文献条目。而在直接文档中对一个文献条目的检索就要有一个必须的过程，即必须对每一篇文献都作出是否应该检索的决定，其检索效率自然就低得多了。

补　　记

在本章正文中我们没有列举任何一篇参考文献，这是因为我们在这本书里不打算对文档结构作深入的讨论，而本章所涉及的内容都是一些最基本的东西。如果读者有进一步了解的愿望，可参阅 Van Rijsbergen 所著的《情报检索》一书（业经南京大学郭瑞枫等译成中文本，未正式出版），其中除涉及本章所论述的内容外，还列举了其它一些建立文档结构的方法。

第四章 代数检索

本章中我们考虑如何用代数工具来处理检索问题。最基本的前提是将文献和查询用向量表示。在此基础上，我们将按不同方式处理标引词及标引词之间的相互关系，并由此得到不同的检索策略。

我们将应用布尔代数的理论充分地讨论检索问题。这里，传统的向量空间模型已被推广。更有意义的是，将推广以后的广义向量空间模型与布尔检索模型相结合，从而增加了以目前的技术状况实现该理论的可能性。

更一般的代数检索理论是以查询语言的代数结构为基本出发点的。第七章将讨论由此导出的偏序检索系统和格检索系统。

§ 4—1 有关数学知识

本节的主要参考书是〔1〕。

定义4—1 笛卡尔积 $A_1 \times A_2 \times \cdots \times A_n$ 的任意一个子集称为 $A_1, A_2, \cdots, A_n$ 上的一个 n 元关系。当 $n=2$ 时，关系是 $A_1 \times A_2$ 的一个子集，并称为由 A_1 到 A_2 的一个二元关系。

若 R 是由 A 到 B 的一个关系，且 $(a, b) \in R$，则说 a 对 b 有关系 R，记作 aRb。

二元关系的一种特殊情形，即由集合 A 到 A 自身的关系，称为集合 A 上的关系。

例4—1 设 $A=\{0, 1, 2, 3\}$,则

$$R=\{(0, 0), (0, 3), (2, 0), (2, 1), (2, 3), (3, 2)\}$$

是集合 A 上的一个关系。

定义4—2 集合 A 上的一个关系 R,如果

1) 对所有的 $a\in A$,有 aRa;

2) 对所有的 $a, b\in A$,若 aRb 且 bRa,就必有 $a=b$;

3) 对所有的 $a, b, c\in A$,若 aRb 且 bRc,则 aRc。

则称 R 是 A 上的一个偏序关系,或简称为偏序。偏序通常用符号"$\leqslant$"表示。将集合 A 和 A 上的偏序关系 $\leqslant$ 一起称为偏序集,用 $\langle A, \leqslant \rangle$ 来表示。

例4—2 定义在正整数集 N 上的"小于或等于"关系 $\leqslant$ 是 N 上的一个偏序关系,$\langle N, \leqslant \rangle$ 是一个偏序集。

定义4—3 设 a 和 b 是偏序集 $\langle A, \leqslant \rangle$ 中的两个元素,元素 $c\in A$,若 $c\leqslant a$,$c\leqslant b$,则称 c 为 a 和 b 的下界。如果元素 c 是 a 和 b 的下界,且对任意的 $c'\in A$,若 c' 是 a 和 b 的下界,便有 $c'\leqslant c$,则称 c 是 a 和 b 的最大下界,简记为 glb。

定义4—4 设 a 和 b 是偏序集 $\langle A, \leqslant \rangle$ 中的两个元素,元素 $d\in A$,若 $a\leqslant d$,$b\leqslant d$,则称 d 为 a 和 b 的上界。如果元素 d 是 a 和 b 的上界,且对任意的 $d'\in A$,当 d' 是 a 和 b 的上界时,便有 $d\leqslant d'$,则称 d 是 a 和 b 的最小上界,简记为 lub。

定义4—5 格是一个偏序集 $\langle A, \leqslant \rangle$,其中每一对元素 $a, b\in A$ 均存在最大下界和最小上界。

我们通常将元素 a 和 b 的最大下界和最小上界分别用 $a\wedge b$ 和 $a\vee b$ 来表示,即

$$a \wedge b = glb(a, b),$$
$$a \vee b = lub(a, b).$$

由于每一对元素的最大下界和最小上界是唯一的,因此"$\wedge$"和"$\vee$"均可看作是集合 A 上的二元运算,我们将 $\wedge$ 和 $\vee$ 分别称为合取和析取。

例4—3 全集合 u 的幂集 2^u 和定义在其上的包含关系构成偏序关系 $\langle 2^u, \leqslant \rangle$,对于任意的 $S_1, S_2 \in u$,有 $S_1 \subseteq S_1 \cup S_2$,$S_2 \subseteq S_1 \cup S_2$,并且若有子集 $S \subseteq u$ 使得 $S_1 \subseteq S$,$S_2 \subseteq S$,则必有 $S_1 \cup S_2 \subseteq S$。因此幂集 2^u 中任意子集对 (S_1, S_2) 有最小上界 lub,且 $lub(S_1, S_2) = S_1 \cup S_2$。同样,任意子集对 (S_1, S_2) 有最大下界 glb,且 $glb(S_1, S_2) = S_1 \cap S_2$。于是,$\langle 2^u, \leqslant \rangle$ 是一个格。

定理4—1 如果 a, b 是格 $\langle A, \leqslant \rangle$ 的元素,则
$$(a \vee b = b) \Longleftrightarrow (a \wedge b = a) \Longleftrightarrow (a \leqslant b)$$

定理4—2 设 a, b, c 是格 $\langle A, \leqslant \rangle$ 的元素,则关于 $\vee$ 和 $\wedge$ 有如下算律:

1) 交换律:
$$a \vee b = b \vee a, \quad a \wedge b = b \wedge a;$$

2) 结合律:
$$a \vee (b \vee c) = (a \vee b) \vee c,$$
$$a \wedge (b \wedge c) = (a \wedge b) \wedge c;$$

3) 等幂律:
$$a \vee a = a, \quad a \wedge a = a;$$

4) 吸收律:
$$a \vee (a \wedge b) = a, \quad a \wedge (a \vee b) = a.$$

如果 $\langle A, \leqslant \rangle$ 是一个格,则 A 中的任意一个元素对 a 和

b都有唯一的最大下界和最小上界,若分别用$a \wedge b$和$a \vee b$表示它们,则"$\wedge$"和"$\vee$"可看作是集合A上的两个二元运算,它们满足交换律、结合律、等幂律和吸收律。现在我们要说明这一结论的逆运算也是成立的。即如果集合A上定义了两个二元运算,且这两个二元运算满足以上四条算律,则A上必有一个偏序关系$\leqslant$,使得$\langle A, \leqslant \rangle$成为一个格。

定理4—3 设A是一定义了两个二元运算$\vee$和$\wedge$的集合,这两个运算满足交换律、结合律和吸收律,则必存在一个A上的偏序关系,使得在此偏序关系下,对于每一对元素$a, b \in A$,$a \vee b$就是a和b的最小上界,$a \wedge b$就是a和b的最大下界。

这样我们可以给出格的一个等价定义:

定义4—6 设$\langle A; \vee, \wedge \rangle$是一个代数系统,$\vee$和$\wedge$是$A$上的两个二元运算。如果这两个运算满足交换律、结合律和吸收律,则称$\langle A; \vee, \wedge \rangle$是一个格。

下面进一步给出有补格和分配格的定义。

定义4—7 设0,1是格$\langle A; \vee, \wedge \rangle$的最小元素和最大元素,若对于$A$中的一个元素$a$,有元素$\bar{a}$使$a \vee \bar{a}=1$,$a \wedge \bar{a}=0$,则称元素$\bar{a}$是$a$的补。如果$A$中的每一个元素都有补,则称$\langle A; \vee, \wedge \rangle$为有补格。

定义4—8 设$\langle A; \vee, \wedge \rangle$是一个格,若对于任意的$a, b, c \in A$,有

$$a \wedge (b \vee c) = (a \wedge b) \vee (a \wedge c),$$
$$a \vee (b \wedge c) = (a \vee b) \wedge (a \vee c),$$

则称$\langle A; \vee, \wedge \rangle$为分配格。

定理4—4 在有补分配格$\langle A; \vee, \wedge \rangle$中,任一元素

$a \in A$ 的补元素 $\bar{a}$ 是唯一的。

定理4—5（德·摩根定律） 在有补分配格 $\langle A; \vee, \wedge \rangle$ 中，对于任意的 $a, b \in A$ 有

$$\overline{a \vee b} = \bar{a} \wedge \bar{b} \qquad \overline{a \wedge b} = \bar{a} \vee \bar{b}$$

定义4—9 如果一个格既是分配格又是有补格，则称其为一个布尔代数。

因为在有补分配格中每一元素的补都是唯一的，所以求补运算可看作这个格的域上的一元运算。于是，具有域 B 的布尔代数可以表示为 $\langle B; -, \vee, \wedge \rangle$，其中 $\vee$ 和 $\wedge$ 是原有的合取和析取运算，"—"是求补运算。

由前面的讨论可知，一个布尔代数 $\langle B; -, \vee, \wedge \rangle$ 具有如下性质：1）交换律；2）结合律；3）幂等律；4）吸收律；5）分配律；6）同一律；7）零一律；8）互补律；9）对合律；10）德·摩根法则。以上这十条并不都是独立的，事实上，所有其它性质都可以由其中的四条——交换律，分配律，同一律和互补律——推导出来。

定义4—10 设 $\langle B; -, \vee, \wedge \rangle$ 是布尔代数，如果元素 $a \neq 0$，且对于每一个 $x \in B$ 有 $x \wedge a = a$ 或 $x \wedge a = 0$，则称 a 是原子。

由原子的定义，若 a 是原子，则不存在任何元素 c 使得 $0 < c$，$c < a$，即原子仅是比零大的元素。

定理4—6 设 $\langle B; -, \vee, \wedge \rangle$ 是有限尔布代数，又 x 是 B 的任意一个非零元素，$a_1, a_2, \cdots, a_n$ 是 $\langle B; -, \vee, \wedge \rangle$ 中满足 $a_i \leq x$ 的所有原子，则

$$x = a_1 \vee a_2 \vee \cdots \vee a_n$$

定理4—7 设 $\langle B; -, \vee, \wedge \rangle$ 是一有限布尔代数，x

是 B 的任意一个非零元素，a_1, a_2, $\cdots$, a_n 是 $\langle B; -, \vee, \wedge\rangle$ 中满足 $a_i \leqslant x$ 的所有原子，则 $x = a_1 \vee a_2 \vee \cdots \vee a_n$ 是将 x 表示为原子的析取式的唯一解。

布尔代数 $\langle B; -, \vee, \wedge\rangle$ 上由 x_1, x_2, $\cdots$, x_n 产生的布尔表达式可归纳地定义如下：

1) B 的任意元素和任一符号 x_1, x_2, $\cdots$, x_n（不能与 B 的元素的名字相同）都是 $\langle B; -, \vee, \wedge\rangle$ 上由 x_1, x_2, $\cdots$, x_n 产生的布尔表达式。

2) 如果 e_1 和 e_2 是 $\langle B; -, \vee, \vee\rangle$ 上由 x_1, x_2, $\cdots$, x_n 产生的布尔表达式，则 (e_1), $\bar{e}$, $(e_1 \vee e_2)$, $(e_1 \wedge e_2)$ 也是 $\langle B, -, \vee, \wedge\rangle$ 上由 x_1, x_2, $\cdots$, x_n 产生的布尔表达式（括号在 $\wedge$ 优先于 $\vee$ 的约定下可省略）。

例如，$0 \wedge \overline{1}$，$1 \vee (d \wedge x_1) \vee (\bar{x}_2 \wedge x_3)$ 和 $(\overline{\bar{\beta} \vee x_1 \vee x_3}) \wedge 0$ 都是布尔代数 $\langle \{0, \alpha, \beta, 1\}; -, \vee, \wedge\rangle$ 上由 x_1, x_2, x_3, x_4 产生的布尔表达式。

如果 x_1, x_2, $\cdots$, x_n 被解释为只能从 B 中取值的变量，那么变量 x_1, x_2, $\cdots$, x_n 的每一组取值对应着集合 B^n 上的一个有序 n 元组，而 $\langle B; -, \vee, \wedge\rangle$ 上由 x_1, x_2, $\cdots$, x_n 产生的布尔表达式可认为是表示 B 中的元素。于是，一个布尔表达式可以被解释为形如 $f: B^n \to B$ 的函数。这里，对于每一组特定的自变量 $(x_1, x_2, \cdots, x_n)$，$f(x_1, x_2, \cdots, x_n)$ 能够由 $\langle B; -, \vee, \wedge\rangle$ 上 $-$、$\vee$、$\wedge$ 运算的定义所确定。因此，$\langle B; -, \vee, \wedge\rangle$ 上由 x_1, x_2, $\cdots$, x_n 产生的布尔表达式有时也被称为是 $\langle B; -, \vee, \wedge\rangle$ 上几个变量的布尔函数。

如果两个 n 变量的布尔表达式 $f_1(x_1, x_2, \cdots, x_n)$ 和

$f_2(x_1, x_2, \cdots, x_n)$ 对于 n 个变量的任意一组赋值,都有相同的值,则称这两个布尔表达式是等价的。我们记作

$$f_1(x_1, x_2, \cdots, x_n) = f_2(x_1, x_2, \cdots, x_n)。$$

定义4—11 布尔代数 $\langle B; -, \vee, \wedge \rangle$ 上由 $x_1, x_2, \cdots, x_n$ 产生的形如 $x_1^{\delta_1} \wedge x_2^{\delta_2} \wedge \cdots \wedge x_n^{\delta_n}$ 的布尔表达式称为由 $x_1, x_2, \cdots, x_n$ 产生的最小项。其中 $X_i^{\delta_i}$ 或为 x_i 或为 $\bar{x}_i$。

例如,$x_1 \wedge x_2 \wedge x_3 \wedge x_4$,$\bar{x}_1 \wedge x_2 \wedge \bar{x}_3 \wedge x_4$ 都是由 x_1, x_2, x_3, x_4 产生的最小项。

通常用记号 $m_{\delta_1 \delta_2 \cdots \delta_n}$ 来表示最小项,其中

$$\delta_i = \begin{cases} 1, & \text{当 } X_i^{\delta_i} = X_i; \\ 0, & \text{当 } X_i^{\delta_i} = \overline{X_i}。 \end{cases}$$

例如,上述两个由 x_1, x_2, x_3, x_4 产生的最小项可分别表示为 m_{1111} 和 m_{0101}。

定理4—8 布尔代数 $\langle B; -, \vee, \wedge \rangle$ 上由 $x_1, x_2, \cdots, x_n$ 产生的每一布尔表达式均能表示成如下形式:

$$f(x_1, x_2, \cdots, x_n) = \bigvee_{k=00\cdots0}^{11\cdots1} (c_k \wedge m_k)。$$

这里 k 取所有 2^n 个可能的值 $\delta_1 \delta_2 \cdots \delta_n (\delta_i \in \{0, 1\})$,从而 $C_k = C_{\delta_1 \delta_2 \cdots \delta_n} = f(\delta_1, \delta_2, \cdots, \delta_n)$。

§4—2 查询语言的代数结构

设标引词集合

$$T = \{t_1, t_2, \cdots, t_n\}$$

则任一用户查询都可由标引词以及布尔操作算子 "AND"

"OR"、"NOT" 联结而成。例如：
$$q = t_1 AND(t_2 OR(NOT t_3))$$

我们可以如下归纳地给出集 Q 的定义

1）若 $t \in T$，则 $t \in Q$；

2）若 $t_1, t_2 \in Q$，则 $t_1 AND t_2 \in Q$；

3）若 $t_1, t_2 \in Q$，则 $t_1 OR t_2 \in Q$；

4）若 $t \in Q$，则 $NOT t \in Q$。

由 Q 的定义可以看出，任一布尔查询都可由 Q 中的一个元素来表示。我们把 Q 称为查询语言集。

对于 Q 上的布尔操作运算 AND 和 OR，很容易用真值表验证有下列算律成立：

1）交换律：
$$q_1 AND q_2 = q_2 AND q_1,$$
$$q_1 OR q_2 = q_2 OR q_1;$$

2）结合律：
$$(q_1 OR q_2) OR q_3 = q_1 OR(q_2 OR q_3),$$
$$(q_1 AND q_2) AND q_3 = q_1 AND(q_2 AND q_3);$$

3）分配律：
$$q_1 OR(q_2 AND q_3) = (q_1 OR q_2) AND(q_1 OR q_3),$$
$$q_1 AND(q_2 OR q_3) = (q_1 AND q_2) OR(q_1 AND q_3);$$

4）吸收律：
$$q_1 OR(q_1 AND q_2) = q_1,$$
$$q_1 AND(q_1 OR q_2) = q_1。$$

从而根据定义4—8知 $\langle Q; AND, OR \rangle$ 是一个分配格，我们将其称为查询语言格。

根据 AND 和 OR 给出 Q 上的一个偏序关系 $\leqslant$：

$q_1 \leq q_2$ 且仅当 $q_1 AND q_2 = q_1$，$q_1 OR q_2 = q_2$。

我们把 Q 与其上的偏序关系 $\leq$ 构成的偏序集 $\langle Q; \leq \rangle$ 称为查询语言偏序集。

在集 Q 中，我们注意到形如 $q AND(NOT\ q)$ 和 $q OR(NOT\ q)$ 的查询是两类特殊的查询。其中前者不检出任何文献，而后者可检出所有文献。我们用 0 和 1 分别表示 $q AND(NOT\ q)$ 和 $q OR(NOT\ q)$，称其为 0 查询和 1 查询。从而有如下算律成立：

5）同一律：
$$q\ OR\ 0 = q$$
$$q\ AND\ 1 = q。$$

6）互补律：
$$q\ OR(NOT\ q) = 1,$$
$$q\ AND(NOT\ q) = 0。$$

故 $\langle Q; NOT, AND, OR \rangle$ 是一个布尔代数，称其为查询语言布尔代数。

今后，为使用方便，我们用 $\vee$、$\wedge$、$\neg$ 分别表示布尔操作算子 AND、OR、NOT。

§4—3 传统的向量空间模型

设 D 是一个包括 m 篇文献的文献集合：
$$D = \{d_1, d_2, \cdots, d_m\},$$
d_i 为 D 的元素。假设文献集合 D 共有 n 个不同的标引词 t_1，t_2，$\cdots$，t_n，即 D 中的每篇文献都可以用这 n 个标引词中的若干个予以表示。把每个标引词看作是一个向量，则由 n 个标引词所对应的向量可以生成一个 n 维欧氏空间。我们把它称为标引词空间。

文献集合中的任一文献 d_i 可以表示为标引词空间中的一个向量 $\vec{d_i}$：

$$\vec{d_i}=(d_{i1}, d_{i2}, \cdots, d_{in}), i=1, 2, \cdots, m。$$

其中 d_{ij} 为文献 d_i 在第 j 个标引词向量方向上的分量。设 $\vec{t_j}$ 为第 j 个标引词向量，则 $\vec{d_i}$ 可用 $\vec{t_j}$ 线性表示如下：

$$\vec{d_i} = \sum_{j=1}^{n} d_{ij}\vec{t_j} \qquad (4-1)$$

同样地，一个提问 q 也可以表示为标引词空间中的一个向量 $\vec{q}$：

$$\vec{q} = (q_1, q_2, \cdots, q_n)$$

其中 q_j 为提问 q 在第 j 个标引词向量方向上的分量，即

$$\vec{q} = \sum_{j=1}^{n} q_j \vec{t_j} \qquad (4-2)$$

把文献和查询用向量来表示，这是建立向量检索空间模型的基本前提。这种对文献和查询的处理方式把检索问题转化为一个关于向量空间的问题，为我们引入新的数学工具提供了方便。

给出上述 $\vec{d}$ 和 $\vec{q}$ 的向量表示以后，就可以计算二者之间的相似程度。例如用点积函数，二者的相似程度可以定义为：

$$\vec{d_i} \cdot \vec{q} = \sum_{k=1, j=1}^{n} d_{ik}q_j \vec{t_k} \cdot \vec{t_j}, \quad (i=1, 2, \cdots, m)$$

$$(4-3)$$

对给定的提问 q，为每篇文献计算相似系数 $S(d_i, q)$，然后把相似系数超过某一预定值的文献作为检索结果输出；或者，把所有文献按相似系数的大小排序后，再将前 l 篇文献作为检索结果输出，其中 l 为用户所希望检出的文献篇数。

为了这样的目的，就必须知道词向量 $\vec{t_i}$ 之间的相互关系，和文献以及查询沿着这些基本向量方向的分量。在以后的讨论中，为方便起见，我们将（4—1）式用矩阵表示：

$$\vec{D} = \vec{t}\, A^T \tag{4—4}$$

此处

$$\vec{D} = (\vec{d_1}, \vec{d_2}, \cdots, \vec{d_m}),$$
$$\vec{t} = (\vec{t_1}, \vec{t_2}, \cdots, \vec{t_n}),$$

并且

$$A = \begin{pmatrix} d_{11} & d_{12} & \cdots & d_{1n} \\ d_{21} & d_{22} & \cdots & d_{2n} \\ \vdots & \vdots & & \vdots \\ d_{m1} & d_{m2} & \cdots & d_{mn} \end{pmatrix} \tag{4—5}$$

同样，（4—3）式可以表示为

$$\vec{S} = \vec{q}\, G A^T \tag{4—6}$$

此处

$$\vec{S} = (\vec{d_1} \cdot \vec{q},\ \vec{d_2} \cdot \vec{q},\ \cdots,\ \vec{d_m} \cdot \vec{q}),$$
$$\vec{q} = (q_1, q_2, \cdots, q_n),$$

并且

$$G = \begin{pmatrix} \vec{t_1} \cdot \vec{t_1} & \vec{t_1} \cdot \vec{t_2} & \cdots & \vec{t_1} \cdot \vec{t_n} \\ \vec{t_2} \cdot \vec{t_1} & \vec{t_2} \cdot \vec{t_2} & \cdots & \vec{t_2} \cdot \vec{t_n} \\ \vdots & \vdots & & \vdots \\ \vec{t_n} \cdot \vec{t_1} & \vec{t_n} \cdot \vec{t_2} & \cdots & \vec{t_n} \cdot \vec{t_n} \end{pmatrix} \quad (4-7)$$

称其为词关系矩阵。

在传统的向量空间模型中，矩阵 A 被假设为由自动标引所获得的词发生频率矩阵。因为事先并不知道词之间的关系，所以人们对于词向量只能作一些具有普遍意义，且容易处理的假设。Salton 在 SMART 系统中所建立的向量空间模型，是把词向量看作一组正交向量[2-4]，又因为它们是标引词空间的生成向量，故这组向量可以看作是该空间的一组正交基向量，即

$$\vec{t_1} = (1, 0, 0, \cdots, 0),$$
$$\vec{t_2} = (0, 1, 0, \cdots, 0),$$
$$\cdots \quad \cdots \quad \cdots \quad \cdots$$
$$\vec{t_n} = (0, 0, 0, \cdots, 1)。$$

此时矩阵 G 变为单位矩阵，即

$$G = \begin{pmatrix} 1 & 0 & 0 & \cdots & 0 \\ 0 & 1 & 0 & \cdots & 0 \\ \vdots & \vdots & \vdots & & \vdots \\ 0 & 0 & 0 & \cdots & 1 \end{pmatrix}$$

这时，对于给定查询 $\vec{q}$ 的排序向量，可以很容易地由下式计算：

$$\vec{S} = \vec{q} A^T \qquad (4-8)$$

作为一个例子，我们考虑如图 3-5 (a) 所示的直接文档中 6 篇文献组成的集合 D：

$$D = \{d_1, d_2, d_3, d_4, d_5, d_6\}$$

其标引词集合为

$T = \{$整数 (t_1)，素数 (t_2)，殆素数 (t_3)，偶数 (t_4)，乘积 $(t_5)\}$

则对各文献可按照其论述各标引词所反映主题的程度设计权值（例如用词在文献中的发生频率进行计算）。若某篇文献的表示中不包含某个标引词，我们就把该标引词在该文献表示中的权值设计为 0；若某篇文献的表示中包含某个标引词，我们就按照上述方法设计其权值，并把它限制在 0 与 1 之间。

经过分析，我们对上述六篇文献做出如下的向量表示：

$$\vec{d_1} = (0.6, 0.4, 0.4, 0, 0)$$

$$\vec{d_2} = (0, 0, 0.8, 0.7, 0)$$

$$\vec{d_3} = (0.9, 0.2, 0, 0, 0)$$

$$\vec{d_4} = (0, 0.7, 0, 0.8, 0.4)$$

$$\vec{d_5} = (0, 0.7, 0.4, 0.5, 0)$$

$$\vec{d_6} = (0, 1, 0, 0.3, 0)$$

由此可得矩阵 A：

$$A = \begin{pmatrix} 0.6 & 0.4 & 0.4 & 0 & 0 \\ 0 & 0 & 0.8 & 0.7 & 0 \\ 0.9 & 0.2 & 0 & 0 & 0 \\ 0 & 0.7 & 0 & 0.8 & 0.4 \\ 0 & 0.7 & 0.4 & 0.5 & 0 \\ 0 & 1 & 0 & 0.3 & 0 \end{pmatrix}$$

设用户需求是关于"哥德巴赫猜想"的文献。因为哥德巴赫猜想是关于"表偶数为二素数之和"的一个猜想，因而可以认为该用户需求是与标引词"素数"和标引词"偶数"有关的文献。不妨设计该用户查询表示为：

$$\vec{q} = (0, 1, 0, 0.7, 0)$$

则由（4—8）式得：

$$\vec{S} = \vec{q} A^T$$

$$= (0, 1, 0, 0.7, 0) \begin{pmatrix} 0.6 & 0 & 0.9 & 0 & 0 & 0 \\ 0.4 & 0 & 0.2 & 0.7 & 0.7 & 1 \\ 0.4 & 0.8 & 0 & 0 & 0.4 & 0 \\ 0 & 0.7 & 0 & 0.8 & 0.5 & 0.3 \\ 0 & 0 & 0 & 0.4 & 0 & 0 \end{pmatrix}$$

$= (0.4, 0.49, 0.2, 1.25, 1.05, 1.7)$

如果预定阈值为1，则输出文献为 d_6，d_4，d_5；对文献集合 D 按与 q 相似程度的大小排序得

$D = \{d_6, d_4, d_5, d_2, d_1, d_3\}$

这样我们还可以从排序集合中第一篇文献开始依次输出，直至达到用户所希望的篇数为止。

§4—4 词关系矩阵

上节我们引入了词关系矩阵 G 的概念。由 G 的定义可知它是由各标引词向量的点积所确定的。而各标引词实际上不可能相互独立,它们之间的关系通常是很难确定的,因而我们不知道各标引词向量在其所生成的欧氏空间中是如何分布的,它们的点积就难以计算。在这种情况下,我们可以通过某一途径(例如考虑词的共发频率)来近似地给出词与词之间的相互关系。这样得到的矩阵 G' 只是一个近似的结果,它只是在一定程度上或是从某一个角度反映词之间的关系才是有效的。我们把这样的词关系矩阵 G' 也叫做词关系矩阵。

(4—8)式中的文献标引矩阵 A 是在假定词相互独立的前提下给出的。为使文献标引能考虑到词之间的关系,我们将词关系矩阵 G' 与 A 结合起来,得到新的文献标引矩阵 $G'A^T$,从而(4—8)式变为

$$\vec{S} = \vec{q}\, G'A^T \qquad (4-9)$$

根据(4—9)式检索出的文献,是由查询标引词及与查询标引词相关的词所确定的。可以认为,按这种方式检索出的文献比之按(4—8)式检索出的文献更接近于用户的查询请求。

仍然以图3-5(a)所示的文档结构为例,该文档包括了用5个标引词——整数,素数,殆素数,偶数,乘积——标引的一组6篇文献,其文献表示矩阵为:

$$A = \begin{pmatrix} 1 & 1 & 1 & 0 & 0 \\ 0 & 0 & 1 & 1 & 0 \\ 1 & 1 & 0 & 0 & 0 \\ 0 & 1 & 0 & 1 & 1 \\ 0 & 1 & 1 & 1 & 0 \\ 0 & 1 & 0 & 1 & 0 \end{pmatrix}$$

词关系矩阵 G' 设为:

$$G' = \begin{pmatrix} 1 & 0.5 & 0.3 & 0.5 & 0 \\ 0.5 & 1 & 0.7 & 0 & 0 \\ 0.3 & 0.7 & 1 & 0 & 0 \\ 0.5 & 0 & 0 & 1 & 0 \\ 0 & 0 & 0 & 0 & 1 \end{pmatrix}$$

这里假定整数与素数,整数与殆素数,整数与偶数以及素数与殆素数均在一定程度上是相关的,在 G' 中相应位置上用适当的非零数字表示其相关的程度。同时又假定了其它各标引词之间是不相关的,并把 G' 中相应位置上的数字设计为 0。

设查询向量为:

$$\vec{q} = (0, 1, 0, 1, 0)$$

则由(4—9)式得:

$$\begin{aligned} \vec{S} &= \vec{q}\, G'\, A^T \\ &= (0, 1, 0, 1, 0) \end{aligned}$$

85

$$\begin{pmatrix} 1 & 0.5 & 0.3 & 0.5 & 0 \\ 0.5 & 1 & 0.7 & 0 & 0 \\ 0.3 & 0.7 & 1 & 0 & 0 \\ 0.5 & 0 & 0 & 1 & 0 \\ 0 & 0 & 0 & 0 & 1 \end{pmatrix} \begin{pmatrix} 1 & 0 & 1 & 0 & 0 & 0 \\ 1 & 0 & 1 & 1 & 1 & 1 \\ 1 & 1 & 0 & 0 & 1 & 0 \\ 0 & 1 & 0 & 1 & 1 & 1 \\ 0 & 0 & 0 & 1 & 0 & 0 \end{pmatrix}$$

$$= (2.5, 1.7, 2, 2, 2.7, 2)$$

这个结果与我们在上节例子中对同一文档所得到的排序向量略有不同。由于在这里我们考虑了词的相互关系，因而可以认为这一排序更适用于用户的查询要求。另外，各文献与查询的相似程度集中在〔2，2.7〕这个小区间里，即各文献反映查询主题内容的程度基本接近，这对这一特定文献集合所包含的6篇文献来说也是符合实际的。实际上，这6篇文献都是从不同程度研究哥德巴赫猜想的。

对于一给定的查询向量 $\vec{q}$ 和词关系矩阵 G'，$\vec{q}G'$ 的非零分量标出那些在 $\vec{q}$ 中指定的通过关系矩阵 G' 相结合的标引词。假设 M 表示屏蔽运算，它把小于某给定阈值的所有向量的分量都化为零，并用1取代所有的其它分量。那么，$\vec{q}G'M$ 就是一个向量 $\vec{q}^{(1)}$，其中值为1的分量表示被看作是和提问向量 $\vec{q}$ 的分量非常相关的标引词。这样的标引词称为第一级的词。

例如，考虑前述例子中给出的查询向量 $\vec{q}$：

$$\vec{q} = (0, 1, 0, 1, 0)$$

G' 仍然是前边所给定的关系矩阵。M 的屏蔽级等于1，那么

$$\vec{q}^{(1)} = \vec{q}\,G'$$

$$= (0,1,0,1,0) \begin{pmatrix} 1 & 0.5 & 0.3 & 0.5 & 0 \\ 0.5 & 1 & 0.7 & 0 & 0 \\ 0.3 & 0.7 & 1 & 0 & 0 \\ 0.5 & 0 & 0 & 1 & 0 \\ 0 & 0 & 0 & 0 & 1 \end{pmatrix}$$

$$= (1, 1, 0.7, 1, 0)$$

从而

$$\vec{q}^{(1)}M = (1, 1, 0, 1, 0)$$

因此一级词为整数、素数及偶数。

以同样的方式，二级词可由向量 $\vec{q}^{(1)}$ 导出。
因此对于上例有

$$\vec{q}^{(2)} = \vec{q}^{(1)}G' = (2, 1.5, 1, 1.5, 0)$$
$$\vec{q}^{(2)}M = (1, 1, 1, 1, 0)$$

故二级词为整数，素数，殆素数和偶数。由此可以看出，一级词比原查询标引词增加了"整数"，二级词比一级词增加了"殆素数"。从而得到的新查询向量就更有能力检出与用户查询相关的文献。对于更高级的词可以用类似的方法得到。

查询词，一级词，二级词及更高级词的全体与向量

$$\vec{q} + \vec{q}\,G'M + \vec{q}\,(G'M)^2 + \cdots \qquad (4-10)$$

的非零分量相对应，上式可缩写成下面这种简单形式：

$$\vec{q}\,(I - GM)^{-1}$$

式中 I 代表单位矩阵。如果希望连续几级的词的权是递减

的，则（4—10）式可以改写成

$$\vec{q} + \lambda \vec{q} G' M + \lambda^2 \vec{q} (G' M)^2 + \cdots \qquad (4-11)$$

式中 λ 为值在 0 与 1 之间的常数，同样可以把它缩写成：

$$\vec{q}(I - \lambda G' M)^{-1} \qquad (4-12)$$

将（4—12）式作为新的查询向量代入（4—9）式得

$$\vec{S} = \vec{q}(I - \lambda G' M)^{-1} G' A^T \qquad (4-13)$$

综上所述，用户根据需求列出查询向量 $\vec{q}$，由（4—9）式得出响应向量 $\vec{S}^{(1)} = \vec{q} G' A^T$。用户对该响应向量经过分析，决定哪个分量对于修正查询有意义，结果导致产生新的查询向量 $\vec{q}^{(1)}$，由 $\vec{q}^{(1)}$ 得到新的响应向量 $\vec{S}^{(2)}$。对 $\vec{S}^{(2)}$ 重复上述步骤再形成一个新的查询向量 $\vec{q}^{(2)}$，这个过程直到用户得到一个满意的查询向量，确信已能正确表达提问为止。

这里所讨论的词关系矩阵 G'，是根据词之间的相互关系给出的，因而它是一个对称矩阵。另外，Heaps 在〔5〕中考虑了词与文献的关系，得到的词关系矩阵不一定是对称的。在上述关于词关系矩阵的讨论中，对文献和查询的向量表示，假定了标引词是独立的。在此前提下，将词关系矩阵与文献标引矩阵和查询向量相结合。其结果在一定程度上对传统向量模型作了修正。

§4—5 广义向量空间模型

上节我们对词关系矩阵作了专门的讨论，由此得到（4—13）式所给出的排序向量。这个模型的缺陷是在文献和查询的向量表示中假定了标引词是相互独立的,在此前提下讨论词向量之间的相互关系显然不能令人满意。Wong 在〔6〕中建立了一种新的方法,把词向量用一组经适当挑选的正交基向量来表示。由此,词之间的关系可以直接由其向量表示给出较为精确的计算。和以前的研究相反,Wong 没有在假定标引词独立的前提下给出文献表示矩阵和查询向量。我们称他所建立的模型为广义向量空间模型。

一、两个例子

在建立模型以前,我们首先用两个例子来说明计算词向量之间关系的方法。

例4—4 令 D 是仅被标引词 t_1 和 t_2 标引的一个文献集合,如图 4-1 所示。

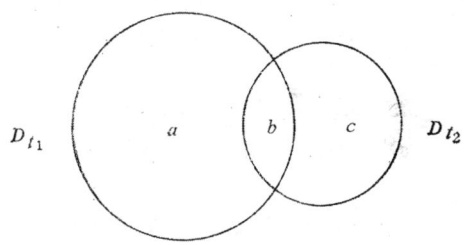

图 4-1 文献集D的不相交划分a、b、c

在图4-1中 D 的子集 a, b, c 分别定义为
$$a = D_{t_1 \bar{t}_2} = D_{t_1} \cap \bar{D}_{t_2}$$
$$b = D_{t_1 t_2} = D_{t_1} \cap D_{t_2}$$
$$c = D_{\bar{t}_1 t_2} = \bar{D}_{t_1} \cap D_{t_2}$$
其中 $D_{t_i}(i=1, 2)$ 是 D 包含标引词 t_i 的最大子集,$\bar{D}_{t_i}$ 是

D_{t_i} 的补集（即 D 中不包含标引词 t_i 的各文献构成的文献集合）。很显然，两个标引词所共同标引的各文献构成的集合 b，其所包含的文献篇数可以作为我们衡量这两个标引词之间关系的一个标准。令 $C(D)$ 表示任意集合 D 的基数。在图 4-1 中子集 b 的基数 $C(D_{t_1 t_2})$ 就是包含标引词 t_1、t_2 的文献个数，我们将把它作为 t_1、t_2 之间关系的一种测度。

采用向量的符号，t_1、t_2 之间的关系可以用词向量 $\vec{t_1}$、$\vec{t_2}$ 的点积 $\vec{t_1} \cdot \vec{t_2}$ 表示，也就是

$$\vec{t_1} \cdot \vec{t_2} = \frac{C^2(D_{t_1 t_2})}{[C^2(D_{t_1 \bar{t}_2}) + C^2(D_{t_1 t_2})]^{\frac{1}{2}} [C^2(D_{\bar{t}_1 t_2}) + C^2(D_{t_1 t_2})]^{\frac{1}{2}}}$$

这里

$$\vec{t_1} = \frac{C(D_{t_1 \bar{t}_2}) \vec{m_1} + C(D_{t_1 t_2}) \vec{m_2}}{[C^2(D_{t_1 \bar{t}_2}) + C^2(D_{t_1 t_2})]^{\frac{1}{2}}}$$

$$\vec{t_2} = \frac{C(D_{t_1 t_2}) \vec{m_2} + C(D_{\bar{t}_1 t_2}) \vec{m_3}}{[C^2(D_{\bar{t}_1 t_2}) + C^2(D_{t_1 t_2})]^{\frac{1}{2}}}$$

其中 $\vec{m_1}$、$\vec{m_2}$ 和 $\vec{m_3}$ 是经适当挑选的正交基本向量。

下面我们进一步举例说明，例4—4所引入的概念可以被很容易地推广到更复杂的情形。

例4—5 令 D 是被标引词 t_1、t_2、t_3 标引的文献集合，如图4-2所示。

文献集合 D 的不相交划分 a, b, c, d, e, f, g 分别定义为：

$$a = D_{t_1 t_2 t_3} = D_{t_1} \bigcap D_{t_2} \bigcap D_{t_3}.$$

$$b = D_{\bar{t}_1 t_2 t_3} = \bar{D}_{t_1} \cap D_{t_2} \cap D_{t_3}$$
$$c = D_{t_1 \bar{t}_2 t_3} = D_{t_1} \cap \bar{D}_{t_2} \cap D_{t_3}$$
$$d = D_{t_1 t_2 \bar{t}_3} = D_{t_1} \cap D_{t_2} \cap \bar{D}_{t_3}$$
$$e = D_{t_1 \bar{t}_2 \bar{t}_3} = D_{t_1} \cap \bar{D}_{t_2} \cap \bar{D}_{t_3}$$
$$f = D_{\bar{t}_1 t_2 \bar{t}_3} = \bar{D}_{t_1} \cap D_{t_2} \cap \bar{D}_{t_3}$$
$$g = D_{\bar{t}_1 \bar{t}_2 t_3} = \bar{D}_{t_1} \cap \bar{D}_{t_2} \cap D_{t_3}$$

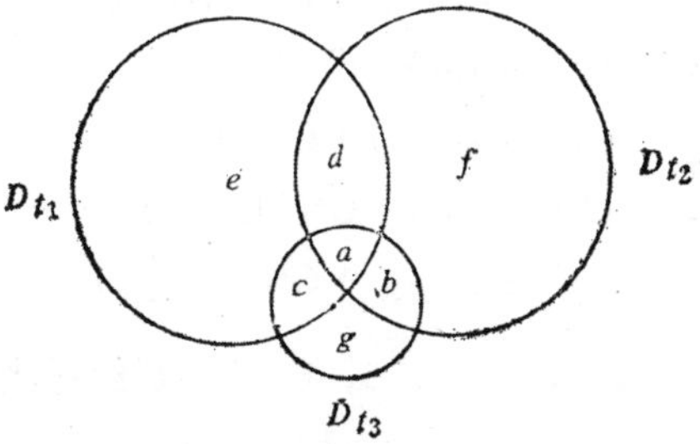

图4=2 文献集合 D 的不相交划分 a, b, c, d, e, f, g

此处 $D_{t_i}(i=1, 2, 3)$ 是 D 包含标引词 t_i 的最大子集，词向量之间相似测度的计算方法与例 4—4 相同，即

$$\vec{t}_1 \cdot \vec{t}_2 = \frac{C^2(D_{t_1 t_2 t_3}) + C^2(D_{t_1 t_2 \bar{t}_3})}{N_1 N_2}$$

$$\vec{t}_1 \cdot \vec{t}_3 = \frac{C^2(D_{t_1 t_2 t_3}) + C^2(D_{t_1 \bar{t}_2 t_3})}{N_1 N_3}$$

$$\vec{t}_2 \cdot \vec{t}_3 = \frac{C^2(D_{t_1 t_2 t_3}) + C^2(D_{\bar{t}_1 t_2 t_3})}{N_2 N_3}$$

这里

$$\vec{t}_1 = [C(D_{t_1 t_2 t_3})\vec{m}_1 + C(D_{t_1 \bar{t}_2 t_3})\vec{m}_3]/N_1$$
$$+ [C(D_{t_1 t_2 \bar{t}_3})\vec{m}_4 + C(D_{t_1 \bar{t}_2 \bar{t}_3})\vec{m}_5]/N_1$$

$$\vec{t}_2 = [C(D_{t_1 t_2 t_3})\vec{m}_1 + C(D_{\bar{t}_1 t_2 t_3})\vec{m}_2]/N_2$$

$$+[C(Dt_1t_2\bar{t}_3)\vec{m}_4+C(D\bar{t}_1t_2\bar{t}_3)\vec{m}_6]/N_2$$
$$\vec{t}_3=[C(Dt_1t_2t_3)\vec{m}_1+C(D\bar{t}_1t_2t_3)\vec{m}_2]/N_3$$
$$+[C(Dt_1\bar{t}_2t_3)\vec{m}_3+C(D\bar{t}_1\bar{t}_2t_3)\vec{m}_7]/N_3;$$
$$N_1^2=C^2(Dt_1t_2t_3)+C^2(Dt_1\bar{t}_2t_3)$$
$$+C^2(Dt_1t_2\bar{t}_3)+C^2(Dt_1\bar{t}_2\bar{t}_3)$$
$$N_2^2=C^2(Dt_1t_2t_3)+C^2(D\bar{t}_1t_2t_3)$$
$$+C^2(Dt_1t_2\bar{t}_3)+C^2(D\bar{t}_1t_2\bar{t}_3)$$
$$N_3^2=C^2(Dt_1t_2t_3)+C^2(D\bar{t}_1t_2t_3)$$
$$+C^2(Dt_1\bar{t}_2t_3)+C^2(D\bar{t}_1\bar{t}_2t_3)$$

其中$\vec{m}_i$($i=1, 2, 3, 4, 5, 6, 7$)是经适当挑选的一组正交向量。

上述两个例子,说明了对于仅仅由两个或三个标引词标引的文献集合,可以通过这些标引词共同标引的文献个数给出它们之间相互关系的一种测度。这种思想的突出特点是没有把观点停留在对匹配函数的修正上,而是建立了一组能够表示词向量的正交基本向量,这就避免了上节词关系矩阵的研究中所存在的问题。

二、查询语言布尔代数的向量表示

设由 n 个标引词 $t_1, t_2, \cdots, t_n$ 所生成的查询语言布尔表数为 $\langle Q_{2^n}; \neg, \wedge, \vee \rangle$,则 Q_{2^n} 包含 2^{2^n} 个元素。由 n 个标引词可产生 2^n 个互不相同的最小项,在每个最小项中,t_i 和 $\neg t_i$ 其中之一出现且只出现一次。例如,对 $n=3$,$t_1 \wedge t_2 \wedge t_3$,$\neg t_1 \wedge t_2 \wedge t_3$,$\neg t_1 \wedge \neg t_2 \wedge \neg t_3$ 都是由 t_1, t_2, t_3 产

生的最小项。显然最小项再不能被进一步简化，它们被称为查询语言布尔代数的基本元素。而查询语言布尔代数的其它任何元素都可以由基本元素的析取范式表示。令 $\{m_K\}_{2^n}$ 表示 Q_{2^n} 的基本元素，则其每一个元素都可由一个布尔向量 $(\delta_1, \delta_2, \cdots, \delta_n)$ 唯一决定，即

$$m_K = t_1^{\delta_1} \wedge t_2^{\delta_2} \wedge \cdots \wedge t_n^{\delta_n}$$

此处

$$t_i^{\delta_i} = \begin{cases} t_i, & \text{当 } \delta_i = 1 \text{ 时}; \\ \neg t_i, & \text{当 } \delta_i = 0 \text{ 时}. \end{cases}$$

显然标引词 $t_i(i=1, 2, \cdots, n)$ 是 Q_{2^n} 的一个元素，则其可以表示为基本元素的一个析取式，即

$$t_i = m_{i_1} \vee m_{i_2} \vee \cdots \vee m_{i_r} \tag{4—14}$$

其中 m_{i_j} 满足 $m_{i_j} \vee t_i = t_i$。

因此，我们可以用 2^n 维笛卡尔空间 R^{2^n} 中的 2^n—立方体的顶点来表示 Q_{2^n} 的元素。采用向量的符号，Q_{2^n} 的基本元素集合 $\{m_K\}_{2^n}$ 可以表示为 2^n 维笛卡尔空间 R^{2^n} 中的正交基本向量，即

$$\vec{m_1} = (1, 0, 0, \cdots, 0)$$
$$\vec{m_2} = (0, 1, 0, \cdots, 0) \tag{4—15}$$
$$\vdots$$
$$\vec{m_{2^n}} = (0, 0, 0, \cdots, 1)$$

因此，由（4—14）式及（4—15）式可得标引词 t_i 的向量表示为：

$$\vec{t_i} = \sum_{j=1}^{r} \vec{m_{i_j}}$$

例如当 $n=3$ 时，Q_2^3 的基本元素可表示为：

$$\vec{m_1}=(1,0,0)$$
$$\vec{m_2}=(0,1,0)$$
$$\vec{m_3}=(0,0,1)$$

Q_2^3 的其它元素可用图 4-3 中立方体的各顶点表示。

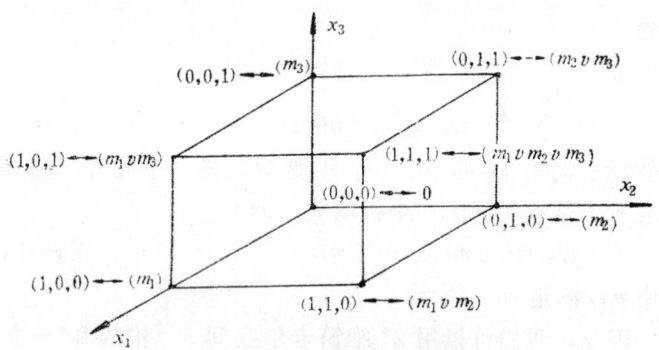

图 4-3　Q_2^3 中元素的向量表示

三、广义向量空间模型

关于查询语言布尔代数的理论，可以直接应用于文献标引为二值标引的检索系统。下面讨论在加权标引情形下对于一个文献集合 D 如何把一个标引词转化成 R^{2^n} 中的一个向量。为此我们引入复合函数

$$gf=\{t\}_n \cup \{m_K\}_{2^n} \to R^{2^n}$$

g 和 f 的定义如下：

i) $f: \{t\}_n \cup \{m_K\}_{2^n} \to 2^D$ 其中 2^D 表示 D 的幂集。

(a) 对任一标引词 $t_i \in \{t\}_n$，$f(t_i)$ 表示文献集合 D 包含标引词 t_i 的最大子集 D_{t_i}；

(b) 对任一基本元素 $m_K = t_1^{\delta_1} \wedge t_2^{\delta_2} \wedge \cdots \wedge t_n^{\delta_n}$, $f(m_K)$ 的定义如下:

$$f(m_K) = f(t_1^{\delta_1}) \cap f(t_2^{\delta_2}) \cap \cdots \cap f(t_n^{\delta_n}) \quad (4-16)$$

此处

$$f(t_i^{\delta_i}) = \begin{cases} f(t_i) = Dt_i, & \text{当 } \delta_i = 1; \\ f(\overline{t_i}) = \overline{D}_{t_i}, & \text{当 } \delta_i = 0. \end{cases}$$

$\overline{D}_{t_i}$ 表示某集合 Dt_i 的补集。

ii) $g: f(\{t\}_n \cup \{m_K\}_{2^n}) \to R^{2^n}$

(a) 对任一基本元素 m_K,定义

$$g(f(m_K)) = \vec{m}_K \quad (4-17)$$

其中 $\vec{m}_K$ 是(4—15)式所示的 R^{2^n} 的第 K 个正交基本向量。

(b) 根据(4—14)式和(4—17)式,对任一标引词 $t_i \in \{t\}_n$,标引词向量 $\vec{t_i}$ 可如下定义:

$$\vec{t_i} = g(f(t_i))$$

$$= \sum_{k=1}^{r} C_K(t_i) g(f(m_{iK})) = \sum_{k=1}^{r} C_K(t_i) \vec{m}_{iK} \quad (4-18)$$

此处

$$C_K(t_i) = \sum_{S \in I(t_i, K)} d_{Si} \quad (4-19)$$

其中 d_{Si} 是文献 d_S 的向量表示中的第 i 个分量,且

$$I(t_i, K) = \{S | d_S \in f(m_{iK}) \subseteq f(t_i)\}$$

在(4—5)式中,我们已经假定矩阵 A 是由自动标引所获得的词发生频率矩阵,而 d_{Si} 是该矩阵的元素,那么由

(4—18)式及（4—19）式可知标引词 t_i 的向量表示依赖于词发生频率矩阵 A。

把（4—18）式所定义的词向量标准化，得

$$\vec{t_i} = \frac{1}{N_i} \sum_{k=1}^{r} C_K(t_i) \vec{m_{iK}}, \quad 1 \leqslant i \leqslant n \qquad (4—20)$$

其中

$$N_i^2 = \sum_{k=1}^{r} C_K^2(t_i).$$

标引词 t_i 和 t_j 的词相似程度 $\vec{t_i} \cdot \vec{t_j}$ 可以由（4—20）式直接计算。

当标引为二值标引时，（4—19）式变为

$$C_K(t_i) = C(f(m_{iK})) \qquad (4—21)$$

其中 $C(f(m_{iK}))$ 表示由基本元素 m_{iK} 按（4—16）式所确定的文献集合的基数。将（4—21）式所得的值代入（4—20）式，并令 $n=2$ 或 3，就得到与例 4—1，例 4—2 相同的结果。

与传统的向量空间模型一样，在广义向量空间模型中，也假设了文献可以由标引词向量线性表出。而词向量由（4—20）式来定义，很容易按照查询和文献的相似程序，将文献按递减顺序排列。这种方法的主要优点，一方面考虑了词之间的关系，另一方面，没有陷入对相似函数的复杂讨论中。

Wong 在 SMART 系统中对广义向量空间模型和传统向量空间模型作了比较实验，结果表明广义向量空间模型的检索效率在很大程度上优于传统向量检索模型。下面举例说明广义向量空间模型的应用。

例 4—6 仍然以图 3-2 所示的直接文档为例，设文

献集合为 $D=\{d_1, d_2, d_3, d_4, d_5, d_6\}$，为计算简单，把标引词集合限制为：

$T=\{$偶数 (t_1)，素数 (t_2)，殆素数 $(t_3)\}$，设各文献表示所构成的矩阵为：

$$A = \begin{pmatrix} 0 & 0.6 & 0.4 \\ 0.7 & 0 & 0.2 \\ 0 & 0.8 & 0 \\ 0.7 & 0.1 & 0 \\ 0.2 & 0.5 & 0.7 \\ 0.2 & 0.8 & 0 \end{pmatrix}$$

不失一般性，设 $T=\{t_1, t_2, t_3\}$ 所生成的查询语言布尔代数 Q_{2^3} 所包含的基本元素为：

$$m_1 = t_1 \bar{t}_2 t_3, \qquad m_2 = t_1 \bar{t}_2 \bar{t}_3$$
$$m_3 = \bar{t}_1 t_2 t_3, \qquad m_4 = t_1 t_2 t_3$$
$$m_5 = t_1 t_2 \bar{t}_3, \qquad m_6 = \bar{t}_1 t_2 \bar{t}_3$$
$$m_7 = \bar{t}_1 t_2 \bar{t}_3, \qquad m_8 = \bar{t}_1 \bar{t}_2 \bar{t}_3$$

将标引词 t_1, t_2, t_3 用上述基本元素的析取范式表示如下：

$$\begin{aligned}
t_1 &= t_1 \wedge (t_2 \vee \bar{t}_2) \wedge (t_3 \vee \bar{t}_3) \\
&= [(t_1 \wedge t_2) \vee (t_1 \wedge \bar{t}_2)] \wedge (t_3 \wedge \bar{t}_3) \\
&= (t_1 \wedge t_2 \wedge t_3) \vee (t_1 \wedge t_2 \wedge \bar{t}_3) \\
&\quad \vee (t_1 \wedge \bar{t}_2 \wedge t_3) \vee (t_1 \wedge \bar{t}_2 \wedge \bar{t}_3) \\
&= m_4 \vee m_5 \vee m_1 \vee m_2
\end{aligned}$$

同理可得：

$$t_2 = m_4 \vee m_3 \vee m_5 \vee m_7$$

$$t_3 = m_4 \vee m_1 \vee m_3 \vee m_6$$

由 (4—20) 式将 t_1, t_2, t_3 用基本向量表示如下：

$$\vec{t_1} = \frac{0.7\vec{m_1} + 0.2\vec{m_4} + (0.7+0.2)\vec{m_5}}{\sqrt{0.7^2 + 0.2^2 + 0.9^2}}$$

$$= 0.6\vec{m_1} + 0.17\vec{m_4} + 0.77\vec{m_5};$$

$$\vec{t_2} = \frac{0.6\vec{m_3} + 0.5\vec{m_4} + (0.1+0.8)\vec{m_5}}{\sqrt{0.6^2 + 0.5^2 + 0.9^2}}$$

$$= 0.5\vec{m_3} + 0.42\vec{m_4} + 0.75\vec{m_5}$$

$$\vec{t_3} = \frac{0.2\vec{m_1} + 0.4\vec{m_3} + 0.7\vec{m_4}}{\sqrt{0.2^2 + 0.4^2 + 0.7^2}}$$

$$= 0.24\vec{m_1} + 0.48\vec{m_3} + 0.84\vec{m_4}$$

将上述结果代入 (4—1) 式得文献的向量表示如下：

$$\vec{d_1} = 0.6\vec{t_2} + 0.4\vec{t_3}$$

$$= 0.1\vec{m_1} + 0.5\vec{m_3} + 0.57\vec{m_4} + 0.38\vec{m_5}$$

$$\vec{d_2} = 0.7\vec{t_1} + 0.2\vec{t_3}$$

$$= 0.42\vec{m_1} + 0.1\vec{m_3} + 0.2\vec{m_4} + 0.7\vec{m_5}$$

$$\vec{d_3} = 0.8\vec{t_2}$$

$$= 0.4\vec{m_3} + 0.33\vec{m_4} + 0.6\vec{m_5}$$

$$\vec{d_4} = 0.7\vec{t_1} + 0.1\vec{t_2}$$

$$= 0.42\vec{m_1} + 0.1\vec{m_3} + 0.16\vec{m_4} + 0.62\vec{m_5}$$

$$\vec{d_5} = 0.2\vec{t_1} + 0.5\vec{t_2} + 0.7\vec{t_3}$$

$$= 0.28\vec{m_1} + 0.58\vec{m_3} + 0.84\vec{m_4} + 0.53\vec{m_5}$$

$$\vec{d_6} = 0.2\vec{t_1} + 0.8\vec{t_2}$$

$$= 0.12\vec{m_1} + 0.4\vec{m_3} + 0.36\vec{m_4} + 0.75\vec{m_5}$$

设用户查询的向量表示为：

$$\vec{q} = \vec{t_1} + \vec{t_2}$$

$$= 0.6\vec{m_1} + 0.5\vec{m_3} + 0.6\vec{m_4} + 1.52\vec{m_5}$$

由余弦函数 $S(d, q) = \dfrac{\vec{d} \cdot \vec{q}}{|\vec{d}| |\vec{q}|}$ 计算文献与查询的相似系数得：

$$S(d_1, q) = \frac{0.1 \times 0.6 + 0.5 \times 0.5 + 0.57 \times 0.6 + 0.38 \times 1.52}{\sqrt{0.1^2 + 0.5^2 + 0.57^2 + 0.38^2} \cdot}$$
$$\cdot \sqrt{0.6^2 + 0.5^2 + 0.6^2 + 1.52^2}$$

$$= 0.8$$

$$S(d_2, q) = \frac{0.42 \times 0.6 + 0.1 \times 0.5 + 0.2 \times 0.6 + 0.7 \times 1.52}{\sqrt{0.42^2 + 0.1^2 + 0.2^2 + 0.7^2} \cdot}$$
$$\cdot \sqrt{0.6^2 + 0.5^2 + 0.6^2 + 1.52^2}$$

$$= 0.98$$

$$S(d_3, q) = \frac{0 \times 0.6 + 0.4 \times 0.5 + 0.33 \times 0.6 + 0.6 \times 1.52}{\sqrt{0.4^2 + 0.33^2 + 0.6^2} \sqrt{0.6^2 + 0.5^2 + 0.6^2 + 1.52^2}}$$

$$= 0.9$$

$$S(d_4, q) = \frac{0.42 \times 0.6 + 0.1 \times 0.5 + 0.16 \times 0.6 + 0.62 \times 1.52}{\sqrt{0.42^2 + 0.1^2 + 0.16^2 + 0.62^2} \cdot}$$
$$\cdot \sqrt{0.6^2 + 0.5^2 + 0.6^2 + 1.52^2}$$

$$= 0.96$$

$$S(d_5,q) = \frac{0.28\times 0.6+0.58\times 0.5+0.84\times 0.6+0.53\times 1.52}{\sqrt{0.28^2+0.58^2+0.84^2+0.53^2}\cdot}$$
$$\cdot\sqrt{0.6^2+0.5^2+0.6^2+1.52^2}$$

$$= 0.8$$

$$S(d_6,q) = \frac{0.12\times 0.6+0.4\times 0.5+0.36\times 0.6+0.75\times 1.52}{\sqrt{0.12^2+0.4^2+0.36^2+0.75^2}\cdot}$$
$$\cdot\sqrt{0.6^2+0.5^2+0.6^2+1.52^2}$$

$$= 0.97$$

得到排序向量 $\vec{S}$:

$$\vec{S} = (0.8, 0.98, 0.9, 0.96, 0.8, 0.97)$$

故可根据各分量的大小依次输出,即先输出文献 d_2,再输出文献 d_6,直至达到用户所希望的篇数为止。

§4—6 布尔查询情形下的广义向量空间模型

Salton 在 SMART 实验系统中的比较实验,证明向量空间模型优于布尔检索模型[2],但至今却没有一个商用系统采用向量空间模型,关于此方面的原因有很多争议,其共同点是向量空间模型不能处理布尔查询表示。而布尔查询结构较向量查询结构更能准确表达用户需求。上一节建立的广义向量空间模型,避免了传统向量空间模型中关于词独立性的假设,但仍然没有考虑如何处理布尔查询。基于这个原因,Wong 在[7]中把广义向量空间模型与布尔检索模型相结合,建立了布尔查询情形下的广义向量空间模型。

设 $T=\{t_1, t_2, \cdots, t_n\}$ 是标引词集合，则由一个标引词 t_i 构成的基本布尔查询可用一个有序对表示：

$$q_i=(t_i, \omega_i), \quad (0 \leqslant \omega_i \leqslant 1)$$

其中 ω_i 表示标引词 t_i 在查询 q_i 中的权值。

每个布尔查询都可以由基本布尔查询通过逻辑算符 $\wedge$、$\vee$ 和 $\neg$ 连结而得到，例如

$$\begin{aligned}q &= [q_1 \wedge (q_2 \vee q_3)] \vee (\neg q_1) \\ &= \{(t_1,\omega_1) \wedge [(t_2,\omega_2) \vee (t_3, \omega_3)]\} \vee [\neg(t_1,\omega_1)]\end{aligned}$$

下面讨论如何把布尔查询表示成 R^{2^n} 中的一个向量。为此，首先在 R^{2^n} 中引入一个一元运算 "$\neg$"，两个二元运算 "$\vee$" 和 "$\wedge$"。令

$$M=\sum_{i=1}^{n}\{m\}^i$$

其中 $\{m\}^i$ 表示 t_i 的向量表示中包含的基本元素全体。根据（4—20）式，对任一标引词 t_i，其向量表示为：

$$\vec{t_i} = \sum_{m_K \in \{m\}^i} C_{iK} \vec{m_K}.$$

1）对任一标引词向量 $\vec{t_i}$，定义运算 "$\neg$" 如下：

$$\neg \vec{t_i} = I - \vec{t_i} = I - \sum_{m_K \in \{m\}^i} C_{iK} \vec{m_K}$$

$$= \sum_{m_K \in \{m\}^i} (1-C_{iK}) \vec{m_K} + \sum_{m_K \in M-\{m\}^i} \vec{m_K},$$

其中

$$I = \sum_{m_K \in M} \vec{m_K}.$$

2) 任取两个词向量 $\vec{t_1}$、$\vec{t_2}$:

$$\vec{t_1} = \sum_{m_K \in \{m\}^1} C_{1K} \vec{m_K},$$

$$\vec{t_2} = \sum_{m_K \in \{m\}^2} C_{2K} \vec{m_K}.$$

定义运算 "$\vee$" 如下：

$$\vec{t_1} \vee \vec{t_2} = \sum_{m_K \in \{m\}^1 \cup \{m\}^2} \max(C_{1K}, C_{2K}) \vec{m_K},$$

3) 对 $\vec{t_1}$, $\vec{t_2}$ 定义运算 "$\wedge$" 如下：

$$\vec{t_1} \wedge \vec{t_2} = \sum_{m_K \in \{m\}^1 \cap \{m\}^2} \max(C_{1K}, C_{2K}) \vec{m_K}.$$

关于 "$\wedge$" 的定义，另一种形式是 $\vec{m_K}$ 的系数为 $\min(C_{1K}, C_{2K})$，但这样定义的运算将使信息量损失太大。采用上述定义则可避免这一点。

下面定义加权查询 Q_ω 到 R^{2^n} 的一个映射 h：

$$h: Q_\omega \to R^{2^n}$$

1) $h(t_i, \omega_i) = \omega_i \vec{t_i}$;
2) $h[\neg(q)] = \neg h(q)$; \hfill (4--22)
3) $h[q_1 \vee q_2] = h(q_1) \vee h(q_2)$;
4) $h[q_1 \wedge q_2] = h(q_1) \wedge h(q_2)$.

例 4—7 设文献集合，标引词集合及文献表示矩阵与例 4—6 相同，则由例 4—5 知

$$M=\{\vec{m_1},\ \vec{m_3},\ \vec{m_4},\ \vec{m_5}\},$$

且

$$\vec{t_1}=0.6\vec{m_1}+0.17\vec{m_4}+0.77\vec{m_5},$$
$$\vec{t_2}=0.5\vec{m_3}+0.42\vec{m_4}+0.75\vec{m_5},$$
$$\vec{t_3}=0.24\vec{m_1}+0.48\vec{m_3}+0.84\vec{m_4},$$

设布尔查询为：

$q_1=[(t_1,\ 0.5)]$,
$q_2=[(t_1,\ 0.5)\land(t_2,\ 0.4)]$,
$q_3=[(t_1,\ 0.5)\land(t_2,\ 0.4)]\lor[\neg(t_3,\ 0.3)]$.

则由（4—22）式知其向量表示分别为：

$$h(q_1)=0.5\vec{t_1}=0.5(0.6\vec{m_1}+0.17\vec{m_4}+0.77\vec{m_5})$$
$$=0.3\vec{m_1}+0.09\vec{m_4}+0.39\vec{m_5},$$
$$h(q_2)=(0.5\vec{t_1})\land(0.4\vec{t_2})$$
$$=(0.3\vec{m_1}+0.09\vec{m_4}+0.39\vec{m_5})\land$$
$$(0.2\vec{m_3}+0.17\vec{m_4}+0.3\vec{m_5})$$
$$=0.17\vec{m_4}+0.39\vec{m_5},$$
$$h=(q_3)=[(0.5\vec{t_1})\land(0.4\vec{t_2})]\lor[\neg(\vec{t_3},0.3)]$$
$$=(0.17\vec{m_4}+0.39\vec{m_5})\lor(0.93\vec{m_1}+0.85\vec{m_3}+0.75\vec{m_4})$$
$$=0.93\vec{m_1}+0.85\vec{m_3}+0.75\vec{m_4}+0.39\vec{m_5}.$$

从这个例子中可以看出布尔查询是如何用向量来表示的。对于更复杂的布尔查询,如

$$q=\{[(t_1,\omega_1)\wedge(t_2,\omega_2)],\omega_{12}\}\vee[(t_3,\omega_3)],$$

也很容易应用上述方法得到其向量表示。在第九章中,我们将讨论这种理论在扩展布尔检索模型中的应用。

§4—7 一般代数检索理论

下面我们将从查询集 Q 的偏序结构出发,阐述一般的代数检索理论[8]。

一、检索结果的偏序结构

定义4—12 一个偏序情报检索系统(PO—系统)定义为一个有序序列 S:

$$S=(D,Q,\leqslant,\phi)$$

并满足条件

1) $\langle Q, \leqslant \rangle$ 是一个偏序集;

2) ϕ 是由 Q 到 2^D 的一个映射,且满足 $\forall q_1, q_2 \in Q$,有 $q_1 \leqslant q_2 \Rightarrow \phi(q_1) \subseteq \phi(q_2)$;

3) $\forall d \in D$,$\exists q \in Q$ 使 $d \in \phi(q)$。

其中由2)定义的 $\phi(q)$ 为被查询 q 检索出的文献集。

设 X 是文献集 D 的一个子集,即 $X \subseteq D$,若存在 $q \in Q$,使 $X=\phi(q)$,则称 X 是可检索的。用 $B(S)$ 表示可检索文献集的全体。

定义4—13 设 $S_i=\{D_i, Q_i, \leqslant_i, \phi_i\}$
($i=1, 2$) 是两个 PO—系统。若

1) $D_1 \leq D_2$;

2) $Q_1 \leq Q_2$;

3) $\leq_1 = (\leq_2 \cap (\vec{Q_1} \times \vec{Q_2}))$;

4) $\forall q \in Q_1, \phi_1(q) = \phi_2(q) \cap D_1$;

则称 S_1 是 S_2 的子系统,记为 $S_1 \subset S_2$。

特别,当 $S_1 \subset S_2$ 且 $Q_1 = Q_2$ 时,记为 $S_1 \stackrel{*}{\subset} S_2$;当 $S_1 \subset S_2$ 且 $D_1 = D_2$ 时,记为 $S_1 \stackrel{*}{\subset} S_2$。

定义 4—14 设 $S = (D, Q, \leq, \phi)$ 是一个 PO—系统,若 $q_1 \leq q_2$ 且 $q_1 \neq q_2 \Rightarrow \phi(q_1) \neq \phi(q_2)$,则称 S 是简单的。

定理 4—8 设 $S = (D, Q, \leq, \phi)$ 是一个 PO—系统,则存在一个简单 PO—系统 S_1,使 $S_1 \stackrel{*}{\subset} S$,且 $B(S) = B(S_1)$。

证明 设

$$C_{q_1 q_2} = \{q | q_1 < q_1 \leq q_2\}$$

是 $\langle Q, \leq \rangle$ 的一个链。令

$$W(q) = \{g \in Q: \phi(g) = \phi(q)\}.$$

设 $h(q)$ 表示 $\langle W(q), \leq \rangle$ 非空的反链,如果 $\langle W(q), \leq \rangle$ 的所有最大元素的集合非空,则用 $h(q)$ 表示之。令

$$Q_1 = \bigcup_{q \in Q} h(q), \leq_1 = (\leq \wedge (Q_1 \times Q_1)),$$

且对任意 $q \in Q_1, \phi_1(q) = \phi(q)$。

显然 $S_1 = (D, Q_1, \leq_1, \phi_1)$ 是一个 PO—系统。容易证明 $S_1 \stackrel{*}{\subset} S$ 且 $B(S_1) = B(S)$。下面证 S_1 是一个简单的 PO—系统。

假设 $\exists q_1, q_2 \in Q_1$,使得 $q_1 < q_2$ 且 $\phi(q_1) = \phi(q_2)$。因为 $q_1, q_2 \in Q_1$,故 $q_1 \in h(q_1), q_2 \in h(q_2)$,则 $h(q_1) = h(q_2)$。由

于$\phi(q_1)=\phi(q_2)$,故$\{q_1, q_2\}$是一个反链。这与$q_1\leqslant q_2$的假设相矛盾。定理得证。

定义4—15 $S=(D, Q, \leqslant, \phi)$是一个PO—系统,若对于任意$d\in D$,存在$q\in Q$,使$\phi(q)=\{d\}$时,则称PO—系统S是可选择的。当$\phi(q)=\{d\}$时,记$q$为$q_d$。

由定义4—15可以看出,一个PO—系统是可选择的,是指D的任意一个元素都是可检索的。

定理4—9 $S=(D, Q, \leqslant, \phi)$是一个PO—系统,则存在一个可选择PO—系统$S'$,使$S\stackrel{*}{\subseteq}S'$。

证明 令$D'=\{d|\ d\ 不可检索\}$,Q'是一个查询集,满足$Q'\cap Q=\phi$,且$\mathrm{card}(Q')=\mathrm{card}(D')$。$f$是$Q'$到$D'$的一个双射,令

1) $Q_1=Q\cup Q'$;

2) $D_1=D$;

3) $\phi_1(q)=\begin{cases}\phi(q), & q\in Q\\ f(q), & q\in Q'\end{cases}$

则$S'=(D_1, Q_1, \leqslant, \phi_1)$是一个可选择的PO—系统,且$S\stackrel{*}{\subseteq}S'$。

定义4—16 $S=(D, Q, \leqslant, \phi)$是一个PO—系统。若$\forall q\in Q$,有$\phi(q)\neq\phi$,则称$S$是正常的。

定理4—10 $S=(D, Q, \leqslant, \phi)$是一个PO—系统,

1) 若S是正常且简单的,则$Q_s=Q_{min}$;

2) 若S是可选择的,则$\mathrm{card}(D)\leqslant\mathrm{card}(Q_s)$。

证明 1) 令$q\in Q_s$,则根据Q_s的定义知$\exists d\in D$,使$\phi(q)=\{d\}$。假设$g<q$,因为S是简单的,故$\Psi(q)=\phi$,这

与 S 是正常的相矛盾。故 $Q_s = Q_{min}$。

2) 令 $d \in D$,则 $\phi(q_d) = \{d\}$,此处 $q_d \in Q_s$。显然,若 $d_1 \neq d_2$,则 $q_{d_1} \neq q_{d_2}$,故 $\mathrm{card}(D) \leqslant \mathrm{card}(Q_s)$。

推论 $S = (D, Q, \leqslant, \phi)$ 是一个 PO—系统,若 S 是正常的、可选择的和简单的,则
$$\mathrm{card}(D) \leqslant \mathrm{card}(Q_{min})$$

定义 4—17 若函数 ϕ 满足 $\forall q_1, q_2 \in Q$,有 $q_1 \leqslant q_2 \iff \phi(q_1) \subseteq \phi(q_2)$,则称 ϕ 为 $\langle Q; \leqslant \rangle$ 到 $\langle B(S); \subseteq \rangle$ 的同态映射。

引理 $S = (D, Q, \leqslant, \phi)$ 是一个 PO—系统。若 ϕ 是一个同态映射,则 ϕ 是单射,且 S 是简单的。

证明 若 $q_1 \neq q_2$,而 $\phi(q_1) = \phi(q_2)$,则 $\phi(q_1) \subseteq \phi(q_2)$,$\phi(q_2) \subseteq \phi(q_1)$。因此 ϕ 是同态映射,故 $q_1 \leqslant q_2$,且 $q_2 \leqslant q_1$,而 $\langle Q; \leqslant \rangle$ 是偏序集,故 $q_1 = q_2$。与假设矛盾,引理得证。

定理 4—11 $S = (D, Q, \leqslant, \phi)$ 是一个 PO—系统,且 ϕ 是同态映射,

1) 若 S 是正常的和可选择的,则
$$Q_s = Q_{min};$$

2) 若 S 是可选择的,则
$$\mathrm{card}(D) = \mathrm{card}(Q_s).$$

证明 1) 由于 ϕ 是同态映射,根据引理知 S 是简单的,又由定理 4—10 得 $Q_s \subseteq Q_{min}$。下证 $Q_{min} \subseteq Q_s$。

设 $q \in Q_{min}$,若不存在 $d \in D$,使 $q = q_d$,即 $\phi(q)$ 不是 D 的一个元素,则 $\phi(q)$ 至少包含 D 的两个元素。不妨设 $d_1, d_2 \in \phi(q)$,则有 $\phi(q_{d_1}) \subseteq \phi(q)$,$\phi(q_{d_2}) \subseteq \phi(q)$,由于 ϕ 是同态映射,故 $q_{d_1} \leqslant q$,$q_{d_2} \leqslant q$,这与 $q \in Q_{min}$ 矛盾。故有 Q_{min}

$\subseteq Q_s$。

2) 由于 S 是可选择的,由定理 4—9 知 $\mathrm{card}(D) = \mathrm{card}(Q_s)$。

推论 1 $S=(D, Q, \leqslant, \phi)$ 是一个 PO—系统。如果 S 是可选择的和正常的,且 ϕ 是一同态映射,则 $\mathrm{card}(D) = \mathrm{card}(Q_{min})$。

推论 2 $S=(D, Q, \leqslant, \phi)$ 是一个 PO—系统,其中 ϕ 是一同态映射。若 q_1, q_2 检索出相同的文献集,则 $q_1 = q_2$。

推论 3 $S=(D, Q, \leqslant, \phi)$ 是一个 PO—系统。若 ϕ 是一同态映射,则 $\mathrm{card}(Q) = \mathrm{card}(B(S))$。

推论 4 $S=(D, Q, \leqslant, \phi)$ 是一个 PO—系统,ϕ 是一同态映射,且 ϕ, $D \in B(S)$,则 $\langle Q, \leqslant \rangle$ 包含一个最大元素和一个最小元素。

定理 4—12 $S=(D, Q, \leqslant, \phi)$ 是一个 PO—系统,ϕ 是同态映射,则存在一个可选择 PO—系统 $S_1 = (D_1, Q_1, \leqslant_1, \phi_1)$,使 $S \stackrel{*}{\subset} S_1$,且 ϕ_1 是同态映射。

证明 集合 D_1, Q_1 与映射 ϕ_1 的构造与定理 4—9 相同,任取 $q_1, q_2 \in Q_1$,定义

$$q_1 \leqslant_1 q_2 \Longleftrightarrow \phi_1(p_1) \subseteq_1 (q_2)$$

显然 $\leqslant$ 是 $\leqslant_1$ 的子集。又因为

$$q_1 \leqslant q_2 \Longleftrightarrow \phi(q_1) \subseteq \phi(q_2)$$

故 ϕ_1 是同态映射,且 $S \stackrel{*}{\subset} S_1$。

二、检索结果的格结构

定义 4—18 一个格情报检索系统(L—系统)定义为一个有序序列 S:

$$S = (D, Q, \vee, \wedge, \phi)$$

并满足条件

1) $\langle Q; \vee, \wedge \rangle$ 是一个格;

2) $(D, Q, \leqslant, \phi)$ 是一个 PO—系统，其中"$\leqslant$" 是由 $q_1 \leqslant q_2 \Longleftrightarrow q_1 \vee q_2 = q_2$ 所确定的偏序关系。

定义 4—19 $S = (D, Q, \vee, \wedge, \phi)$ 是一个 L—系统，若 ϕ 满足下列条件：

1) $\phi(q_1 \vee q_2) = \phi(q_1) \cup \phi(q_2)$；

2) $\phi(q_1 \wedge q_2) = \phi(q_1) \cap \phi(q_2)$，

则称映射 ϕ 为格同态的。若 ϕ 还是单射，则称 ϕ 为格同构的。

定理 4—13 $S = (D, Q, \leqslant, \phi)$ 是一个 PO—系统，ϕ 是同态映射，若 $\langle B(S), \cup, \cap \rangle$ 是格，则 S 是一个 L—系统，且 ϕ 为同构映射。

证明 $\forall q_1, q_2 \in Q$，因为 $\langle B(S), \cup, \cap \rangle$ 是一个格，则存在 $q_3 \in Q$，使 $\phi(q_3) = \phi(q_1) \cup \phi(q_2)$，而 ϕ 是同态映射，故 $q_1 \leqslant q_3$, $q_2 \leqslant q_3$。下证 $q_3 = q_1 \vee q_2$。

设 $q_1 \leqslant q$, $q_2 \leqslant q$，则 $\phi(q_1) \leqslant \phi(q)$，$\phi(q_2) \leqslant \phi(q)$，故 $\phi(q_1) \cup \phi(q_2) \leqslant \phi(q)$。因为 $\phi(q_3) = \phi(q_1) \cup \phi(q_2)$，故 $\phi(q_3) \leqslant \phi(q)$。而 ϕ 是同态映射，所以 $q_3 \leqslant q$，从而 $q_1 \vee q_2 = q_3$。

同理可证存在 q_3 使 $q_3 = q_1 \wedge q_2$。

定理 4—14 $S = (D, Q, \vee, \wedge, \phi)$ 是一个 L—系统，ϕ 是格同态映射，则 ϕ 是 PO—系统 $S = (D, Q, \leqslant, \phi)$ 的同态映射。其中 $q_1 \leqslant q_2 \Longleftrightarrow q_1 \vee q_2 = q_2$。

证明 因为 ϕ 是格同构的，所以 $q_2 = q_1 \vee q_2 \Longleftrightarrow \phi(q_2) = \phi(q_1 \vee q_2) \Longleftrightarrow \phi((q_2) = \phi(q_1) \cup \phi(q_2)$，故 $q_1 \leqslant q_2 \Longleftrightarrow \phi(q_1) \subseteq$

$\phi(q_2)$，即 ϕ 是 $PO-$系统 S 的同态映射。

定理 4—15 $S=(D, Q, \vee, \wedge, \phi)$ 是一个 $L-$系统，ϕ 是格同构映射，则 $\langle Q, \vee, \wedge \rangle$ 是一分配格。

证明 假设 $q_1 \vee (q_2 \wedge q_3) \neq (q_1 \vee q_2) \wedge (q_1 \vee q_3)$。因为 ϕ 是格同构映射，故 $\phi(q_1 \vee (q_2 \wedge q_3)) \neq \phi((q_1 < q_2) \wedge (q_1 \vee q_3))$。而由格同构映射的定义有

$$\phi(q_1 \vee (q_2 \wedge q_3)) = \phi(q_1) \cup (\phi(q_2) \cap \phi(q_3))$$
$$= (\phi(q_1) \cup \phi(q_2)) \cap (\phi(q_1) \cup \phi(q_3))$$
$$= \phi((q_1 \vee q_2) \wedge (q_1 \vee q_3)),$$

从而得出矛盾。故

$$q_1 \vee (q_2 \wedge q_3) = (q_1 \vee q_2) \wedge (q_1 \vee q_3).$$

同理可证

$$q_1 \wedge (q_2 \vee q_3) = (q_1 \wedge q_2) \vee (q_1 \wedge q_3).$$

定理 4—16 $S=(D, Q, \vee, \wedge, \phi)$ 是一个 $L-$系统，若 S 是简单的和可选择的，且 ϕ 是格同态映射，则

1) $Q_s = Q_{min}$；

2) $\text{card}(Q_{min}) = \text{card}(D)$。

证明从略。

定理 4—17 $S=(D, Q, \vee, \wedge, \phi)$ 是一个 $L-$系统，则存在一个可选择的 $L-$系统 S'，使 $S \stackrel{*}{=} S'$。

证明从略。

补 记

这里主要提及与本章内容有关而我们在本章正文中没有予以阐述的某些工作。Bookstein 和 Cooper[9] 于 1976 年

建立了情报检索的一般数学模型，讨论了检索输出的序结构，并提出检索状态值的概念。Bookstein[10]还将向量方法用于独立情形下的模糊模型，使二者在一定程度上达到了统一。在向量空间模型的近期研究成果中，还有Wong等的工作我们在本章中没有提到，Wong等在〔11—12〕中专门讨论了文献向量，并对早期的研究工作进行了批判性评价。另外，值得提及的一项有趣工作是Pawlak等[13-14]作的，他提出了查询语言的语义及语法的一种定义，并导出了一些基本性质。

参 考 文 献

〔1〕 洪帆，离散数学基础，华中工学院出版社，1983。

〔2〕 Salton, G., The SMART Retrieval System Experiments in Automatic Document Processing, Prentice-Hall, Englewood Cliffs, New Jersey, 1971.

〔3〕 Salton, G., Dynamic Information and Library Processing, Prentice—Hall, Englewood Cliffs, New Jersey, 1975.

〔4〕 Salton, G., McGill, M.J., Introduction to Modern Information Retrieval, McGraw-Hill, New York, 1983.

〔5〕 希普斯，H.S.，计算机情报检索导论，张承庆等译，知识出版社，北京，1984。

〔6〕 Wong, S.K.M., Ziarko, W., Wong, P.C.

N., Generalized Vector Space Model in Information Retrieval, Proceedings of the Seventh International Conference on Information Storage and Retrieval, 1985, pp 18-25.
[7] Wong, S.K.M., Ziarko, W., Raghavan, V.V., Wong, P.C.N., On Extending the Vector Space Model for Boolean Query Processing, Organization of the 1986-ACM Conference on Research and Development in Information Retrieval, pp 175-185.
[8] Ras, Z., An Algebraic Approach to Information Retrieval Systems, International Journal of Computer and Information Science, 1982, 11, pp 275-293.
[9] Bookstein, A., Cooper, W., A General Mathematical Model for Information Retrieval Systems, Library Quarterly, 1976, 46, pp 153-167.
[10] Bookstein, A.,Expantion and Generalization of Vector Models in Information Retrieval, In: Salton, G., Schneider, H.K., Research and Development in Information Retrieval, Proceedings, Berlin, 1982, Lecture Notes in Computer Science, Springer-Verlag, Berlin, 1983, 146, pp 118-132.
[11] Wong, S.K.M., Raghavan, V.V., Vector

Space Model of Information Retrieval-A Revaluation, In: van Rijsbergen, C.J., Research and Development in Information Retrieval, Cambridge, London, pp 167-186.

[12] Raghavan, V.V., Wong, S.K.M., A Critical Analysis of Vector Space Model for Information Retrieval, Journal of the American Society for Information Retrieval, 1986, 37, pp 279-287.

[13] Pawlak, Z., Information Systems Theoretical Foundations, Information Systems, 1981, 6, pp 205-218.

[14] Marek, W., Pawlak, Z., Information Storage and Retrieval Systems: Mathematical Foudations, Theoretical Computer Science, 1976, No1, pp 331-354.

第五章 概率检索

文献对于用户的相关性具有随机性和事前不确定性。一篇文献作为相关文献的可能性大小是一个随机事件。该随机事件的概率表示文献关于相关性的隐蔽特性。对于该概率的计算或估计可以解除文献相关性的事前不确定性。概率检索理论从其数学上处理的方式看,可以视为向量检索理论的扩充。它将文献向量与查询向量间的相似程度概率化,主要研究表示文献的随机向量在相关文献集和无关文献集中的概率分布。特别是在对相关性无知或知之不多的情况下,应用这种理论可以通过接收和汇集所有反映每篇文献相关性的数据,来确定表示文献的随机向量的概率分布和数字特征,以便得到每篇文献(对某一用户)为相关的概率。

读者也许已注意到,"相关性"的概念早已不知不觉进入我们的讨论而我们幸而并未对它发生误解。本章中我们要作的第一件事,是给出这一概念的较流行的解释,并由此给出排序原则。

第二节借助奈曼-皮尔逊引理建立一般决策模型。接着(第三、四节)讨论在不同情况下对概率 p(相关性/文献)的逼近问题,并就标引词相依的情形给出一种不相关化的处理方法(第五节)。

§5—1 相关性及排序原则

情报检索的目的就是要预言文献对于用户需求的适用性，即文献能否满足用户需求或在何种程度上满足用户需求。另一方面，情报检索系统所贮存的情报资料是以文摘、题录或文献的某种表示为内容的，用户查询（即用户需求也是经过某种方式表示后输入系统的。因而情报检索系统并不是直接处理原始文献和原始文献需求的，它所能提供给我们的只是文献表示和查询表示之间的关系。正因为如此，Maron 和 Kuhns 首先认识到，情报检索系统不能用来预言文献对用户需求的适用性，而是用来预言文献对于用户查询的相关性[1]，即文献与用户查询相关的概率的大小。"相关性"的概念自然就成为情报检索中的一个重要概念。由于检索系统数据库结构复杂，以及相关性概念本身的模糊，目前有关相关性的定义和运用都是比较混乱的。在这里，我们将不陷入关于相关性定义的讨论之中。关于这方面的较深入的讨论可参见 Bookstein[2]，Negoita[3] 和 Cooper[4] 等人的文章。我们只是从情报检索系统预言情报对于用户查询相关的概率大小这一角度，阐述文献与用户查询，以及文献表示与查询表示之间的关系。

文献与用户查询以及文献表示与查询表示之间的关系如图 5-1 所示。根据已有的说法，一篇文献内容对于特定用户查询的适用性被称为文献与用户查询的相关性，简称为用户相关性；检索系统将文献表示与查询表示进行比较，通过匹配函数得出二者的相似程度，被称为文献表示与查询表示

的相关性,简称为查询相关性。可以看出,用户相关性是由文献内容和用户查询的文字意义的比较所决定的;而查询相

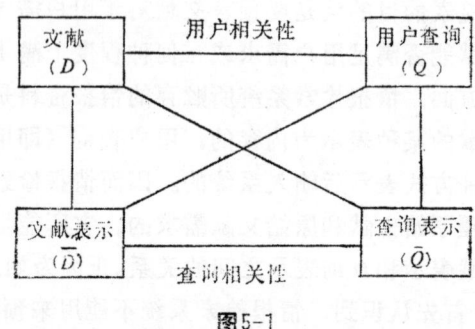

图 5-1

关性程度的大小表示用户相关性概率的大小。情报检索系统的作用则是通过直接处理文献表示与查询表示以确定其关系,作为文献与用户查询之间关系的逼近,达到检索相关文献,抑制不相关文献的目的。换一句话说,情报检索系统的目的就是实现文献对于用户查询的相关性判断。所以,关于相关性判定的方式或出发点决定着相关性的属性。

基于对相关性属性的不同考虑,人们可以设计不同的检索模型。从对查询相关性的判定出发,Maron 和 Kuhns 提出了第一个概率检索模型[1],其主要思想是计算文献按用户查询被认为相关的概率。从对用户相关性的判定出发,Robertson 和 Sparck Jones 建立了第二个概率检索模型[5],其主要思想是计算用户判断一篇文献为相关的概率。Maron[6],Robertson 等[7]对上述两个概率检索模型进行了评价,建立了新的概率检索模型。他们都是基于对相关性属性的

不同考虑，而得到不同的检索模型。由此看来，相关性概念是我们研究情报检索问题的一个重要思考来源。

文献对用户的适用性有程度差别，因而相关性不是一个非此即彼的确切概念，即相关性判定不可能是机械绝对的"相关"或"不相关"，而是对于相关的程度的渐近描述过程，所以相关性判定具有模糊属性，关于其详细讨论见第十一章。

一般而言，用户希望检索输出是排序的，而不是不加区别的一大堆文献。因为相关性本来是多值的，而且检索过程是一个逼近过程，这给检索输出排序提供了可能。实际上任何一个检索过程都可看作一个排序过程。Maron等最早提出排序思想[1]，但没有作关于排序原则的必要的假设以及方法方面的进一步探讨。他们关于相关性讨论的另一个缺陷是定义文献关于标引词的相关性为该文献满足使用该标引词的用户的概率，这与一般的词相关性定义不相一致。因相关性主要有用户相关性和查询相关性两种，这就产生两种类型的排序原则：根据用户相关性排序和根据查询相关性排序，分别简称为相关性排序和概率排序。Maron的排序思想实际上是一种概率排序思想。Robertson在[8]中曾进一步讨论了排序原则。因为查询相关性程度的大小表示用户相关性的概率，所以关于排序原则的讨论仅限于概率排序原则就可以了。

一篇文献对于用户的相关性和另一篇文献对于用户的相关性一般有一定的联系。例如用户检出文献a，即文献a是与用户相关的，又文献b的内容是文献a内容的某种程度上的重复或交叉，则当文献a被用户检出后，文献b对于用户的相关性就要受到影响。为了讨论概率排序原则，我们作如下两点假设：

1) 文献的相关性相互独立；

2) 相关文献的有用性依赖于用户阅读过的文献，阅读过的文献越多，其有用性越小。

根据上述两点假设，Robertson给出排序原则如下：

排序原则 如果一个文献检索系统对于每个查询的响应是将文档中的文献按照其对于用户（该查询由该用户给出）而言为相关的概率——这一概率是从所有系统可用的数据出发尽可能精确估计得到的——降序排列，则系统对于用户的整体效用是在这些数据的基础上所能获得的最佳效用。

一个排序原则实质上是对一个检索过程的描述，它要求该检索过程必须是按照系统中所有可用的数据来判定估计文献按用户相关的概率。因而满足排序原则的检索模型效用最佳。Robertson和Belkin在〔9〕中从查全率、查准率的角度证明了排序原则的最优性。

概率排序原则及其最优性的证明仅限于对某一特定的用户成立。在多用户情形下是否有相应的结论，主要取决于在多用户情形下系统的平均效用如何定义，这个问题目前还没有人涉及过，似乎国内外学者对这个问题还缺乏兴趣。

在概率排序原则中，假定了能够精确地计算概率P（相关性/文献），这是很不现实的。因为我们事先无法知道哪些文献是相关文献，更无法知道相关文献的多少，从而就无法计算这个概率。但可以通过统计实验来估计、逼近这个概率，这要求所获取的数据是有效的。另外，这里的假设1）与我们在第八章中给出的分类假设——紧密相关的文献与相同的用户查询相关——相矛盾。本章主要讨论如何计算、估计 P（相关性/文献）。

§ 5—2　一般决策模型[10—11]

在检索系统中，文献和查询都可以由一个 n 维向量 $T=(T_1, T_2, \cdots, T_n)$ 来表示，其中 T_k 表示第 k 个标引词反映文献或查询内容所达到的程度。当在文献集合中随机抽取文献时，便抽到表示被抽文献的随机变量 T。

假定用户对于文献的相关性判断是二值的，即用户将文献判别为"相关的"或"不相关"的，二者必居其一。设被用户判定为相关的文献集为 R，称其为相关文献集；被用户判定为不相关的文献集为 I，称其为不相关文献集。则 R, I 构成文献集 D 的一个不相交完备分割，即

$$R \cup I = D, \quad R \cap I = \phi.$$

一个检索问题，把它作为一个决策问题来讨论时，其决策空间 A 是由两个决策组成的，即 $A = \{a_0, a_1\}$，其中 a_0 表示"检索文献"这一决策，a_1 表示"拒绝检索文献"这一决策。由于 A 只有两个点 a_0, a_1，于是一个检索规则就是把每个文献都给出一个决策 a_0 或 a_1，这就相当于把文献集 D 分割成两个集合 E 和 $\overline{E} = D - E$，如果文献 $d \in E$ 则检索文献 d，否则拒绝检索文献 d。E 称为接收域，$\overline{E}$ 称为拒绝域。

显然，当进行检索时，由于抽取文献的随机性，系统可作出正确的决策，即当文献为用户相关时作决策 a_0。也可能犯下面两种类型的错误：当文献与用户查询相关时作出决策 a_1——它称为第一类错误；或者当文献与用户查询不相关时

作出决策 a_0——它称为第二类错误。

Swets 1967 年给出了查全率和错检率的概率定义[12]:
$$P_R = P(E/R), \qquad P_F = P(E/I).$$
由此很容易推出漏检率为 $P(T \in \overline{E}/R)$，特异度为 $P(T \in \overline{E}/I)$，从而易知，犯第一类错误的概率就是漏检率，犯第二类错误的概率就是特异度。

当然，我们希望构造的检索规则能使犯这两类错误的概率同时尽可能小。但这实际上是不可能的，犯这两类错误的概率很难同时被控制。所以，我们通常限制犯第一类错误的概率，即选定一个数 $\alpha \in (0, 1)$，使检索规则的拒绝域满足条件：
$$P=(T\in \overline{E}/T\in R)=1-P_R \leqslant \alpha, \qquad (5-1)$$
此处，α 通常称为显著水平，或简称为水平，P_R 为查全率。

此时一个好的检索规则，应该是在满足式（5—1）的条件下，使
$$P(T\in \overline{E}/T\in I)=1-P_F \qquad (5-2)$$
达到最大。其中的 P_F 为错检率。

鉴于理论上深入研究的需要和表达的方便，我们借用函数来表示检索规则。设一个检索规则的拒绝域为 $\overline{E}$，我们定义函数

$$\phi(x)=\begin{cases} 1, & x\in \overline{E}; \\ 0, & x\notin \overline{E}. \end{cases}$$

它是拒绝域 $\overline{E}$ 的示性函数，仅取 0，1 两个值。反之如果 $\phi(x)$ 仅取 0，1 两个值，则 $\overline{E}=\{x| \phi(x)=1\}$ 可作为一个拒绝域。这样在拒绝域 E 与函数 ϕ 之间建立一种对应关系，给出

一个函数 ϕ 就等于给出一个检索规则。从而

$$E(\phi(x)/R) = \sum_{x \in D} \phi(x) P(T=x/T \in R)$$

$$= P(T \in \overline{E}/T \in R) = 1 - P_R,$$

$$E(\phi(x)/I) = \sum_{x \in D} \phi(x) P(T=x/T \in I)$$

$$= P(T \in \overline{E}/I) = 1 - P_F.$$

若两个检索规则 ϕ_1、ϕ_2 满足

$$E(\phi_i(x)/R) \leqslant \alpha, \quad i = 1, 2,$$

如果

$$E(\phi_1(x)/I) \geqslant E(\phi_2(x)/I), \quad (5-3)$$

则说检索规则 ϕ_1 比 ϕ_2 有效。

定义 5—1 如果检索规则 ϕ_1 对于任何显著水平 α 的检索规则 ϕ_2 均有（5—3）式成立，此时我们就说 ϕ_1 是水平为 α 的最优势检索规则。

下面借助奈曼-皮尔逊基本引理[13]给出最佳检索规则的重要条件。

定理 5—1 设检索规则 ϕ 满足

$$E(\phi(x)/R) = \alpha, \quad (5-4)$$

其中

$$\phi(x) = \begin{cases} 1, & \text{当 } p(T=x/T \in R) > kp(T=x/T \in I); \\ 0, & \text{当 } p(T=x/T \in R) < kp(T=x/T \in I). \end{cases}$$
$$(5-5)$$

则

(i) $\phi(x)$ 是水平为 α 的最优势检索规则；

(ii) 如果 $\phi(x)$ 是水平为 α 的最优势检索规则，必存在

常数 k 使 $\phi(x)$ 满足 (5—5)式。

证明 (i) 设 $\phi(x)$ 是满足式 (5—4)、(5—5) 的检索规则，$\phi^*(x)$ 是任一水平 $\leqslant \alpha$ 的检索规则，即：

$$E(\phi^*(x)/R) \leqslant \alpha,$$

则显然有

$$[\phi(x)-\phi^*(x)][P(T=x/T\in R)-kp(T=x/T\in I)] \geqslant 0.$$

因此

$$\sum_{x\in D}[\phi(x)-\phi^*(x)][P(T=x/T\in R)-kp(T=x/T\in I)] \geqslant 0.$$

由此得出：

$$E(\phi(x)/R)-E(\phi^*(x)/I)$$
$$\geqslant k[E(\phi(x)/R)-E(\phi^*(x)/I)]$$
$$=k[\alpha-E(\phi^*(x)/R)] \geqslant 0.$$

故 ϕ 是水平为 α 的最优势检索规则。

(ii) 若 ϕ^* 是水平为 α 的最优势检索规则，设 ϕ 是满足式 (5—4)，(5—5) 的检索规则，则同 (i) 有：

$$[\phi(x)-\phi^*(x)][p(T=x/T\in R)-kp(T=x/T\in I)]=0.$$
$$(5-6)$$

另一方面，$\phi^*(x)$ 是水平为 α 的最优势检索规则，于是

$$E(\phi^*(x)/I) \geqslant E(\phi(x)/I).$$

由此得出：

$$\sum_{x\in D}[\phi(x)-\phi^*(x)][p(T=x/T\in R)-kp(T=x/T\in I)]=0.$$

所以除了 $kp(T=x/T\in I)=p(T=x/T\in R)$ 以外，必有 $\phi(x)=\phi^*(x)$，即 $\phi^*(x)$ 满足 (5—5) 式。定理得证。

由定理知最优势检索规则是唯一的。

定理 5—2　最优势检索规则符合概率排序原则,即:

$$\frac{P(T=x_1/T\in R)}{P(T=x_1/T\in I)} \geqslant \frac{P(T=x_2/T\in R)}{P(T=x_2/T\in I)}$$

$$\Leftrightarrow\ P(T\in R/T=x_1)\geqslant P(T\in R/T=x_2).$$

证明

$$P(T\in R/T=x)=\frac{P(T=x/T\in R)P(R)}{P(T=x)}$$

$$=\frac{P(T=x/T\in R)P(R)}{P(T=x/T\in R)P(R)+P(T=x/T\in I)P(I)}$$

$$=\frac{[P(T=x/T\in R)/P(T=x/T\in I)]P(R)}{[P(T=x/T\in R)/P(T=x/T\in I)]P(R)+(1-P(R))},$$

可以看出　$P(T\in R/T=x)$ 与

$$\frac{P(T=x/T\in R)}{P(T=x/T\in I)}$$

有相同的增减性,从而对任何 x_1, x_2 有

$$\frac{P(T=x_1/T\in R)}{P(T=x_1/T\in I)} \geqslant \frac{P(T=x_2/T\in R)}{P(T=x_2/T\in I)}$$

$$\Leftrightarrow P(T\in R/T=x_1)\geqslant P(T\in R/T=x_2).$$

统计决策的一个基本观点是,每采取一个行动必然有一定的结果,行动不同,后果各异,且这种后果必须以某种方式通过一定的经济损失的形式表达出来。因此行动有优劣之分。统计决策理论描述这一点的方法是引进一个依赖于状态 w_i 和行动 a_j 的函数 $L(w_i,a_j)$ 作为损失函数,用它来表示自然状态为 W_i 时采取行动为 a_j 所造成的损失。

在文献检索中文献的自然状态有两个，即相关和不相关。可以用 w_0, w_1 来表示。从而对于任一文献 x, 采取检索行动所冒的风险为

$$R(x_1, a_1) = L(w_0, a_1)P(w_0/x) + L(w_1, a_1)P(w_1/x);$$

采取拒绝检索这一行动所冒的风险为：

$$R(x, a_0) = L(w_0, a_0)P(w_0/x) + L(w_1, a_0)P(w_1/x).$$

显然，风险越小，所做的决策就越好。即要求检索一文献比不检索该文献所冒的风险小，从而得到检索规则 D_1：

$$R(x, a_1) < R(x, a_0) \Longrightarrow 检索文献\ x$$

可以证明，在一定条件下 D_1 与最优势检索规则是等价的。由定义知：

$$R(x, a_1) < R(x, a_0)$$
$$\Longleftrightarrow [L(w_0, a_1)P(w_0/x) + L(w_1, a_1)P(w_1/x)]$$
$$< [L(w_0, a_0)P(w_0/x) + L(w_1, a_0)P(w_1/x)].$$

当损失函数为：

$$L(w_i, a_j) = \begin{cases} 0, & i = j; \\ 1, & i \neq j. \end{cases}$$

时，得到检索规则 D_2：

$$P(w_1/x) < P(w_0/x) \Longrightarrow 检索文献\ x.$$

由贝叶斯定理知

$$P(w_1/x) = P(x/w_1)P(w_1)/P(x),$$
$$P(w_0/x) = P(x/w_0)P(w_0)/P(x).$$

从而得到与 D_2 等价的检索规则 D_3：

$$P(x/w_1)P(w_1) > P(x/w_0)P(w_0)$$
$$\Longrightarrow 检索文献\ x.$$

在最优势检索规则中令 $k=\dfrac{P(w_1)}{P(w_0)}$ 即得 D_3。

上述检索规则能否运用于实际，关键取决于对后验概率 $p(x/w_i)$ 的计算和估计。到目前为止我们对 $p(x/w_i)$ 尚未进行深入的讨论，关于这个概率的计算和估计是非常复杂且十分困难的。下面我们将从不同角度对它进行讨论。

§5—3 标引词独立情形下对 $p(x/w_i)$ 的逼近

$p(x/w_i)$ 表示文献 x 在文献集 w_i 中出现的概率，实际上是文献集 w_i 上的几个随机变量的联合分布。为了数学上处理方便，我们假设标引词在相关文献集和无关文献集中的出现是独立的[14—15]。在此假设下，有

$$p(x/w_i)=p(x_1/w_i)p(x_2/w_i)\cdots p(x_n/w_i), i=0,1.$$

从而最优势检索规则变成

$$p(x/w_1)/p(x/w_0)=\dfrac{\prod_{i=1}^{n}p(x_i/w_1)}{\prod_{i=1}^{n}p(x_i/w_0)}\geqslant k$$

$\Longrightarrow$ 检索文献 x。

我们把得到的这个检索规则用 D_4 表示。在 D_4 中取对数得 D_4'

$$g(x)\geqslant k \Longrightarrow \text{检索文献 } x,$$

其中

$$g(x) = \log \frac{\prod_{i=1}^{n} p(x_i/w_1)}{\prod_{i=1}^{n} p(x_i/w_0)}$$

$$= \sum_{i=1}^{n} \log p(x_i/w_1) - \sum_{i=1}^{n} \log p(x_i/w_0).$$

下面我们在标引词的特殊分布情况下进一步讨论 D_4。

一、二元独立分布模型

若标引词在相关和无关文献集中的出现服从二元分布，与§2—8中的讨论一样，令

$$p_k = p(x_i = 1/w_1), \qquad q_k = p(x_i = 1/w_0).$$

则得

$$g(x) = \log \frac{p(x/w_1)}{p(x/w_0)}$$

$$= \log \frac{\prod_{i=1}^{n} p_i^{x_i}(1-p_i)^{1-x_i}}{\prod_{i=1}^{n} q_i^{x_i}(1-q_i)^{1-x_i}}$$

$$= \log \left[\prod_{i=1}^{n} \left(\frac{p_i}{q_i}\right)^{x_i}\right] + \log \left[\prod_{i=1}^{n} \left(\frac{1-p_i}{1-q_i}\right)^{1-x_i}\right]$$

$$= \sum_{i=1}^{n} x_i \log \frac{p_i}{q_i} + \sum_{i=1}^{n} (1-x_i) \log \frac{1-p_i}{1-q_i}$$

$$= \sum_{i=1}^{n} \left\{ x_i \log \frac{p_i(1-q_i)}{q_i(1-p_i)} + \log \frac{1-p_i}{1-q_i} \right\}.$$

二、Poisson 分布模型

设标引词在相关文献集和无关文献集中分别服从Poisson分布，令

$$u_i = E(x_i/w_1), \qquad v_i = E(x_i/w_0).$$

则根据标引词的独立性假设，有

$$g(x) = \log \frac{p(x/w_1)}{p(x/w_0)}$$

$$= \log \frac{\prod_{i=1}^{n} p(x_i/w_1)}{\prod_{i=1}^{n} p(x_i/w_0)}$$

$$= \log \frac{\prod_{i=1}^{n} u_i^{x_i} e^{-u_i}/x_i!}{\prod_{i=1}^{n} v_i^{x_i} e^{-v_i}/x_i!}$$

$$= \sum_{i=1}^{n} (v_i - u_i) + \sum_{i=1}^{n} x_i \log \frac{u_i}{v_i}. \qquad (5-7)$$

三、正态分布模型

设标引词在相关文献集和无关文献集中分别服从正态分布，设

$$u = (u_1, u_2, \cdots, u_n)$$

为 x 在相关文献集中正态分布的均值向量，s_1 为协方差矩阵。又设

$$v = (v_1, v_2, \cdots, v_n)$$

为 x 在无关文献集中正态分布的均值向量，s_2 为协方差矩阵。则

$$g(x) = \log \frac{p(x/w_1)}{p(x/w_0)}$$

$$= \log \frac{(2\pi)^{-n/2} |s_1|^{-1} \exp\{-\frac{1}{2}(x-u)^T s_1^{-1}(x-u)\}}{(2\pi)^{-n/2} |s_2|^{-1} \exp\{-\frac{1}{2}(x-v)^T s_2^{-1}(x-v)\}}$$

$$= \frac{1}{2}(x-v)^T s_2^{-1}(x-v) - \frac{1}{2}(x-u)^T s_1^{-1}(x-u)$$

$$+ \log \frac{|s_1|^{-1}}{|s_2|^{-1}}, \qquad (5-8)$$

其中 $|s|$ 表示矩阵 s 的行列式，s^{-1} 表示矩阵 s 的逆矩阵，x^T 表示向量 x 的转置。可以看出，按（5—8）式对文献进行排序与按

$$(x-v)^T s_2^{-1}(x-v) - (x-u)^T s_1^{-1}(x-u) \qquad (5-9)$$

对文献进行排序的结果是一样的。

若 $s_1 = s_2 = s$，则（5—9）式变为：

$$x^T s^{-1}(u-v). \qquad (5-10)$$

由标引词的独立性假设，（5—10）式可进一步简化为：

$$\sum_{i=1}^{n} \frac{f_i - v_i}{s_i^2} \cdot x_i,$$

其中 $f_i = E(x_i)$，$s^2_i = var(x_i)$。

§5—4 标引词相依情形下对 (x/pw_i) 的逼近

在§5—3中，我们假定了标引词在同一相关性类中的出现是独立的，即不考虑标引词的相互依赖关系。但实际上概念或词的出现常常是有联系的，尤其在同类的文献中某些特定的概念常协同出现。作为标引词在词义或反映文献主题内容方面就可能出现包含、相互交叉等相依情形。如图3—1所示的文档中，标引词"整数"、"偶数"和"素数"常常一起出现而不满足独立性假设。因而建立在独立性假设之上的模型就不能确切地反映客观事实。

下面讨论标引词相依情形下对 $p(x/w_i)$ 的逼近。

如前所述，$p(x/w_i)$ 表示文献 x 在文献集 w_i 中出现的概率，它实际上是文献集 w_i 上的 n 个随机变量的联合分布。为表达上的方便，记 $p(x/w_1)$ 为 $p(x)$，记 $p(x/w_0)$ 为 $R(x)$。

由 Bahadar—Laiusfeld 展式[16]知

$$p(x) = p_1(x)(1+A), \qquad (5—11)$$

其中

$$A = \sum_{i<j} \partial_{ij} y_i y_j + \sum_{i<j<k} \partial_{ijk} y_i y_j y_k + \cdots$$
$$+ \partial_{12\cdots n} y_1 y_2 \cdots y_n;$$
$$y_i = (x_i - p_i)/\sqrt{p_i(1-p_i)};$$

$$\partial_{ij} = E(y_i y_j); \qquad \partial_{ijk} = E(y_i y_j y_k), \cdots,$$

这里的 $E(\cdots)$ 为期望值；

$$p_1(x) = \prod_{i=1}^{n} p_i{}^{x_i}(1-p_i)^{1-x_i}. \qquad (5-12)$$

显然 $p_1(x)$ 为假设标引词独立出现时 $p(x)$ 的展式。A 可理解为对标引词相依程度的度量，也可看作标引词不独立出现时对 $p_1(x)$ 的核对因子。由 $B-L$ 展式知，对相依性的结合程度实际上是对匹配函数的近似程度。对（5—11）式取对数得

$$\log p(x) = \log p_1(x) + \log(1+A). \qquad (5-13)$$

由等式 $\lim\limits_{x \to 0} \dfrac{\log_e(1+x)}{x} = 1$ 知，对充分小的 A，有 $\log(1+A) = A$，这样，（5—13）式可以变为：

$$\log p(x) = \sum_{i=1}^{n}\left\{ x_i \log\left(\frac{p_i}{1-p_i}\right)\right\} + \sum_{i=1}^{n}\log(1-p_i)$$

$$+ \sum_{i<j} \partial_{ij} y_i y_j + \cdots \partial_{12\cdots n} y_1 y_2 \cdots y_n.$$

由于 $\sum\limits_{i=1}^{n}\log(1-p_i)$ 与 x_i 无关，故可略去，从而得出：

$$\log p(x) = \sum_{i=1}^{n}\left\{ \log\left(\frac{p_i}{1-p_i}\right) \cdot x_i \right\}$$

$$+ \sum_{i<j} \alpha_{ij} y_i y_j + \cdots + \alpha_{12\cdots n} y_1 y_2 \cdots y_n.$$

对 $R(x)$ 类似地有

$$\log R(x) = \sum_{i=1}^{n}\left\{ \log\left(\frac{q_i}{1-q_i}\right) \cdot x_i \quad \right\}$$

$$+ \sum_{i>j} \alpha'_{ij} y'_i y'_j + \cdots + \alpha'_{12\cdots n} y'_1 y'_2 \cdots y'_n.$$

若只考虑 $\log P(x)$ 和 $\log R(x)$ 中的一次项有

$$g(x)=\log(p(x)/R(x))=\sum_{i=1}^{n} x_i \cdot \log \frac{p_i(1-q_i)}{q_i(1-p_i)},$$

这正是二元独立模型。若考虑 $\log p(x)$ 和 $\log R(x)$ 中的一次项及二次项，即考虑一阶相依树时有

$$\log p(x) = \log p_1(x) + \sum_{i<j} a_{ij} y_i y_j,$$

$$\log R(x) = \log R_1(x) + \sum_{i<j} a'_{ij} y'_i y'_j,$$

显见 $g(x)=\log(p(x)/R(x))$ 这时成为 x_i 的二次函数。随着所考虑的项的次数不断增加，我们可以对 $g(x)$ 做任意逼近，从而考虑标引词之间的所有相依关系。但这一逼近过程随着所考虑的项的次数的不断增加，在计算上将会越来越复杂，正如 Salton 在[17]中所指出的，这一方法在实际中不是直接可用的。基于这样的原因，人们已经考虑了相对精确过程的近似方法[18—20]，其中 Van Rijsbergen 的讨论尤为突出。这里我们不打算直接介绍他们的工作，而是从更一般的理论谈起。

因为 $p(x_1, x_2, \cdots, x_n)$ 计算的复杂性，Lewis[21]、Brown[22]、Chow[23] 和 Ku[24] 考虑了 n 个二元随机变量的联合概率分布的逼近问题。

$p(x)$ 的乘积逼近定义为 n 个低次分布的乘积。根据定义，任何一个乘积逼近都是一个有效的概率分布。我们考虑仅含二次分布的乘积分布全体，共有 $\dfrac{n(n+1)}{2}$ 个二次乘积逼近。在每个乘积逼近中至多有 n-1 个二次乘积。换句话

说，图中的相依树表示的概率逼近分布是：

$$p_t(x) = p(x_1)p(x_2/x_1)p(x_3/x_2)p(x_4/x_2)p(x_5/x_2)p(x_6/x_5).$$

现在考虑由 $n-1$ 个二次分布的乘积对 n 次分布的最优逼近。

设 $p(x)$，$p_t(x)$ 是 n 维离散变量

$$x = (x_1, x_2, \cdots, x_n)$$

的两个概率分布。二者的相互信息量定义为：

$$I(p, p_t) = \sum_x p(x) \log \frac{p(x)}{p_t(x)}.$$

$I(p, p_t)$ 有性质

$$I(p, p_t) \geqslant 0,$$

且仅当 $p(x) \equiv p_t(x)$ 时，对所有的 x 有

$$I(p, p_t) = 0.$$

这种 $p(x)$，$p_t(x)$ 之间的相互信息量的大小，可以反映二者之间的贴近程度的大小。

定义 5—2 设 T_n 是所有可能的相依树，若 $I(p, p_I) \leqslant I(p, p_t)$ 对所有的 $p_t \in T_n$ 均成立，则称 p_I 为 p 的一次最优逼近。

定义 5—3 随机变量 x_i 和 x_j 的逼近信息量 $I(x_i, x_j)$ 定义为概率分布 $p(x)$ 可以由下式逼近：

$$p_t(x) = \prod_{i=1}^{n} p(x_{m_i} / x_{m_{j(i)}}), \quad 0 < j(i) < i, \tag{5—14}$$

其中 $(m_1, m_2, \cdots, m_n)$ 是 $(1, 2, \cdots n)$ 的一个置换，在上述展式中假设了每一个变量至多与另外一个其它变量相依。

(5—14)式所表示的概率分布，称为一次相依概率分布。$\{x_i | i=1, 2, \cdots, n\}$ 和置换 $j(i)$ 称为分布的相依树。以下要讨论的关键问题是如何建立一个有效的相依树。

在树描述中，x_i 表示平面上的一个点，若 $m = j(i)$，则 x_i 和 x_m 之间可由一条曲折线连接，否则不连接。相依树是树的一子图，如图5-2所示：

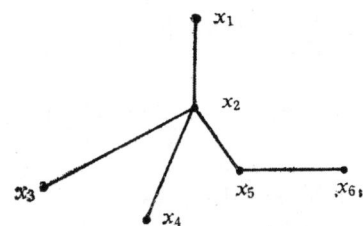

图5-2 相依树的例子

$$I(x_i, x_j) = \sum_{x_i; x_j} p(x_i, x_j) \log \left(\frac{p(x_i, x_j)}{p(x_i) p(x_j)} \right),$$

显然 $I(x_i, x_j) \geqslant 0$。

定义 5—4 设 p_t 是一个一次相依树，若对于任何 $p_t' \in T_n$ 有

$$\sum_{i=1}^{n} I(x_i, x_{j(i)}) \geqslant \sum_{i=1}^{n} (x_i, x_{j'(i)}),$$

则称 p_t 为最大相依树。

定理 5—3 一个相依概率分布 $p_t(x)$ 为联合分布 $p(x)$ 的最优逼近的充分必要条件是 $p_t(x)$ 为最大相依树。

证明 我们有

$$I(p,p_t) = -\sum_x p(x) \sum_{i=1}^n \log p(x_i/x_{j(i)}) +$$

$$\sum_x p(x)\log p(x)$$

$$= -\sum_x p(x) \sum_{\substack{i=1 \\ j(i) \ne 0}}^n \log \frac{p(x_i, x_{j(i)})}{p(x_i)p(x_{j(i)})}$$

$$-\sum_x p(x) \sum_{i=1}^n \log p(x_i) + \sum_x p(x)\log p(x)$$

$$= -\sum_{i=1}^n I(x_i, x_{j(i)}) - \sum_x p(x) \sum_{i=1}^n \log p(x_i)$$

$$+ \sum_x p(x)\log p(x),$$

即

$$I(p,p_k) = -\sum_{i=1}^n I(x_i, x_{j(i)}) + k, \qquad (5-15)$$

其中，k 是常数。

根据最优逼近及最大相依树的定义及（5—15）式，即可得到定理的证明。

设 $p(x)$ 的最优逼近为

$$p_t(x) = \prod_{i=1}^n p(x_i/x_{j(i)}), \qquad 0 \le j(i) \le i.$$

令

$$t_i = p(x_i = 1/x_{j(i)} = 1),$$
$$r_i = p(x_i = 1/x_{j(i)} = 0),$$
$$r_1 = p(x_1 = 1),$$

则
$$p(x_i/x_{j(i)}) = [t_i^{x_i}(1-t_i)^{1-x_i}]$$
$$\cdot [r_i^{x_i}(1-r_i)^{1-x_i}]^{1-x_{j(i)}},$$

从而
$$\log p(x) = \sum_{i=1}^{n} [x_i \log r_i + (1-x_i)\log(1-r_i)]$$
$$+ \sum_{i=1}^{n} [x_{j(i)} \log \frac{1-x_i}{1-r_i} + x_i x_{j(i)} \log \frac{t_i(1-r_i)}{r_i(1-t_i)}] + 常数$$

对于 $R(x)$ 也可得到同样的结论。

§5—5 对相依情形下的不相关化处理

在前两节中，我们分别讨论了标引词独立与相依两种情形下对 $p(x/w_i)$ 的逼近问题。其中独立性模型的优点是计算简单，但因为它所依赖的独立性假设与客观事实有一定的差距，因而其结果还不能令人满意。相依性模型克服了上述缺点，但付出的代价是计算的复杂程度大大提高，这给其应用于实际带来了很大的困难。

在第四章，我们对向量检索讨论了相依分量的不相关化处理。使得我们能够把在独立情形下所建立的理论应用于相依情形，这不失为一种优越的处理方式。本节我们将延用这种思想对概率检索模型作相应的讨论[1]。

设 $x = (x_1, x_2, \cdots, x_n)$ 是表示文献的随机向量，其协方差距阵为 s。

定理 5—4　s 是实对称非负定的矩阵。

证明 由协方差矩阵的定义知
$$s = E\{(x-Ex)(x-Ex)^T\},$$
其中 Ex 表示 x 的数学期望,$(x-Ex)^T$ 表示 $x-Ex$ 的转置。

显然 s 是实对称的。又
$$\begin{aligned}x^T s x &= x^T E\{(x-Ex)(x-Ex)^T\}x\\ &= E\{x^T(x-Ex)(x-Ex)^T x\}\\ &= E\{[(x-Ex)^T x]^T[(x-Ex)^T x]\}\\ &= E[(x-Ex)^T x]^2 \geq 0,\end{aligned}$$
故 s 是非负定的。

定理 5—5 对于协方差矩阵 s,存在正交变换 U,使得

$$USU^T = \begin{pmatrix} \lambda_1 & & & \\ & \lambda_2 & & \\ & & \ddots & \\ & & & \lambda_n \end{pmatrix},$$

其中 λ_i 是 s 的特征根。

证明 由于 s 是对称矩阵,故存在矩阵 U,使

$$USU^T = \begin{pmatrix} \lambda_1 & & & \\ & \lambda_2 & & \\ & & \ddots & \\ & & & \lambda_n \end{pmatrix}$$

又 s 是非负定的,故 USU^T 也是非负定的。从而 $\lambda_i \geq 0$ ($i = 1, 2, \cdots, n$)。

定理 5—6 设 $y = Ux$,则 y 的协方差矩阵为:

$$S' = USU^T = \begin{pmatrix} \lambda_1 & & & \\ & \lambda_2 & & \\ & & \ddots & \\ & & & \lambda_n \end{pmatrix}.$$

证明

$$\begin{aligned} S' &= E\{(y-Ey)(y-Ey)^T\} \\ &= E\{U(x-Ex)[U(x-Ex)^T\} \\ &= E\{U(x-Ex)(x-Ex)^T U^T\} \\ &= UE\{(x-Ex)(x-Ex)^T\}U^T \\ &= USU^T, \end{aligned}$$

即

$$S' = \begin{pmatrix} \lambda_1 & & & \\ & \lambda_2 & & \\ & & \ddots & \\ & & & \lambda_n \end{pmatrix}.$$

由定理 5—6 可以看出，对文献向量 x 经过正交变换得到新的向量 y，y 的分量是 x 各分量的线性组合，且互不相关。将 y 称为文献的伪标引。

定理 5—7 设 y 是文献的伪标引，则

$$p(x/w_i) = p(y/w_i)。$$

证明 不妨设 x 在文献类 w_i 中服从正态分布，即在 w_0 中有 $x \sim N(\mu_0, s_0)$，在 W_1 中有 $x \sim N(\mu_1, s_1)$。在此情形下，我们对概率 $p(x/w_i)$ 的考虑就转化为对其分布密度函数 $f(x/w_i)$ 的考虑。我们有

$$f(x/w_i)$$

$$= \frac{1}{(2\pi)^{\frac{n}{2}}|S_i|^{\frac{1}{2}}} \exp\left\{-\frac{1}{2}(x-\mu_i)^T S_i^{-1}(x-\mu_i)\right\},$$
$$i = 0, 1.$$

由于 $y = Ux$，故

$$f(y/w_i) = \frac{1}{(2\pi)^{\frac{n}{2}}|US_iU^T|^{\frac{1}{2}}} \cdot$$

$$\cdot \exp\left\{-\frac{1}{2}(y-U\mu_i)^T(US_iU^T)^{-1}(y-U\mu_i)\right\}, i=0,1.$$

因为 U 是正交矩阵，即 U 的行列式值为 1，故

$$|US_iU^T| = |U|\,|S_i|\,|U^T| = |S_i|.$$

又

$$-\frac{1}{2}(y-U\mu_i)^T[US_iU^T]^{-1}(y-U\mu_i)$$

$$= -\frac{1}{2}[U(x-\mu_i)]^T(U^T)^{-1}S_i^{-1}U^T[U(x-\mu_i)]$$

$$= -\frac{1}{2}(x-\mu_i)^T U^T(U^T)^{-1}S_i^{-1}U^{-1}U(x-\mu_i)$$

$$= -\frac{1}{2}(x-\mu_i)^T S_i^{-1}(x-\mu_i).$$

故

$$f(x/w_i) = f(y/w_i).$$

从而在正态分布情形下得到

$$p(x/w_i) = p(y/w_i). \tag{5—16}$$

到此为止，我们已将相依情形下对概率 $p(x/w_i)$ 的讨论转化为对各分量互不相关的伪标引 y 所对应的概率 $p(y/w_i)$ 的讨论。因为 y 的各分量互不相关，则一定是相互独立的。

这就使得我们可通过 $p(y/w_i)$，借助§5—2的思想来间接地估算概率 $p(x/w_i)$。从理论上讲，这种处理方法对于避免复杂运算是有效的。

补 记

本章中我们已经分别给出了各种情形下 $g(x)$ 的具体形式。不同情形下所得的 $g(x)$ 都是 x 的线性函数，这样，检索问题的研究就转化为几个参数的估计问题了。我们没有再具体讨论这个问题，这完全是因为篇幅所限。早期关于参数估计的研究使用的是最大阈值（maximum likelihood）估计方法，Van Rijsbergen 在[25]中详细论述了由此种方法所进行的估计。近期有 Chow, Yu[15], Robergen[26]也对参数估计作了深入的研究，而最新的专门研究是 Losee[27]进行的。

在第四章中我们讨论了布尔查询情形下的向量检索问题，与此相应地 Radeeki 在[28-29]中讨论了布尔查询情形下的概率检索问题。这是一项十分有意义的工作，有关这方面，还可读一下 Losee, Bookstein[30], Craft[31]的文章。

一些以概率论为背景的新型检索理论正在形成和完善之中。这主要是指 Kraft[32-33]等人在 1978 年应用决策论的尝试，以及进入 80 年代以来 Kraft, Buell[34], Kantor[35]关于停止理论的应用和 Cooper[36], Kantor[37]等关于最大熵原理的应用。我们在本章中没有论及这些内容。

参 考 文 献

[1] Maron,M. E.,Kuhns,J,L. ,On Relevance, Probabilistic Indexing and Information Retrieval,Journal of the ACM.1960,7,pp 216-244.

[2] Bookstein, A. , Relevance, Journal of the American Society for Information Science, 1979, 30,pp 269-273.

[3] Negoita,C.V.,On the Notion of Relevance, Kybernetes,1973, 2 , pp 161-167.

[4] Cooper,W.S., A Definition of Relevance for Information Retrieval, Information Storage and Retrieval,1971, 7 , pp 19-37.

[5] Robertson,S.E.,Sparck Jones,K.,Relevance Weighting of Search Terms,Journal of the American Society for Information Science, 1976, 27, pp 129-146.

[6] Maron, M.E., Probabilistic Approaches to the Document Retrieval Problem, In,Salton, G., Schneider, H.J., Research and Development in Information Retrieval,Proceedings, Berlin, 1982, Lecture Notes in Computer Science, Springer-Verlag,Berlin, 1983, pp 96-107.

[7] Robertson, S.E., Maron, M.E., Cooper, W.S., The Unified Probabilistic Model for IR, In:Salton,G., Schneider,H.J., Research and Development in Information Retrieval, Proceedings, Berlin, 1982, Lecture Notes in Computer Science, Springer-Verlag,Berlin, 1983, pp 108-117.

[8] Robertson, S.E., The Probability Ranking Principle in IR, Journal of Documentation, 1977, 33, pp 294-304.

[9] Robertson, S.E., Belkin, N. J., Ranking in Principle, Journal of Documentation, 1978, 34, pp 93-100.

[10] 康耀红,广义情报检索理论体系,情报科学,1986, 6 , pp 1 — 23。

[11] 康耀红,广义情报检索理论体系,研究生毕业论文,西安电子科技大学藏。

[12] Swets, J., Information Retrieval Systems, Science, 1963, 141, pp 245-250.

[13] 复旦大学,概率论,人民教育出版社,1979。

[14] Salton, G., Mathematics and Information Retrieval, Journal of Documentation,1979, 35, pp 1 -29.

[15] Chow, D., Yu, C.T., On Construction of Feedback Queries, Journal of the ACM, 1982, pp 127-151.

[16] Duda, R.O.Hart, P.E., Pattern Classification and Scene Analysis, Wiley, New York, 1973.

[17] Salton, G., McGill, M. J. Introduction to Modern Information Retrieval, McGraw-Hill, New York, 1983.

[18] Salton, G., Buckley, C., Yu, C. T., An Evaluation of Term Dependence Models in Information Retrieval,In,Salton,G.,Schneider, H.J., Research and Development in Information Retrieval, Proceedings,Berlin, 1982, Springer-Verlag, New York, 1983, pp 151-173.

[19] Van Rijsbergen, C.J., A Theoretical Basis for the Use of Co-occurrence Data in Information Retrieval, Journal of Documentation 1977, 33, pp 106-119.

[20] Harper, D.J., van Rijsbergen, C. J., An Evaluation of Feedback in Document Retrieval Using Co-occurrence Data, Journal of Documentation, 1978, 34, pp 189-216.

[21] Lewis, P. M., Approximating Probability Distributions to Reduce Storage Reqirements, Information and Control, 1959, 2, pp 214-225.

[22] Brown, D.T., A Note on Approximations

to Discrete Probability Distributions, Information and Control, 1959, 2, pp 386-392.

[23] Chow, C.K., Liu, C.N., Approximating Discrete Probability Distributions With Dependence Trees, IEEE Transactions on Information Theory, 1968, 14, pp 462-467.

[24] Ku, H.H., Kullback, S., Approximating Discrete Probability Distributions, IEEE Transactions on Information Theory, 1969, 15, pp 444-447.

[25] Van Rijsbergen, C.J., Information Retrieval, Butterworths, London, 1979.

[26] Robertson, S. E., On Relevance Weight Estimation and Query Expansion, Journal of Documentation, 1986, 42, pp 182-188.

[27] Losee, R. M., Parameter Estimatiom for Probabilistic Document-Retrieval Models, Journal of the American Society for Information Science, 1988, 39, pp 8-16.

[28] Radecki, T. A Probabilistic Approach to Information Retrieval in Systems With Boolean Search Request Formulation, Journal of the American Society for Infroamtion Science, 1982, 33, pp 365-370.

[29] Radecki, T., Probabilistic Methods for Ranking Output Documents in Conventional

Boolean Retrieval Systems, Information Processing and Management, 1988, 24, pp 281-302.

[30] Losee, R.M., Bookstein, A. , Integrating Boolean Queries in Conjunctive Normal Form With Probabilistic Retrieval Models, Information Processing and Management, 1988, 24, pp 315-321.

[31] Craft, W.B., Boolean Queries and Term Dependencies in Probabilistic Retrieval Models, Journal of the American Society for Information Science, 1986, 27, pp 72-76.

[32] Kraft, D.H., Bookstein, A. , Evaluation of Information Retrieval Systems: A Decision Theory Approach Journal of the American Society for Information Science,1978, 29, pp 31-40.

[33] Kraft, D.H., A Threshold Rule Applied to the Retrieval Decision Model, Journal of the American Society for Information Science, 1982, 33, pp 77-80.

[34] Kraft, D.H., Buell, D.A. , Advances in a Bayesian Decision Model of User Stopping Behavior for Scanning the Output of an Information Retrieval System, In. van Rijsbergen, C.J., Research and Developm-

ent in Information Retrieval, Proceedings, Cambridge University Press, 1984, pp 421-433.

[35] Kantor, P.B., A Model for the Stopping Behavior of Online Systems, Journal of the American Society for Information Science, 1987, 38, pp 211-214.

[36] Cooper, W.S. Exploiting the Maximum Entropy Principle to increse Retrieval Effectiveness, Journal of the American Society for Information Science, 1983, 34, pp 31-39.

[37] Kantor, P.B., Lee, J.J., The Maximum Entropy Principle in Information Retrieval, Organization of the 1986-ACM Conference on Research and Development in Information Retrieval, pp 269-274.

第六章 模糊检索

"相关性"概念所具有的模糊特性决定了情报检索理论中引入模糊数学的可能性。在本章中,我们将极其自然地建立文献集与标引词集之间的以相关性为媒介的二元模糊关系,从而给出情报检索的模糊数学描述。

在此前提下,一个布尔查询将作为文献集的特定模糊子集被重新定义。这样,对一给定的布尔查询,我们就可以按文献在其对应的模糊子集中的隶属度来设计输出规则,并在必要时将输出结果排序。

为了在保证检索质量的同时,把检索时间控制在用户可接受的范围内,我们给出了查询语言的 λ——水平语义。事实上,本章中重要部分都与 λ 有关,它实质上是标引词与文献在其语言意义上的比较的一个界限。而 λ 值的选取不同,意味着我们对标引词与文献的语义关系的要求不同。基于这一点,我们进一步讨论了语言变量输出规划和语义范式输出规则,以及这些输出规则关于 λ 的稳定性。

最后,简单地讨论了模糊兼容检索,它实际上是§4—7中 PO—系统的一种推广。

§6—1 情报检索的模糊数学描述

一个情报检索系统所存贮的数据记录主要是以文献的表示为内容的,其中隐含的是文献集合 D 与标引词集合 T 的潜在关系。这种关系如同任何事物之间的关系一样,不能简单地说它们"有关系"或"无关系",只能说有关系或无关系的程度如何。确切地说,这种关系是一种模糊关系。具体到一篇文献 d 与一个标引词 t,它们的关系是以文献 d 与标引词 t 的相关程度来衡量的。其衡量的结果我们用 $\mu_F(d,t)$ 表示,且 $0 \leqslant \mu_F(d,t) \leqslant 1$,即用

$$\mu_F: D \times T \longrightarrow [0,1],$$
$$(d,t) \longrightarrow \mu_F(d,t), \quad \forall (d,t) \in D \times T,$$

表示对于任一有序对 (d,t) $(d \in D, t \in T)$,文献 d 与标引词 t 的相关程度。则检索系统可用一个二元模糊关系 F 来描述:

$$F = \{<(d,t), \mu_F(d,t)> | d \in D, t \in T\}. \tag{6—1}$$

这里我们特别强调一下表示文献与标引词相关程度的量 $\mu_F(d,t)$ 的意义。标引词 t 在文献 d 的描述中的重要性有许多差异。例如对一篇短且水平低的仅关于广义相对论的文献,标引词"广义相对论"描述该文献主题内容的程度接近于 1。而该文献论述标引词"广义相对论"的程度却接近于零。与此相反,对于文献《爱因斯坦文集》,广义相对论仅是其论述的一部分,也就是说,标引词"广义相对论"论述其主题内容的程度较低,但明显的一点是:《爱因斯坦文集》较完整地阐明了广义相对论的思想,因而其论述标引词"广义相对论"的程度较高。在情报检索中,用户希望检出文献能够较高程度地论述其需求主题,只有这样,检索结果才是有意义的。所以,确切地说,我们所定义的 $\mu_F(d,t)$ 是表示"文献 d 论述标引词 t 所达到的程度",而不是"标引词 t 反映文献 d 的主题内容的程度"。

有了上述二元模糊关系 F,我们可以进一步将文献集 D

中一特定文献 d 的文献表示用 T 上的一个模糊集合 F_d 给出：
$$F_d=\{<t,\mu_{Fd}(d,t)=\mu_F(d,t)>|\ t\in T\}. \quad (6-2)$$
在 (6—2) 中，标引词集合 T 的容量可能很大，因而 F_d 中的项就可能很多。这种情况会使文献的存贮相当困难，更主要的是在检索时将要花费过多的时间。为了在保证检索质量的同时，把检索时间控制在用户可接受的范围内，必须通过适当途径把 F_d 予以简化。典型的方法是，选定一个 $\lambda(0\leq\lambda\leq 1)$，将 $\mu_{Fd}(d,t)<\lambda$ 的项去掉。例如，设
$$F_d=\{(t_1,0.8),(t_2,0.1),(t_3,0.9),(t_4,0)\},$$ 对于 $\lambda=0.2$，F_d 可简化为：
$$F_{d(0.2)}=\{(t_1,0.8),(t_3,0.9)\}.$$
这样的简化对于检索过程是非常有意义的。当我们按这种方法把文献表示予以简化后，就可以认为在新的文献表示中，文献 d 论述各标引词 t 的程度已达到一定的水平，我们把它称为 λ——水平。

一般地，对于文献表示 F_d，其 λ——水平表示定义为：
$$F_{d(\lambda)}=\{<t,\mu_{Fd(\lambda)}(t)=\mu_{Fd}(t)>|\ t\in F_d(\lambda)\},$$
其中
$$F_{d(\lambda)}=\{t|\mu_{Fd}(t)\geq\lambda,t\in T\}.$$
显然当 $\lambda=0$ 时，$F_{d(\lambda)}=F_d$。

对于标引集合 T 中一特定标引词 t，(6—1) 式转化为文献集 D 上的一个模糊集合 F_t：
$$F_t=\{<d,\mu_{Ft}(d,t)=\mu_F(d,t)>|\ d\in D\}. \quad (6-3)$$
对于 F_t，我们可以相应地定义其 λ——水平表示为：
$$F_{t(\lambda)}=\{<d,\mu_{Ft(\lambda)}(d)=\mu_{Ft}(d)>|\ d\in F_t(\lambda)\},$$
其中 $\quad F_t(\lambda)=\{d|\mu_{Ft}(d)\geq\lambda,\ d\in D\}.$

当 $\lambda=0$ 时,就有 $F_{t(\lambda)}=F_t$。

我们所得到的 (6—2) 式,实际上是对于文献的加权标引。而 (6—3) 式则是倒排文档的一种推广,称为模糊倒排文档。

综上所述,对于二元模糊关系 F,我们有
$$F=\bigcup_{d\in D}F_d=\bigcup_{t\in T}F_t.$$
对 F 定义 λ——水平表示如下:
$$F_\lambda=\{<d,t,\mu_{F\lambda}(d,t)=\mu_F(d,t)>|(d,t)\in F(\lambda)\},$$
其中
$$F(\lambda)=\{<d,t>|\mu_F(d,t)\geqslant\lambda\}.$$
于是,下式成立:
$$F_\lambda=\bigcup_{d\in D}F_{d(\lambda)}=\bigcup_{t\in T}F_{t(\lambda)}.$$

§6—2 查询语言的 λ——水平语义 [1-4]

在 §4—2,我们介绍了查询语言的代数结构,得由标引词集合 T,通过布尔操作算子可以生成布尔代数 Q,而任一布尔查询都可由 Q 中的某一元素来表示。本节我们将给出 Q 中元素的 λ——水平语义的定义,进而讨论其相互关系及运算性质。

定义6—1 $\forall t\in T$,它的 λ——水平语义 $M_{t(\lambda)}$ 定义为 D 上的一个模糊子集:
$$M_{t(\lambda)}=\{<d,\mu_{M_{t(\lambda)}}(d)=\mu_{F_{t(\lambda)}}(d)>|d\in F_t(\lambda)\}.$$

由定义知 $M_{t(\lambda)}$ 满足 $M_{t(\lambda)}=F_{t(\lambda)}$,因而 t 的 λ——水平语义就是 t 的 λ——水平表示。

定义6—2 $\forall q_1\in Q$,$q=\neg q_1$ 的 λ——水平语义 $M_{q(\lambda)}$

定义为 D 上的一个模糊子集:
$$M_{q(\lambda)} = \{\langle d, \mu_{M_{q(\lambda)}}(d) = 1 - \mu_{M_{q_1(\lambda)}}(d) \rangle |$$
$$1 - \mu_{M_{q_1(\lambda)}}(d) \geqslant \lambda, d \in D\}.$$

显见
$$M_{q(\lambda)} \doteq \overset{f}{\neg} M_{q_1(\lambda)}$$

其中 $\overset{f}{\neg}$ 是模糊补运算。

定义6—3 $\forall q_1, q_2 \in Q$, $q = q_1 \wedge q_2$ 的 λ——水平语义 $M_{q(\lambda)}$ 定义为 D 上的一个模糊子集:
$$M_{q(\lambda)} = \{\langle d, \mu_{M_{q(\lambda)}}(d) = \min[\mu_{M_{q_1(\lambda)}}(d),$$
$$\mu_{M_{q_2(\lambda)}}(d)]\rangle | d \in M_{q_1}(\lambda) \bigcap M_{q_2}(\lambda)\},$$

其中
$$M_q(\lambda) = \{d | \mu_{Mq}(d) \geqslant \lambda, d \in D\}.$$

显然
$$M_{q(\lambda)} = M_{q_1(\lambda)} \overset{f}{\bigcap} M_{q_2(\lambda)},$$

这里的 $\overset{f}{\bigcap}$ 是模糊并运算。

定义6—4 $\forall q_1, q_2 \in Q$, $q = q_1 \vee q_2$ 的 λ——水平语义 $M_{q(\lambda)}$ 定义为 D 上的一个模糊子集:
$$M_{q(\lambda)} = \{\langle d, \mu_{M_{q(\lambda)}}(d) = \max[\mu_{M_{q_1(\lambda)}}(d),$$
$$\mu_{M_{q_2(\lambda)}}(d)]\rangle | d \in M_{q_1}(\lambda) \bigcup M_{q_2}(\lambda)\}.$$

显然
$$M_{q(\lambda)} = M_{q_1(\lambda)} \overset{f}{\bigcup} M_{q_2(\lambda)},$$

这里的 $\overset{f}{\bigcup}$ 是模糊并运算。

定义 6—5　$\forall q\in Q$，并且仅当 $M_q(\lambda)=\phi$ 时，称 q 的 λ——水平语义为空的，记为 $\phi_{q(\lambda)}$。

定义 6—6　$\forall q\in Q$，当且仅当
$$M_{q(\lambda)}=\{\langle d,\mu_{M_{q(\lambda)}}(d)=1\rangle | d\in M_q(\lambda)\}$$
时，称 q 的 λ——水平语义为满的，记为 $D_{q(\lambda)}$。

上述关于 Q 上各元素的 λ——水平语义的若干定义，构成了一个 λ——水平语义集合，我们将这个集合记为 Q_λ。Q_λ 的元素实际上是 D 上的模糊子集。下面讨论 Q_λ 上的元素的相互关系及运算性质。

有了 λ——水平语义的定义，Q 中各元素的关系就可以依据其 λ——水平语义的比较来衡量。其中最使我们感兴趣的是所谓的等价关系和偏序关系。

如果对任意的 $q_1,q_2\in Q$，有
$$q_1 E_\lambda^q q_2 \Longleftrightarrow M_{q_1(\lambda)}=M_{q_2(\lambda)},$$
则称 E_λ^q 为等价关系。它实际上是指两个元素的 λ——水平语义相同，即两个元素 q_1,q_2 就其 λ——水平来说是等价的。

如果对于任意的 $q_1,q_2\in Q$，有
$$q_1 G_\lambda^q q_2 \Longleftrightarrow M_{q_1(\lambda)}\stackrel{f}{\subseteq} M_{q_2(\lambda)},$$
则关系 G_λ^q 为偏序关系，其中 $\stackrel{f}{\subseteq}$ 表示模糊包含关系。所谓 q_1,q_2 满足偏序关系 G_λ^q，是指 q_2 的 λ——水平语义包含 q_1 的 λ——水平语义。

命题 6—1　在情报检索系统 S 中，有下述关系式成立：对于任意的 $q_1,q_2\in Q$，及 $\lambda'\in [\lambda,1]$

1) $q_1 G_\lambda^q q_2 \Longrightarrow M_{q_2(\lambda)}(\lambda')\subseteq M_{q_1(\lambda)}(\lambda')$，

其中

$$M_{q(\lambda)}(\lambda') = \{d | \mu_{M_q(\lambda)}(d) \geqslant \lambda', d \in M_q(\lambda)\};$$

2) $q_1 G_\lambda^q q_2 \Longrightarrow M_{(q_1 \wedge q_2)(\lambda)}(\lambda') = M_{q_2(\lambda)}(\lambda')$;

3) $q_1 G_\lambda^q q_2 \Longrightarrow M_{(q_1 \vee q_2)(\lambda)}(\lambda') = M_{q_1(\lambda)}(\lambda')$;

4) $q_1 G_\lambda^q q_2 \Longrightarrow M_{(\neg q_1 \wedge \neg q_2)(\lambda)}(\lambda') = M_{\neg q_1(\lambda)}(\lambda')$;

5) $q_1 G_\lambda^q q_2 \Longrightarrow M_{(\neg q_1 \vee \neg q_2)(\lambda)}(\lambda') = M_{\neg q_2(\lambda)}(\lambda')$;

证明 由 $M_{q(\lambda)}(\lambda')$ 及 G_λ^q 的定义直接得之。

命题 6—2 Q_λ 对于运算 $\overset{f}{\cap}$, $\overset{f}{\cup}$, $\overset{f}{\neg}$ 满足下列算律:

1) 幂等律:

$$M_{q(\lambda)} \overset{f}{\cap} M_{q(\lambda)} = M_{q(\lambda)},$$
$$M_{q(\lambda)} \overset{f}{\cup} M_{q(\lambda)} = M_{q(\lambda)};$$

2) 交换律:

$$M_{q_1(\lambda)} \overset{f}{\cap} M_{q_2(\lambda)} = M_{q_2(\lambda)} \overset{f}{\cap} M_{q_1(\lambda)},$$
$$M_{q_1(\lambda)} \overset{f}{\cup} M_{q_2(\lambda)} = M_{q_2(\lambda)} \overset{f}{\cup} M_{q_1(\lambda)};$$

3) 结合律:

$$M_{q_1(\lambda)} \overset{f}{\cap} (M_{q_2(\lambda)} \overset{f}{\cap} M_{q_3(\lambda)})$$
$$= (M_{q_1(\lambda)} \overset{f}{\cap} M_{q_2(\lambda)}) \overset{f}{\cap} M_{q_3(\lambda)},$$
$$M_{q_1(\lambda)} \overset{f}{\cup} (M_{q_2(\lambda)} \overset{f}{\cup} M_{q_3(\lambda)})$$
$$= (M_{q_1(\lambda)} \overset{f}{\cup} M_{q_2(\lambda)}) \overset{f}{\cup} M_{q_3(\lambda)};$$

4) 吸收律:

$$M_{q_1(\lambda)} \overset{f}{\cap} (M_{q_1(\lambda)} \overset{f}{\cup} M_{q_2(\lambda)}) = M_{q_1(\lambda)},$$
$$M_{q_1(\lambda)} \overset{f}{\cup} (M_{q_1(\lambda)} \overset{f}{\cap} M_{q_2(\lambda)}) = M_{q_1(\lambda)};$$

5) 分配律:

$$M_{q_1(\lambda)} \overset{f}{\cap} (M_{q_2(\lambda)} \overset{f}{\cup} M_{q_3(\lambda)})$$
$$= (M_{q_1(\lambda)} \overset{f}{\cap} M_{q_2(\lambda)}) \overset{f}{\cup} (M_{q_1(\lambda)} \overset{f}{\cap} M_{q_3(\lambda)}),$$
$$M_{q_1(\lambda)} \overset{f}{\cup} (M_{q_2(\lambda)} \overset{f}{\cap} M_{q_3(\lambda)})$$
$$= (M_{q_1(\lambda)} \overset{f}{\cup} M_{q_2(\lambda)}) \overset{f}{\cap} (M_{q_1(\lambda)} \overset{f}{\cup} M_{q_3(\lambda)});$$

6) 德·摩根法则：

$$\overset{f}{\neg}(M_{q_1(\lambda)} \overset{f}{\cap} M_{q_2(\lambda)}) = \overset{f}{\neg}M_{q_1(\lambda)} \overset{f}{\cup} \overset{f}{\neg}M_{q_2(\lambda)},$$
$$\overset{f}{\neg}(M_{q_1(\lambda)} \overset{f}{\cup} M_{q_2(\lambda)}) = \overset{f}{\neg}M_{q_1(\lambda)} \overset{f}{\cap} \overset{f}{\neg}M_{q_2(\lambda)}.$$

证明略去。

命题6—3 对于任意的 $q \in Q$，$d \in M_q(\lambda)$ 当且仅当

$$1 - \mu_{M_q(\lambda)}(d) \geqslant \lambda$$

时，对合律

$$\overset{f}{\neg}(\overset{f}{\neg}M_{q(\lambda)}) = M_{q(\lambda)}$$

成立。

证明略去。

命题6—4 Q_λ 对于 $\overset{f}{\cap}$，$\overset{f}{\cup}$，$\overset{f}{\neg}$ 不是一个布尔代数。

证明 对于任意的 $M_{q(\lambda)} \in Q_\lambda$，一般有

$$M_{q(\lambda)} \overset{f}{\cap} \overset{f}{\neg}M_{q(\lambda)} \neq \phi_{q(\lambda)},$$
$$M_{q(\lambda)} \overset{f}{\cup} \overset{f}{\neg}M_{q(\lambda)} \neq D_{q(\lambda)}.$$

故 Q 不是布尔代数。

§6—3 基于语言变量和语义范式的输出规则

我们所给出的关于 λ——水平语义的定义，一方面考虑了标引词集合 T 中各元素与文献集合 D 中各文献的相关程度，更主要的是，它可以使我们按照一个合适的标准来衡量这种相关程度。λ——水平语义实质上是标引词和文献在其语言意义上的比较的一个界限。而 λ 值的选取不同，意味着对标引词和文献的语义关系要求不同。从这个意义上讲，λ 的变化就是语义关系的变化。

本节我们将要考虑的是基于 λ——水平语义的检索方法，我们把它称为语言变量方法。

由§4—2 知，对任一用户查询，在 Q 中必存在一相应元素 q，q 可以作为该用户查询的表示。如前所述，元素 q 的 λ——水平语义为：

$$M_{q(\lambda)} = \{\langle d, \mu_{M_q(\lambda)}(d)\rangle | d \in M_q(\lambda)\},$$

其中

$$M_q(\lambda) = \{d | \mu_{M_q}(d) \geqslant \lambda, d \in D\}.$$

则对查询 q，我们将系统输出设计为：

$$\Psi(q) = M_q(\lambda). \tag{6—4}$$

根据 $\mu_{M_q}(d)$ 的大小将 $M_q(\lambda)$ 的元素重新排序。得排序输出为：

$$Ord\Psi(q) = \{k_1, k_2, \cdots, k_r\}, \tag{6—5}$$

其中

$$k_i = \{d \mid \mu_{M_{q(\lambda)}}(d) = d_i, d \in D\}, i = 1, \cdots, r,$$

$$\alpha_i = \{\mu_{M_{q(\lambda)}}(d) \mid \langle d, \mu_{M_{q(\lambda)}}(d) \rangle \in M_{q(\lambda)}\},$$

且满足

$$\alpha_{i-1} > \alpha_i, \quad \bigcup_{i=1}^{r} k_i = M_q(\lambda).$$

在实施这种检索过程时，可先由标引词集合 T 构造出布尔代数 Q（参见§4—2，其中 Q 的任一元素对应一个布尔查询），然后（根据§6—2）确定与用户查询所对应的 Q 中的元素 q 的 λ——水平语义 $M_{q(\lambda)}$。最后将 $M_{q(\lambda)}$ 排序输出给 q 所代表的用户。举例如下：

例6—1 设文献集合 D：

$$D\{d_1, d_2, d_3, d_4, d_5, d_6, d_7\};$$

标引词集合 T：

$$T = \{t_1, t_2, t_3, t_4, t_5\}.$$

D 与 T 的二元模糊关系 F 为：

	t_1	t_2	t_3	t_4	t_5
d_1	0.6	0.9	0.8	0.14	0.9
d_2	0.9	0.15	0.4	0.4	0.8
d_3	0.2	0.4	0.9	0.9	1.0
d_4	0.1	0.3	1.0	1.0	0.1
d_5	0.9	0.4	0.2	0.0	0.9
d_6	0.4	0.2	0.8	0.4	0.1
d_7	0.3	0.1	0.3	0.3	1.0

令 $\lambda = 0.2$，则 0.2——水平模糊关系 $F_{0.2}$ 为：

	t_1	t_2	t_3	t_4	t_5
d_1	0.6	0.9	0.8	0.0	0.9
d_2	0.9	0.0	0.4	0.4	0.8
d_3	0.2	0.4	0.9	0.9	1.0
d_4	0.0	0.3	1.0	1.0	0.0
d_5	0.9	0.4	0.2	0.0	0.9
d_6	0.4	0.2	0.8	0.4	0.0
d_7	0.3	0.0	0.3	0.5	1.0

设 Q 中与用户查询相对应的元素为 q：

$$q = [\neg(t_3 \vee t_5) \wedge t_1] \vee [\neg t_1 \wedge (t_3 \vee t_5)]。$$

则

$$M_{t_1(0:2)} = \{\langle d_1, 0.6\rangle, \langle d_2, 0.9\rangle, \langle d_3, 0.2\rangle,$$
$$\langle d_5, 0.9\rangle, \langle d_6, 0.4\rangle, \langle d_7, 0.3\rangle\};$$

$$M_{t_3(0:2)} = \{\langle d_1, 0.8\rangle, \langle d_2, 0.4\rangle, \langle d_3, 0.9\rangle,$$
$$\langle d_4, 1.0\rangle, \langle d_5, 0.2\rangle, \langle d_6, 0.8\rangle, \langle d_7, 0.3\rangle\};$$

$$Nt_{5(0:2)} = \{\langle d_1, 0.9\rangle, \langle d_2, 0.8\rangle, \langle d_3, 1.0\rangle,$$
$$\langle d_5, 0.9\rangle, \langle d_7, 1.0\rangle\};$$

$$M_{(t_3 \vee t_5)(0:2)} = \{\langle d_1, 0.9\rangle, \langle d_2, 0.8\rangle, \langle d_3, 1.0\rangle,$$
$$\langle d_4, 1.0\rangle, \langle d_5, 0.9\rangle, \langle d_6, 0.8\rangle, \langle d_7, 1.0\rangle\};$$

$$M_{\neg(t_3 \vee t_5)(0:2)} = \{\langle d_2, 0.2\rangle, \langle d_6, 0.2\rangle\};$$

$$M_{[\neg(t_3 \vee t_5) \wedge t_1](0:2)} = \{\langle d_2, 0.2\rangle, \langle d_6, 0.2\rangle\};$$

$$M_{\neg t_1(0:2)} = \{\langle d_1, 0.4\rangle, \langle d_3, 0.8\rangle, \langle d_4, 1.0\rangle,$$
$$\langle d_6, 0.6\rangle, \langle d_7, 0.7\rangle\};$$

$$M_{[\neg t_1 \wedge (t_3 \vee t_5)](0:2)} = \{\langle d_1, 0.4\rangle, \langle d_3, 0.8\rangle,$$
$$\langle d_4, 1.0\rangle, \langle d_6, 0.6\rangle, \langle d_7, 0.7\rangle\}。$$

故

$$M_{q(0.2)} = \{\langle d_1, 0.4\rangle, \langle d_2, 0.2\rangle, \langle d_3, 0.8\rangle,$$
$$\langle d_4, 1.0\rangle, \langle d_6, 0.6\rangle, \langle d_7, 0.7\rangle\}.$$

则检索输出为：
$$\Psi(q) = M_{q(0.2)} = \{d_1, d_2, d_3, d_4, d_6, d_7\},$$
或
$$Ord\Psi(q) = \{d_4, d_3, d_7, d_6, d_1, d_2\}.$$

语言变量方法是倒排文档查找方法的一种推广。其文档结构与一般倒排文档不同的是，不仅在检索系统中存贮与标引词相关的文献，而且指明了二者之间的相似程度，因而这种文档构结构较为复杂。但用语言变量方法进行查找比一般相关检索速度快，用时少，因而用户最注重的是机器的CPU时间。时间快的优点足可与文档结构复杂的缺点相抗衡并带来更多的效益。

在语言变量方法中，文档结构所存贮的是 T 中元素的 λ——水平语义。对于给定的查询必须由 T 中各元素的 λ——水平语义，按照某些语法规则生成查询表示的 λ——水平语义。这使得检索过程中计算量大，相对而言时间仍不够快。在此情况下，可以通过扩大系统的存贮量以减少检索时间。

Radecki 在〔3—4〕中提出了一种所谓语义范式的方法。按照这种方法，将把 T 的元素或其补元素构成的最小项的 λ——水平语义也存入系统。这样，对于给定的查询，只要将其表示成上述最小项的析取范式并确定 λ——水平语义，最后按（6—4）式或（6—5）式输出即可。

例6—2 在例6—1中，q 的析取范式为：
$$q = (t_1 \wedge \neg t_3 \wedge \neg t_5) \vee (\neg t_1 \wedge t_3) \vee (\neg t_1 \wedge t_5),$$
则其所包含的最小项为：
$$q_1 = t_1 \wedge \neg t_3 \wedge \neg t_5; \quad q_2 = \neg t_1 \wedge t_3;$$

$$q_3 = \neg t_1 \wedge t_5.$$

q_1, q_2, q_3 的 0.2——水平语义分别为：

$$M_{q_1(0:2)} = \{\langle d_2, 0.2\rangle, \langle d_6, 0.2\rangle\};$$
$$M_{q_2(0:2)} = \{\langle d_1, 0.4\rangle, \langle d_3, 0.8\rangle, \langle d_4, 1.0\rangle,$$
$$\langle d_6, 0.6\rangle, \langle d_7, 0.7\rangle\};$$
$$M_{q_3(0:2)} = \{\langle d_1, 0.4\rangle, \langle d_3, 0.8\rangle, \langle d_7, 0.7\rangle\}.$$

故

$$Mq_{(0:2)} = \{M_{q_1(0:2)} \overset{f}{\bigcup} M_{q_2(0:2)} \overset{f}{\bigcup} M_{q_3(0:2)}$$
$$= \{\langle d_1, 0.4\rangle, \langle d_2, 0.2\rangle, \langle d_3, 0.8\rangle,$$
$$\langle d_4, 1.0\rangle, \langle d_6, 0.6\rangle, \langle d_7, 0.7\rangle\}.$$

则检索输出为：

$$\Psi(q) = M_{q(0:2)} = \{d_1, d_2, d_3, d_4, d_6, d_7\},$$

或

$$Ord\Psi(q) = \{d_4, d_3, d_7, d_6, d_1, d_2\}.$$

我们看到，语言变量方法和语义范式方法的输出结果是一样的，其不同点仅仅是前者在检索过程中的一部分工作在后者已被提前完成。

现代情报检索的最大特点是输出结果是排序的，且能根据用户需求控制输出量的大小，以多方面满足用户需求。在上述讨论中，λ 值的选取直接影响检索输出量的大小。对 λ 的确定主要依赖于给定系统的存贮量和文档所包含的文献量的大小。对于给定的系统，λ 值一经确定就不再轻易变化，因而它在这一系统中不能起到控制输量大小的作用。为此，我们还可以设计一些方法，用来控制（6—4）式的输出量。例如根据用户需求选定阈值 λ^*，将（6—4）式修正为：

$$\Psi(q)=M_{q(\lambda)}(\lambda^*)=\{d|\mu_{M_{q(\lambda)}}(d)\geqslant\lambda^*, d\in D\}.$$

当用户希望检出的文献篇数为 N 时,将(6—4)式修正为:

$$\Psi(q)=M_{q(\lambda)}(\lambda_N)=\mathop{\max_{\lambda_1\in[\lambda,1]}}_{|M_{q(\lambda)}(\lambda_1)|\leqslant N} M_{q(\lambda)}(\lambda_1). \quad (6—6)$$

其中后一种方法更容易实现,因为 N 比 λ^* 更容易确定。事实上,对于给定的 λ^*,可以找到一个 N 值,使得应用第二种方法能够得出与第一种方法一致的结果。即 $\forall \lambda^*\in[0,1]$,$\exists N$ 使 $M_{q(\lambda)}(\lambda^*)=M_{q(\lambda)}(\lambda_N)$。这种揭示 N 的存在性的等式是显然的,以致我们无需给予证明。

§ 6—4 输出结果的稳定性讨论

在例6—1中,我们看到
$$M_{q(0:2)}=\{\langle d_1,0.4\rangle,\langle d_2,0.2\rangle,\langle d_3,0.8\rangle,$$
$$\langle d_4,1.0\rangle,\langle d_6,0.6\rangle,\langle d_7,0.7\rangle\},$$
根据 $M_{q(0:2)}$ 的排序输出为:
$$Ord\Psi_1(q)=\{d_4,d_3,d_7,d_6,d_1,d_2\}.$$
如果我们使 λ 取不同值,例如取 $\lambda=0.4$,并计算相应的 $M_{q(\lambda)}$,则可得到
$$M_{q(0:4)}=\{\langle d_1,0.4\rangle,\langle d_3,1.0\rangle,\langle d_4,1.0\rangle,$$
$$\langle d_6,0.6\rangle,\langle d_7,1.0\rangle\},$$
根据 $M_{q(0:4)}$ 的排序输出为:
$$Ord\Psi_2(q)=\{(d_3,d_4,d_7),d_6\}.$$

我们看到,随着 λ 取值的不同,输出结果中一给定文献与查询的相关性值也不同。这是一种普遍存在着的现象,又

如:

例6—3 设文献集 D:

$$D=\{d_1,d_2,d_3,d_4,d_5,d_6\};$$

标引词集 T:

$$T=\{t_1,t_2,t_3,t_4,t_5,t_6,t_7\}.$$

D 与 T 的二元模糊关系 F 为:

	t_1	t_2	t_3	t_4	t_5	t_6	t_7
d_1	0.6	0.2	0.3	0.9	0.7	0.5	0.1
d_2	0.8	0.6	0.15	0.4	0.5	0.3	0.3
d_3	0.15	0.8	0.9	0.2	0.3	0.5	0.7
d_4	0.1	0.4	1.0	0.7	0.9	0.0	0.2
d_5	0.2	0.4	0.35	0.0	0.9	0.8	1.0
d_6	1.0	0.5	0.6	0.8	0.9	0.0	0.5

令 $\lambda=0.2$, 则 0.2 —— 水平模糊关系 $F_{0.2}$ 为:

	t_1	t_2	t_3	t_4	t_5	t_6	t_7
d_1	0.6	0.2	0.3	0.9	0.7	0.5	0.0
d_2	0.8	0.6	0.0	0.4	0.5	0.3	0.3
d_3	0.0	0.8	0.9	0.2	0.3	0.5	0.7
d_4	0.0	0.4	1.0	0.7	0.9	0.0	0.2
d_5	0.2	0.4	0.35	0.0	0.9	0.8	1.0
d_6	1.0	0.5	0.6	0.8	0.9	0.0	0.5

设 Q 中与用户查询相对应的元素为 q:

$$q=[(t_1\vee t_2)\wedge\neg(t_4\vee t_6)]\vee[\neg t_3\wedge(t_2\vee t_5)],$$

则对 $\lambda=0.2, 0.4, 0.6$, 可分别得到:

$$M_{q(0.2)}=\{\langle d_1,0.7\rangle,\langle d_2,0.6\rangle,\langle d_3,0.5\rangle,$$

$$\langle d_4, 0.3\rangle, \langle d_5, 0.65\rangle, \langle d_6, 0.4\rangle\};$$
$$M_{q(0:4)} = \{\langle d_1, 0.7\rangle, \langle d_2, 0.5\rangle, \langle d_3, 0.5\rangle,$$
$$\langle d_5, 0.9\rangle, \langle d_6, 0.4\rangle\};$$
$$M_{q(0:6)} = \{\langle d_1, 0.7\rangle, \langle d_2, 0.8\rangle, \langle d_3, 0.8\rangle, \langle d_5, 0.9\rangle\}.$$

仅当 λ 在一定条件下变化时，这种输出结果的不稳定性才可随之消失。

命题6—5 若 $\lambda_N \geqslant \lambda$ 且
$$\lambda \leqslant \min\{\lambda^* \mid \lambda^* \in \mu_F \bigcup \mu_{\neg F}, \lambda^* > 0\},$$
其中
$$\mu_F = \{\mu_F(d,t) \mid \langle d, t, \mu_F(d,t)\rangle \in F\};$$
$$\mu_{\neg F} = \{1 - \mu_F(d,t) \mid \langle d, t, 1 - \mu_F(d,t)\rangle \in \neg F\}.$$

则基于 λ ——水平语义的检索输出与基于 0 ——水平语义的检索输出是一致的。

证明 由条件
$$\lambda \leqslant \min\{\lambda^* \mid \lambda^* \in \mu_F \bigcup \mu_{\neg F}, \lambda^* > 0\}$$
可知对合律成立。且对任意的 $t \in T$, $\lambda^* \in [\lambda, 1]$，以及 $d \in M_{q(\lambda)}(\lambda^*)$，有
$$\mu_{M_{q(\lambda)}}(d) = \mu_{Mq}(d),$$
又由 $\lambda_N \geqslant \lambda$ 知命题成立。

在一般情形下，由（6—4）式所确定的输出，其文献的相关值随 λ 的变化而变化。呈现这种不稳定性的主要原因是关于 Q 中元素 $\neg t (t \in T)$ 的 λ ——水平语义的定义不合理[5]。Radecki 的原始定义是
$$M_{\neg t(\lambda)} = \{\langle d, \mu_{M_{\neg t(\lambda)}}(d)\rangle \mid d \in D\},$$

其中

$$\mu_{M_{\neg t(\lambda)}}(d)=\begin{cases} 1-\mu_{M_{t(\lambda)}}(d), \text{当}\mu_{M_{t(\lambda)}}(d)\geqslant\lambda\text{且} \\ \quad 1-\mu_{M_{t(\lambda)}}(d)\geqslant\lambda; \\ 0, \text{当}\mu_{M_{t(\lambda)}}(d)\geqslant\lambda\text{且}1-\mu_{M_{t(\lambda)}}(d)<\lambda; \\ 1, \text{其它}。\end{cases}$$

Buell 对 Radecki 的定义作了修改，得
$$M_{\neg t(\lambda)}=\{\langle d,\mu_{M_{\neg t(\lambda)}}(d)\rangle|d\in D\},$$

其中

$$\mu_{M_{\neg t(\lambda)}}(d)=\begin{cases}1-\mu_{M_{t(\lambda)}}(d),\text{当}1-\mu_{M_{t(\lambda)}}(d)\geqslant\lambda; \\ 0, \text{其它}。\end{cases}$$

但仍然没有解决输出结果的稳定性问题[5]。究其主要原因，是它仍然不满足对合律。

现在我们给出一种较为合理的 $M_{t(\lambda)}$ 的定义，这是 Zenner, Decaluwe, Kerre 等人曾作过的工作[6]。在这种定义之下，文献的相关性值不再随 λ 的变化而变化。

设 $G=\{t_1,t_2,\cdots,t_n,\neg t_1,\neg t_2,\cdots,\neg t_n\}(t_i\in T,1\leqslant i\leqslant n)$, D 与 G 的二元模糊关系 F' 为
$$F'=\{\langle d,g,\mu_{F'}(d,g)\rangle|d\in D,g\in G\},$$

其中

$$\mu_{F'}(d,g)=\begin{cases}\mu_F(d,t), \text{当}g=t_i; \\ 1-\mu_F(d,t), \text{当}g=\neg t_i.\end{cases}$$

则 λ——水平模糊关系 F'_λ 为
$$F_\lambda'=\{\langle d,g,\mu_{F_\lambda'}(d,g)\rangle|d\in D,g\in G\},$$

其中

$$\mu_{F'_\lambda}(d,g) = \begin{cases} \mu_{F'}(d,g), & \text{当}\ \mu_{F'}(d,g) \geqslant \lambda; \\ 0, & \text{其它}. \end{cases}$$

引入 D 与 G 上的二元模糊关系 F' 后，可以定义 Q 中元素的 λ——水平语义。

设 G 生成的布尔代数为 G^*，则很容易证明 $G^* = Q$。

定义6—7　1）$\forall g \in G$，它的 λ——水平语义 $M_{q(\lambda)}$ 定义为：

$$M_{g(\lambda)} = \{\langle d, \mu_{M_{g(\lambda)}}(d) = \mu_{F'_\lambda}(d,g)\rangle | d \in D\};$$

2）$\forall g', g'' \in G, q = g' \wedge g'' \in Q$ 的 λ——水平语义定义为：

$$M_{q(\lambda)} = M_{g'(\lambda)} \overset{f}{\cap} M_{g''(\lambda)};$$

3）$\forall g', g'' \in G, q = g' \vee g'' \in Q$ 的 λ——水平语义定义为：

$$M_{q(\lambda)} = M_{g'(\lambda)} \overset{f}{\cup} M_{g''(\lambda)}.$$

当 $\lambda = 0$ 时，记 $M_{q(0)}$ 为 M_q。

这样定义的 λ——水平语义，仍然满足了幂等律、交换律、结合律、吸收律、分配律、德·摩根法则等运算性质，更主要的是，它还满足了对合律，这是原来的定义所不具备的。

基于定义6—7所进行的检索，其方法、步骤仍然与§6—3相同。但在输出结果中，各文献的相关性值将于 λ 的取值相互独立，即相关性值不再受 λ 的影响，这一稳定性结果的证明我们将由定理6—1给出。

引理6—1　设 $g \in G$，则

1) 若 $\mu_{M_g}(d) \geq \lambda$, 则 $\mu_{M_{g(\lambda)}}(d) = \mu_{M_g}(d)$;

2) 若 $\mu_{M_g}(d) < \lambda$, 则 $\mu_{M_{g(\lambda)}}(d) = 0$.

证明略去

引理6—2 令 $q = g_1 \wedge g_2 \wedge \cdots \wedge g_s$, 其中 $g_i \in G, 1 \leq i \leq S$, 则

1) 若 $\mu_{M_q}(d) \geq \lambda$, 则 $\mu_{M_{q(\lambda)}}(d) = \mu_{M_q}(d)$;

2) 若 $\mu_{M_q}(d) < \lambda$, 则 $\mu_{M_{q(\lambda)}}(d) = 0$.

证明 由定义6—7知

$$M_q = M_{g_1} \overset{f}{\cap} N_{g_2} \overset{f}{\cap} M_{g_2} \overset{f}{\cap} \cdots \overset{f}{\cap} M_{g_s},$$

则对给定的 $d \in D$, 有

$$\mu_{M_q}(d) = \min_{1 \leq i \leq S} \{\mu_{M_{g_i}}(d)\}, \qquad (6-7)$$

且

$$\mu_{M_{g_i}}(d) \geq \mu_{M_q}(d), \quad (1 \leq i \leq S). \qquad (6-8)$$

1) 若 $\mu_{M_q}(d) \geq \lambda$, 则由 (6—8) 知 $\mu_{M_{g_i}}(d) \geq \lambda (1 \leq i \leq S)$。由引理1有

$$\mu_{M_{g_i(\lambda)}}(d) = \mu_{M_{g_i}}(d), \quad (1 \leq i \leq S).$$

故

$$\begin{aligned}\mu_{M_{q(\lambda)}}(d) &= \min_{1 \leq i \leq S} \{\mu_{M_{g_i(\lambda)}}(d)\} \\ &= \min_{1 \leq i \leq S} \{\mu_{M_{g_i}}(d)\} \\ &= \mu_{M_q}(d).\end{aligned}$$

2) 由 (6—7) 式知, $\exists k(1 \leq k \leq S)$, 使 $\mu_{M_q}(d) =$

$\mu_{M_{g_k}}(d)$ 成立。若 $\mu_{M_q}(d)<\lambda$，则 $\mu_{M_{g_k}}(d)<\lambda$。由引理 1 知 $\mu_{M_{g_k(\lambda)}}(d)=0$，所以 $\mu_{M_q(\lambda)}(d)=0$。

定理6—1 $\forall q \in Q$，有

1) 若 $\mu_{M_q}(d) \geqslant \lambda$，则 $\mu_{M_q(\lambda)}(d)=\mu_{M_q}(d)$;

2) 若 $\mu_{M_q}(d)<\lambda$，则 $\mu_{M_q(\lambda)}(d)=0$。

证明　不失一般性，设
$$q=C_1 \vee C_2 \vee \cdots \vee C_l,$$
其中 C_i 是 G 中元素的最小项，即
$$C_i=g_{i1} \wedge g_{i2} \wedge \cdots \wedge g_{is_i},\quad (g_{ij}\in G, 1\leqslant i \leqslant l).$$

则根据定义6—7有
$$M_q = Mc_1 \overset{f}{\cup} Mc_2 \overset{f}{\cup} \cdots \overset{f}{\cup} Mc_l,$$
故
$$\mu_{M_q}(d)=\max_{1\leqslant i\leqslant l}\left\{\mu_{M_{c_i}}(d)\right\}. \tag{6—9}$$

则 $\exists k(1\leqslant k\leqslant l)$，使
$$\mu_{M_q}(d)=\mu_{M_{c_k}}(d). \tag{6—10}$$

由 (6—9) 式和 (6—10) 式得出：
$$\mu_{M_{c_i}}(d)\leqslant \mu_{M_{c_k}}(d). \tag{6—11}$$

1) 若 $\mu_{M_q}(d)\geqslant \lambda$，则由 (6—10) 式得 $\mu_{M_{c_k}}(d)\geqslant \lambda$。由引理6—2得出：
$$\mu_{M_{c_k(\lambda)}}(d)=\mu_{M_{c_k}}(d).$$

令
$$P_1=\{M_{\bar{c}_i}|\mu_{M_{\bar{c}_i}}(d)\geqslant \lambda\},$$

$$P_2 = \{M_{c_i} | \mu_{M_{c_i}}(d) < \lambda\},$$

则对任意的 $Mc_i \in P_1$ 有

$$\mu_{M_{c_i(\lambda)}}(d) = \mu_{M_{c_i}}(d);$$

而对任意的 $Mc_i \in P_2$ 有

$$\mu_{M_{c_i(\lambda)}}(d) = 0.$$

故

$$\begin{aligned}
\mu_{M_{q(\lambda)}}(d) &= \max_{1 \leq i \leq l} \left\{ \mu_{M_{c_i(\lambda)}}(d) \right\} \\
&= \max_{M_{c_i} \in P_1} \left\{ \mu_{M_{c_i(\lambda)}}(d) \right\} \\
&= \max_{M_{c_i} \in P_1} \left\{ \mu_{M_{c_i}}(d) \right\} \\
&= \mu_{M_{c_k}}(d) \\
&= \mu_{M_q}(d).
\end{aligned}$$

2)若 $\mu_{M_q}(d) < \lambda$,则由(6—10)式得

$$\mu_{M_{c_i}}(d) < \lambda, \quad (1 \leq i \leq l).$$

由引理2得

$$\mu_{M_{c_i(\lambda)}}(d) = 0, \quad (1 \leq i \leq l).$$

故

$$\mu_{M_{q(\lambda)}}(d) = \max_{-0;1 \leq i \leq l} \left\{ \mu_{M_{c_i(\lambda)}}(d) \right\} = 0.$$

例6—4 设文献集,标引词集及二者之间的模糊关系与例6—3相同,则

$$G = \{t_1, t_2, t_3, t_4,, t_5, t_6, t_7, t \rceil t_1, \rceil t_2, \rceil t_3,$$

$\neg t_4, \neg t_5, \neg t_6, \neg t_7\}$.

文献集 D 与 G 的二元模糊关系 F' 为：

	t_1	t_2	t_3	t_4	t_5	t_6	t_7
d_1	0.6	0.2	0.3	0.9	0.7	0.5	0.1
d_2	0.8	0.6	0.15	0.4	0.5	0.3	0.3
d_3	0.15	0.8	0.9	0.2	0.3	0.5	0.7
d_4	0.1	0.4	1.0	0.7	0.9	0.0	0.2
d_5	0.2	0.4	0.35	0.0	0.9	0.8	1.0
d_6	1.0	0.5	0.6	0.8	0.9	0.0	0.5

	$\neg t_1$	$\neg t_2$	$\neg t_3$	$\neg t_4$	$\neg t_5$	$\neg t_6$	$\neg t_7$
d_1	0.4	0.8	0.7	0.1	0.3	0.5	0.9
d_2	0.2	0.4	0.85	0.6	0.5	0.7	0.7
d_3	0.85	0.2	0.1	0.8	0.7	0.5	0.3
d_4	0.9	0.6	0.0	0.3	0.1	1.0	0.8
d_5	0.8	0.6	0.65	1.0	0.1	0.2	0.0
d_6	0.0	0.5	0.4	0.2	0.1	1.0	0.5

令 $\lambda=0.2$，则 0.2——水平模糊关系 $F'_{0.2}$ 为：

	t_1	t_2	t_3	t_4	t_5	t_6	t_7
d_1	0.6	0.2	0.3	0.9	0.7	0.5	0.0
d_2	0.8	0.6	0.0	0.4	0.5	0.3	0.3
d_3	0.0	0.8	0.9	0.2	0.3	0.5	0.7
d_4	0.0	0.4	1.0	0.7	0.9	0.0	0.2
d_5	0.2	0.4	0.35	0.0	0.9	0.8	1.0
d_6	1.0	0.5	0.6	0.8	0.9	0.0	0.5

续表

	$\neg t_1$	$\neg t_2$	$\neg t_3$	$\neg t_4$	$\neg t_5$	$\neg t_6$	$\neg t_7$
d_1	0.4	0.8	0.7	0.0	0.3	0.5	0.9
d_2	0.2	0.4	0.85	0.6	0.5	0.7	0.7
d_3	0.85	0.2	0.0	0.8	0.7	0.5	0.3
d_4	0.9	0.6	0.0	0.3	0.0	1.0	0.8
d_5	0.8	0.6	0.65	1.0	0.0	0.2	0.0
d_6	0.0	0.5	0.4	0.2	0.0	1.0	0.5

设用户查询与例6—3相同，它在 Q 中所对应的元素 q 的析取范式为：

$$q = (t_1 \wedge \neg t_4 \wedge \neg t_6) \vee (t_2 \wedge \neg t_4 \wedge \neg t_5)$$
$$\vee (\neg t_3 \wedge t_2) \vee (\neg t_3 \wedge t_5).$$

q 所包含的最小项为：

$$q_1 = t_1 \wedge \neg t_4 \wedge \neg t_6; \quad q_2 = t_2 \wedge \neg t_4 \wedge \neg t_6;$$
$$q_3 = \neg t_3 \wedge t_2; \quad q_4 = \neg t_3 \wedge t_5.$$

则

$$M_{q_1(0:2)} = M_{t_1(0:2)} \stackrel{t}{\cap} M_{\neg t_4(0:2)} \stackrel{t}{\cap} M_{\neg t_6(0:2)}$$
$$= \{\langle d_2, 0.6 \rangle, \langle d_5, 0.2 \rangle, \langle d_6, 0.2 \rangle\};$$

$$M_{q_2(0:2)} = M_{t_2(0:2)} \stackrel{t}{\cap} M_{\neg t_4(0:2)} \stackrel{t}{\cap} M_{\neg t_6(0:2)}$$
$$= \{\langle d_2, 0.6 \rangle, \langle d_3, 0.5 \rangle, \langle d_4, 0.3 \rangle,$$
$$\langle d_5, 0.2 \rangle, \langle d_6, 0.2 \rangle\};$$

$$M_{q_3(0:2)} = M_{\neg t_3(0:2)} \stackrel{t}{\cap} M_{t_2(0:2)}$$
$$= \{\langle d_1, 0.2 \rangle, \langle d_2, 0.6 \rangle, \langle d_5, 0.4 \rangle,$$

$$\langle d_6, 0.4\rangle\};$$

$$M_{q_4(0:2)} = M_{\neg t_3(0:2)} \overset{f}{\cap} M_{t_5(0:2)}$$

$$= \{\langle d_1, 0.7\rangle, \langle d_2, 0.5\rangle, \langle d_5, 0.65\rangle, \langle d_6, 0.4\rangle\}.$$

所以

$$M_{q(0:2)} = M_{q_1(0:2)} \overset{f}{\cup} M_{q_2(0:2)} \overset{f}{\cup} M_{q_3(0:2)} \overset{f}{\cup} M_{q_4(0:2)}$$

$$= \langle d_4, 0.3\rangle, \langle d_5, 0.65\rangle, \langle d_6, 0.4\rangle\}.$$

令 $\lambda = 0.4$, 则 0.4—— 水平模糊关系 $F_{0;4}^1$ 为:

	t_1	t_2	t_3	t_4	t_5	t_6	t_7
d_1	0.6	0.0	0.0	0.9	0.7	0.5	0.0
d_2	0.8	0.6	0.0	0.4	0.5	0.0	0.0
d_3	0.0	0.8	0.9	0.0	0.0	0.5	0.7
d_4	0.0	0.4	1.0	0.7	0.9	0.0	0.0
d_5	0.0	0.4	0.0	0.0	0.9	0.8	1.0
d_6	1.0	0.5	0.6	0.8	0.9	0.0	0.5

	$\neg t_1$	$\neg t_2$	$\neg t_3$	$\neg t_4$	$\neg t_5$	$\neg t_6$	$\neg t_7$
d_1	0.4	0.8	0.7	0.0	0.0	0.5	0.9
d_2	0.0	0.4	0.85	0.6	0.5	0.7	0.7
d_3	0.85	0.0	0.0	0.8	0.7	0.5	0.0
d_4	0.9	0.6	0.0	0.0	0.0	1.0	0.8
d_5	0.8	0.6	0.65	1.0	0.0	0.0	0.0
d_6	0.0	0.5	0.4	0.0	0.0	1.0	0.5

由此看到

$$M_{q_1(0:4)} = \{\langle d_2, 0.6\rangle\};$$

$$M_{q_2(0:4)} = \{\langle d_2, 0.6\rangle, \langle d_3, 0.5\rangle\};$$

$$M_{q_3(0.4)} = \{\langle d_2, 0.6\rangle, \langle d_5, 0.4\rangle, \langle d_6, 0.4\rangle\};$$
$$M_{q_4(0.4)} = \{\langle d_1, 0.7\rangle, \langle d_2, 0.5\rangle, \langle d_5, 0.65\rangle,$$
$$\langle d_6, 0.4\rangle\}.$$

则

$$M_{q(0.4)} = M_{q_1(0.4)} \overset{f}{\cup} M_{q_2(0.4)} \overset{f}{\cup} M_{q_3(0.4)} \overset{f}{\cup} M_{q_4(0.4)}$$
$$= \{\langle d_1, 0.7\rangle, \langle d_2, 0.6\rangle, \langle d_3, 0.5\rangle, \langle d_5, 0.65\rangle,$$
$$\langle d_6, 0.4\rangle\}.$$

同理可得

$$M_{q(0.6)} = \{\langle d_1, 0.7\rangle, \langle d_2, 0.6\rangle, \langle d_5, 0.65\rangle\};$$
$$M_{q(0.7)} = \{\langle d_1, 0.7\rangle\}.$$

比较 $M_{q(0.2)}$，$M_{q(0.4)}$，$M_{q(0.6)}$ 和 $M_{q(0.7)}$，我们发现定理 6—1 在这里得到了证实，即 λ 不影响检出文献的相关性。

§6—5 模糊兼容检索

在第四章，我们对查询集 Q 引入了偏序关系"$\leqslant$"，即 $\forall q_1, q_2 \in Q$,

$$q_1 \leqslant q_2 \Longleftrightarrow q_1 \vee q_2 = q_2.$$

由此我们可以进一步定义所谓的兼容系统。

定义6—8 设情报检索系统

$$S = (D, Q, T, \Psi),$$

$\forall q_1, q_2 \in Q$，若

$$q_1 \leqslant q_2 \Longrightarrow \Psi(q_1) \subseteq \Psi(q_2),$$

则称 S 为兼容检索系统。

显然§4—7中所定义的 PO—系统和 L—系统都是兼容系

统。关于兼容系统的性质及意义已有较为系统的理论。本节在 λ——水平语义下讨论兼容检索。

定理6—2 $\forall q_i, q_j \in Q$，若 $q_i G_\lambda^q q_j$，则
$$Mq_{i(\lambda)} \subseteq^t Mq_{j(\lambda)}$$

证明略去

定理6—3 $\forall q_i, q_j \in Q$，若 $q_i G_\lambda^q q_j$，且 $|Mq_{i(\lambda)}(\lambda_{N_i})| \leqslant |Mq_{j(\lambda)}(\lambda_{N_j})|$，则由（6—6）式所确定的检索输出是 λ——水平兼容的，即
$$\Psi(q_i) = Mq_{i(\lambda)}(\lambda_{N_i}) \subseteq Mq_{j(\lambda)}(\lambda_{N_j}) = \Psi(q_j).$$

证明略去

推论6—1 $\forall q_i \in Q, 1 \leqslant i \leqslant k$，若
$$q_i G_\lambda^q q_{i+1}, i = 1, 2, \cdots, k-1,$$
且
$$|M_{q_{i(\lambda)}}(\lambda_{N_i})| \leqslant |M_{q_{i+1(\lambda)}}(\lambda_{N_{i+1}})|, i = 1, 2, \cdots, k-1,$$
则
$$\Psi(q_i) \subseteq \Psi(q_j), 1 \leqslant i \leqslant j \leqslant k.$$

当 $\lambda = 0$ 时，可以证明 $G_\lambda^q = \leqslant$，即 λ——水平偏序关系是偏序关系"$\leqslant$"的推广。

补　记

模糊检索理论处理的仍然是布尔查询，所以，它是布尔检索理论的延续。1976年，Tahani率先对此问题予以考虑，提出了他的模型。接着 Radecki 进行了更深入的研究工作，为模糊检索理论奠定了基础。

迄今为止,我们还没有发现有哪一本专著能够开辟专门的篇章讨论模糊检索问题,这一方面是因为该理论形成的时间比较迟,另一方面大概是因为人们对该理论的重要性还有争议的缘故。例如英国的Robertson[7—8]和美国的Cerny[9]之间就似乎存在这种争议,而Buell[10]则指出了应用模糊检索方法将会遇到的一些问题。

一个有趣的问题是λ——水平语义在加权情形下的推广。Radecki[1]等人对此曾作过努力,但未获得有益的结果。我们在下一章将要给出的双曲型模型则可用来解决这一问题,即应用那里的结果可以将λ——水平语义比较成功地推广到加权的情形。

参 考 文 献

[1] Radecki, T. Mathematical Model of Time-Effective Information Retrieval System Based on the Theory of Fuzzy Sets, Information Processing and Management, 1977, 13, pp109-116.

[2] Radecki, T., Fuzzy Set Theoretical Approach to Document Retrieval, Information Processing and Management, 1979, 15, pp 247-259.

[3] Radecki, T., On the Inclusiveness of Information Retrieval Systems With Documents Indexed by Weighted Descriptors, Fuzzy Sets and Systems, 1981, 5, pp159-176.

[4] Radecki,T.,A Model of A Document Retrieval System Based on the Concept of a Semantic Disjunctive Normal Form,Kybernetes, 1981, 10,pp35-42.

[5] Buell,D.A.,An Analysis of Some Fuzzy Subset Applications to Information Retrieval Systems,Fuzzy Sets and Systems,1982,7,pp35-42.

[6] Zenner,R.B.R.C.,Caluwe,M.M., Kerre, E.E.,A New Approach to Information Retrieval Systems Using Fuzzy Expressions,Fuzzy Sets and Systems,1985,17,pp9-22.

[7] Robertson,S.E.,On the Nature of Fuzzy: A Diatribe,Journal of the American Society for Information Science,1978,29,pp 304-307.

[8] Robertson, S.E., On Fuzzy Sets: Reply to Cerny,Journal of the American Society for Information Science,1979,30,pp 358-360.

[9] Cerny,B.A.,A Reply to Robertson's Diatribe on the Nature of Fuzzy, Journal of the American Society for Information Science, 1979,30,pp 357-358.

[10] Buell,D.A.,A Problem in Information Retrieval With Fuzzy Sets,Journal of the American Society for Information Science, 1985, 36,pp 398-401.

第七章 布尔检索

如果我们用标引词的逻辑组合来表达用户查询,则由此出发就将形成布尔检索理论。传统的布尔检索是将用户查询与文献进行逻辑的(而非数值的)比较而获得结果的检索。到目前为止,在各种检索理论的研究不断深入的同时,人们也已着手寻找各种可能的途径对布尔检索理论进行推广和拓宽。

在本章中,我们首先介绍和评价传统的布尔检索理论。接着,介绍 Bookstein 和 Salton 的工作。前者通过对布尔查询中标引词的加权提出一种检索状态值的设计方法,而后者是在同样的情况下并结合向量检索的思想提出一种所谓扩展布尔检索模型。他们的工作对进一步的研究具有指导意义。在第四节,我们首先澄清关于权值的意义的解释,然后提出对传统的布尔检索理论进行推广(设计检索状态值函数)所应遵循的一些基本原则。由此出发对 Bookstein 模型和 Salton 模型进行评价,指出他们的模型在解释经验现象时所遇到的某些困难。并与此同时提出一种能够符合所讨论的大部分基本原则的检索模型——双曲型模型。最后简要地讨论了查询分类。

§7—1 传统的布尔检索理论及其存在的问题

在传统的布尔情报检索中，文档存贮的是由一组关键词或标引词表示的文献描述，用户查询则是由一组标引词构成的布尔操作式。检索策略依赖于一个倒排文档。指出那些文献描述与布尔查询准确匹配的文献。例如，设布尔查询为：

$$q=(t_1 \wedge t_2) \vee (t_3 \wedge \neg t_4)$$

那么布尔检索将检出被标引词 t_1 和 t_2 标引的所有文献，以及被标引词 t_3 标引但没有被 t_4 标引的所有文献。

设系统的倒排文档如图 7-1 所示。

标 引 词	文 献			
t_1	d_{11}	d_{12}	⋯	d_{1n_1}
t_2	d_{21}	d_{22}	⋯	d_{2n_2}
⋮	⋮	⋮	⋯	⋮
t_k	d_{k1}	d_{k2}	⋯	d_{kn_k}
⋮	⋮	⋮	⋯	⋮

图 7-1 布尔检索系统中的倒排文档

用 t_k^* 表示与标引词 t_k 有关的文献全体组成的集合，即

$$t_k^* = \{d_{k1}, d_{k2}, \cdots, d_{kn_k}\}$$

令 $\Psi(q)$ 表示关于查询 q 的检出文献，则

1) $q=t$, $\Psi(q)=t^*$
2) $q=\neg t$, $\Psi(q)=\bar{t}^* = D - t^*$

3) $q = t_1 \vee t_2$, $\quad \Psi(q) = t_1^* \cup t_2^*$;

4) $q = t_1 \wedge t_2$, $\quad \Psi(q) = t_1^* \cap t_2^*$;

在§4—2中我们讨论了查询语言的代数结构,我们在设计检索规则时总希望从等价的查询检索出同样的文献这个意义上不使原有的查询语言结构遭到破坏。对于传统的布尔检索规则,我们很容易证明它使查询语言仍然满足§4—2中的结论。

现在我们分析一下布尔检索系统是怎样处理用户的查询要求的。用户的查询要求用普通的语言叙述,可以举出如下一些常见的例子:

i) 要求检出的文献只要具备某一条件 A 就行了;

ii) 要求检出的文献在具备条件 A 的同时,还要具备条件 B;

iii) 要求检出的文献对于条件 A 及条件 B 来说,只要具备其中之一即可。

这种查询要求是由用户完全按照自己的思维习惯提出来的。其中的条件 A、B…可以分别用若干个标引词来表示。接着,我们可以通过布尔逻辑算符"$\vee$"、"$\wedge$"、"$\neg$"将用户的提问"翻译"成系统可接受的形式。这是布尔检索的一个突出优点,即布尔逻辑式可以表达与用户思维习惯相一致的查询要求。

当我们把一个用户查询用布尔逻辑式表达以后,其中出现的任意两个标引词 t_1、t_2 之间所可能具有的(直接或间接)逻辑运算是 $t_1 \wedge t_2$ 和 $t_1 \vee t_2$;而对任一标引词 t,则可能由布尔逻辑算符"$\neg$"构成布尔逻辑运算 $\neg t$。这些逻辑运算将作为用户查询的一部分出现在布尔逻辑式中的某个位置上。在图 7-2 中我们用文氏图来直观地显示这些逻辑运算的结果。很明显，上述逻辑运算实际上是集合之间的并、交、补运算。也就是说，布尔检索系统实际上是通过对若干个文献集合（文献集 D 或 D 的子集）的并、交、补运算来回答用户提问的。这种运算上的简单易行是布尔检索系统的又一突出优点。

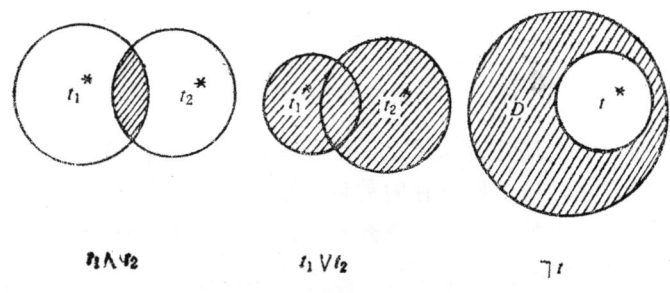

$t_1 \wedge t_2$ $t_1 \vee t_2$ $\neg t$

图7-2 布尔逻辑运算的文氏图表示

用布尔检索进行操作的某些系统允许用户通过给它使用的一个有结构的字典来缩小或扩大检索。所谓有结构的字典是指对任何一个给定的标引词都存贮了与之相关的更一般的（上位）或更精确（下位）的关键词的词典。例如上图所示的树结构中，标引词 t_1^1 被包含在更一般的关键词 t_1^0 中，但它可以分成四个更精确的关键词 t_1^2、t_2^2、t_3^2 和 t_4^2，布尔检索很容易利用这些相关项来改进这种检索。其原因是布尔检索系统处理的是结构化的提问表达式。而其它一些检索系统则不具备这个特点。

人们总是力图用尽可能少的假设前提来建立某种理论，而又总是希望这种理论能够尽可能全面。尽可能系统地被用

来解释客观事实。但是，在本来就很复杂的感觉经验面前，一种理论很难在这两方面都使研究者感到满意。布尔检索以

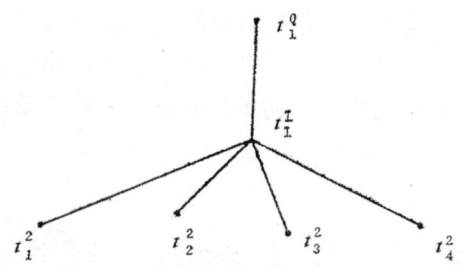

图7-3　一组分层相关的标引词

它所拥有的上述几方面优点，已经在商用系统中得到了应用。但它在理论上所存在的种种缺陷也是不容忽略的。可以肯定地说，正是由于布尔检索在某些方面与客观事实达到了非常接近的程度，从而在另一些方面却不能使人们感到满意[1-2]，兹列举如下：

1）检索输出完全依赖于布尔查询与文档中文献的匹配情况，很难控制输出量的大小，检索结果可能是很多的文献，也可能是很少的文献；

2）检索结果不能按任何意义上对于用户的重要性排序输出，从而检索出的文献对用户来讲都一样重要；

3）对于文献描述与布尔查询中的标引词没有一种加权的方法，以凡在文献描述或布尔查询中出现的词在检索时都呈现出相同的重要性；

4）布尔查询表示有一个很不合理的现象，例如，关于"$\vee$"查询（$A\vee B\vee\cdots\vee Z$）对于包含有一个在查询中出现的标引词的文献与包含有几个在查询中出现的标引词的文献

被认为是一样重要的。另一方面,对于"∧"查询($A \wedge B \wedge \cdots \wedge Z$),则包含 $n-1$ 个在查询中的标引词的文献描述所代表的文献与没有包含在查询中的标引词的文献描述所代表的文献被认为一样无用。

为了克服上述缺陷,人们考虑了建立新型理论的可能性。事实上,这种性质的工作已经获得了丰硕的成果,如代数检索理论,概率检索理论,这两种理论已经可以控制输出量的大小和对检索输出进行排序。但是,以目前的技术水平还难以实现这些理论,除非理论本身达到了进一步完善,同时与已有的科学技术水平达到了一定程度的接近,我们才敢于对这些理论持乐观的态度。模糊检索理论是用模糊数学方法来处理布尔查询的。由于布尔查询本身具有种种优点,所以模糊检索理论使人们感到异常振奋。但是,因为同样的理由,我们仍然不能肯定在什么时候才能具备成熟的条件来实现这种理论。

早在60年代,人们就已经考虑了对布尔检索理论本身进行改进、推广的尝试。相继有许多人提出了一些可以排序输出的布尔检索策略,并应用于 SIRE 实验系统[3]。但这些改进方法的缺点很快就暴露出来了[4-5]。真正有意义的工作是 Waller 和 Kraft 在1979年进行的[6],他们提出了加权布尔检索模型应遵循的基本原则。接着,Bookstein[2],Buell 和 Kraft[7]分别在1980、1981年做了更进一步的工作,他们事实上已经提出了一些有意义的加权布尔检索模型。1983年,Salton[1]将向量检索模型与布尔检索模型融为一体,提出了一种所谓扩展布尔检索模型。上述工作使得在理论上不够完善的传统布尔检索理论出现了新的生机。不知不觉中，关于传统布尔检索理论的改进和推广已经成为研究者们的一个重要课题。

§7—2 Bookstein 模型

设文献集D：
$$D=\{d_1, d_2, \cdots, d_m\},$$
标引词集合T：
$$T=\{t_1, t_2, \cdots, t_n\}.$$
对任意的$d\in D$及$t\in T$，设标引词t在文献d中的权值为$\mu_t(d)$。对标引词t进行加权就构成一个最简单的查询q：
$$q=(t, a).$$

Bookstein 在〔2〕中首先定义了这种最简单查询关于文献d的检索状态值：
$$\mu_q(d)=\min\{a\mu_t(d), 1\}.$$

一个复杂的查询是由若干个简单查询通过布尔操作算符联结构成的。对于由"$\vee$"、"$\wedge$"、"$\neg$"联结的一个查询，可以如下设计检索状态值：

1) $q=(t_1, a)\vee(t_2, b)$，
$$\mu_q(d)=\max\{a\mu_{t_1}(d), b\mu_{t_2}(d)\};$$

2) $q=(t_1, a)\wedge(t_2, b)$，
$$\mu_q(d)=\min\left\{\frac{\mu_{t_1}(d)}{a}, \frac{\mu_{t_2}(b)}{b}, 1\right\};$$

3) $q=\neg(t, a)$，
$$\mu_q(d)=1-a\mu_t(d);$$

4) $q=(\neg t, a)$，

$$\mu_q(d) = 1 - \min\left(1, \frac{\mu_t(d)}{a}\right).$$

对于定义2）的合理性可解释如下：

设由 (t_1, a) 所检索出的文献构成集合 A，由 (t_2, b) 所检索出的文献构成集合 B，则由查询 $(t_1, a) \wedge (t_2, b)$ 所检索出的文献构成集合 $A \cap B$。当权值 a 相对于权值 b 较小时，集合 A 相对于集合 B 就较大，从而由 $A \cap B$ 所确定的检索输出主要依赖于文献集 B，则检索状态值 $\mu_q(d)$ 主要依赖于 $\mu_{t_2}(d)$ 和 b。如果我们规定 $\mu_q(d)$ 在 0 与 1 之间，则对 $\frac{\mu_{t_1}(d)}{a}$，$\frac{\mu_{t_2}(d)}{b}$ 和 1 作"min"运算就能体现上述思想。另一方面，当权值 a 相对于极值 b 较大时，这种运算也体现了相同的思想。从这个意义上讲，定义2）是合理的。其它定义我们可以类似地给出其合理性解释。

传统布尔检索的一个最大特点是允许将一个布尔查询转换成一个形式上更简单的布尔查询，而不影响检索结果，即逻辑上等价的查询可以检索出相同的文献集。例如，查询 q_1 与查询 $q_1 \vee (q_1 \wedge q_2)$ 是逻辑上等价的，即

$$q_1 = q_1 \vee (q_1 \wedge q_2).$$

因而这两个查询应该检索出相同的文献集。这一特点在 Bookstein 的模型中却不被保持。例如查询 $(T, a) \wedge (T, a)$ 和查询 (T, a) 的检索结果是不一样的。这是因为布尔操作算符在不加权布尔查询情形下的许多算律已不再成立。在 Bookstein 设计的模型中，用布尔操作算符连接的加权查询满足了如下各条性质：

1）交换律：

$$(t_1, a) \vee (t_2, b) = (t_2, b) \vee (t_1, a),$$
$$(t_1, a) \wedge (t_2, b) = (t_2, b) \wedge (t_1, a);$$

2) 结合律:
$$[(t_1, a) \vee (t_2, b)] \vee (t_3, c) = (t_1, a) \vee [(t_2, b) \vee (t_3, c)],$$
$$[(t_1, a) \wedge (t_2, b)] \wedge (t_3, c) = (t_1, a) \wedge [(t_2, b) \wedge (t_3, c)];$$

3) 分配律:
$$(t_1, a) \wedge [(t_2, b) \vee (t_3, c)]$$
$$= [((t_1, ab) \wedge t_2), b] \vee [((t_1, ac) \wedge t_3), c],$$
$$(t_1, a) \vee [(t_2, b) \wedge (t_3, c)]$$
$$= [((t_1, ab) \vee t_2), b] \wedge [((t_1, ac) \vee t_3), c];$$

4) 德·摩根法则:
$$\neg[(t_1, a) \vee (t_2, b)] = \neg(t_1, a) \wedge \neg(t_2, b),$$
$$\neg[(t_1, a) \wedge (t_2, b)] = (\neg t_1, a) \vee (\neg t_2, b);$$

5) 幂等律:
$$(t, a) \wedge (t, b) = \left(t, \frac{1}{\max\{a, b\}}\right),$$
$$(t, a) \vee (t, b) = (t, \max\{a, b\}),$$
$$(\neg t, a) \vee (\neg t, b) = \left(\neg t \frac{1}{\max\{a, b\}}\right),$$
$$\neg(t, a) \wedge \neg(t, b) = \neg(t, \max\{a, b\});$$

6) 权分配律:
$$((t_1 \vee t_2), a) = (t_1, a) \vee (t_2, a),$$
$$((t_1 \wedge t_2), a) = \left(t_1, \frac{1}{a}\right) \wedge \left(t_2, \frac{1}{a}\right),$$
$$[(t_1 \vee t_2), a] \wedge t_3 = [(t_1, a) \wedge t_3] \vee [(t_2, a) \wedge t_3],$$
$$[(t_1 \wedge t_2), a] \vee t_3 = [(t_1, a) \vee t_3] \wedge [(t_2, a) \vee t_3];$$

7) 对合律：

$$\neg\neg(t, a) = \left(t, \frac{1}{a}\right),$$

$$\neg(\neg t, a) = (t, a);$$

8) 权结合律：

$$[(t, a), b] = (t, ab) = [(t, b), a].$$

对上述性质我们不打算全部给出证明，仅以结合律为例证明如下：

对任一文献 d，我们有

$\mu_{[((t_1, ab) \wedge t_2), b) \vee (((t_1, ac) \wedge t_3), c]}(d)$

$= \max\{b \cdot \mu_{(t_1, ab) \wedge t_2}(d), c \cdot \mu_{(t_1, ac) \wedge t_3}(d)\}$

$= \max\left\{b \cdot \min\left\{\frac{\mu_{t_1}(d)}{ab}, \mu_{t_2}(d), 1\right\},\right.$

$\left. c \cdot \min\left\{\frac{\mu_{t_1}(d)}{ac}, \mu_{t_3}(d), 1\right\}\right\}$

$= \max\left\{\min\left\{\frac{\mu_{t_1}(d)}{a}, b\mu_{t_2}(d)\right\}, \min\left\{\frac{\mu_{t_1}(d)}{a},\right.\right.$

$\left.\left. c\mu_{t_3}(d)\right\}\right\}$

$= \min\left\{\frac{\mu_{t_1}(d)}{a}, \max\left\{b\mu_{t_2}(d), c\mu_{t_3}(d)\right\}\right\}$

$= \min\left\{\frac{\mu_{t_1}(d)}{a}, \max\left\{b\mu_{t_2}(d), c\mu_{t_3}(d)\right\}, 1\right\}$

$= \mu_{(t_1, a) \wedge [(t_2, b) \vee (t_3, c)]}(d),$

即

$(t_1, a) \wedge [(t_2, b) \vee (t_3, c)]$
$= [((t_1, ab) \wedge t_2), b] \vee [((t_1, ac) \wedge t_3), c],$

同理可证

$$(t_1, a) \vee [(t_2, b) \wedge (t_3, c)]$$
$$= [((t_1, ab) \vee t_2), b] \wedge [((t_1, ac) \vee t_3), c]。$$

例7—1　设文献集

$$D = \{d_1, d_2, d_3, d_4\},$$

标引词集

$$T = \{t_1, t_2, t_3, t_4\}.$$

D 中各文献的向量表示分别为：

$$d_1 = \{0.8, 0.6, 0.2, 0\};$$
$$d_2 = \{0.7, 0.1, 0.8, 0\};$$
$$d_3 = \{0, 0.5, 0.7, 0.8\};$$
$$d_4 = \{0.7, 0, 0.8, 0.9\}.$$

设查询

$$q = (t_1, 0.4) \vee [(t_2, 0.8) \wedge (t_3, 0.4)] \vee \neg (t_4, 0.7)。$$

则

$$\mu_q(d_1) = \max\left\{0.4 \times 0.8, \min\left\{\frac{0.6}{0.8}, \frac{0.2}{0.4}, 1\right\},\right.$$

$$\left. 1 - 0.7 \times 0\right\} = 0.5;$$

$$\mu_q(d_2) = \max\left\{0.4 \times 0.7, \min\left\{\frac{0.1}{0.8}, \frac{0.8}{0.4}, 1\right\},\right.$$

$$\left. 1 - 0.7 \times 0\right\} = 0.28;$$

$$\mu_q(d_3) = \max\left\{0.4 \times 0, \min\left\{\frac{0.5}{0.8}, \frac{0.7}{0.4}, 1\right\},\right.$$

$$1 - 0.7 \times 0.8\} = 0.625;$$

$$\mu_q(d_4) = \max\left\{0.4 \times 0.7,\ \min\left\{\frac{0}{0.8},\ \frac{0.7}{0.4},\ 1\right\},\right.$$

$$\left. 1 - 0.7 \times 0.9\right\} = 0.37.$$

故
$$\Psi(q) = \{\langle d_1,\ 0.5\rangle, \langle d_2,\ 0.28\rangle, \langle d_3,\ 0.625\rangle, \langle d_4,\ 0.37\rangle\},$$
$$ord\Psi(q) = \{\langle d_3,\ 0.625\rangle, \langle d_1,\ 0.5\rangle, \langle d_4,\ 0.37\rangle,$$
$$\langle d_2,\ 0.28\rangle\}.$$

必要时，也可按照前面的性质对查询 q 作等价变换，然后计算各文献关于 q 的检索状态值，会得到同样的结果。

§7—3 Salton模型

Salton 模型的出发点是用矢量方法来讨论布尔检索。我们先从最简单的情况谈起。

设文献集 D 中各文献仅由两个标引词 t_1 和 t_2 标引，并且在各文献表示中 t_1、t_2 允许赋以权值，其权值范围为 $[0,1]$。则文献集中各文献均可由 t_1、t_2 所确定的二维平面上的点来表示。如图 7-4 所示。其中点 $A(0,1)$ 与文献表示中 t_1 的权为零，t_2 的权为 1 的所有文献相对应；点 $B(1,0)$ 与文献表示中 t_1 的权为 1，t_2 的权为零的所有文献相对应；点 $C(1,1)$ 与文献表示中 t_1、t_2 的权都为 1 的所有文献相对应。而对于更一般的情况，即文献表示中 t_1 的权为 d_1，t_2 的权为 d_2 的文献，我们可以用在正方形 $AOBC$ 内部的某一个点

$D(d_1, d_2)$ 来表示。

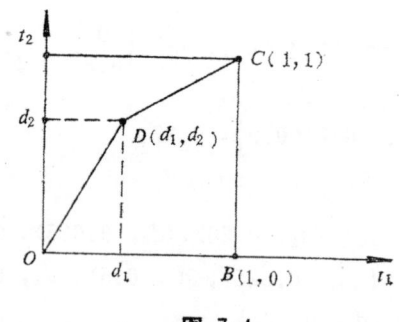

图 7-4

对于由 t_1 和 t_2 构成的查询 $q = t_1 \vee t_2$，在图 7-4 中只有 A、B、C 三点所代表的各文献才是最理想的命中文献，而对于 D 点所代表的文献，我们可以按照一个合理的步骤来设计它们与查询 q 的相关程度。

因为 A、B、C 三点代表着理想的命中文献，因而当 D 点与 A、B、C 三点中任意一点越接近时，D 点所代表的文献关于查询 q 的相似程度就越大。另一方面，当 D 与 O 点的距离越来越大时，那么，平均来说，D 点与 A、B、C 三点就越来越接近。因而 D 与 O 的距离

$$|DO| = \sqrt{(d_1-O)^2 + (d_2-O)^2} = \sqrt{d_1^2 + d_2^2},$$

可以作为我们衡量一篇文献与查询 q 的相关程度的一个尺度。显然 $O \leqslant |DO| \leqslant \sqrt{2}$，为了使相关程度控制在 0 与 1 之间，我们对上述距离公式稍作修改，将相似程度定义为：

$$\text{sim}(d, Q_{(t_1 \vee t_2)}) = \sqrt{\frac{d_1^2 + d_2^2}{2}}. \qquad (7-1)$$

对于由 t_1 和 t_2 构成的查询 $q=t_1 \wedge t_2$，在图 7-4 中只有 C 点所代表的文献才是最理想的命中文献。对于 D 点所代表的文献，我们仍然可以按照一个合理的步骤来设计它们与查询 q 的相关程度。因为 C 点代表着理想的命中文献，所以当 D 点与 C 点越接近时，D 点所代表的文献关于查询 q 的相关程度就越大。即 D 与 C 间的距离

$$|DC| = \sqrt{(1-d_1)^2+(1-d_2)^2},$$

可以作为我们衡量一篇文献与查询 q 的相关程度的一个尺度。按照这个思想，我们可以将相似程度定义为：

$$\text{sim}(d, Q_{(t_1 \wedge t_2)}) = 1 - \sqrt{\frac{(1-d_1)^2+(1-d_2)^2}{2}}.$$

(7—2)

(7—1) 式和 (7—2) 式是 Salton 对传统布尔检索模型进行扩展的最初结果。我们可以从图 7-5 所示的表中看到这种扩展的检索模型与传统布尔检索模型的差别。

文献	词权		相似值			
	t_1	t_2	$t_1 \vee t_2$		$t_1 \wedge t_2$	
			传统布尔检索	扩展布尔检索	传统布尔检索	扩展布尔检索
d_1	1	1	1	1	1	1
d_2	1	0	1	$1/\sqrt{2}$	0	$1-1/\sqrt{2}$
d_3	0	1	1	$1/\sqrt{2}$	0	$1-1/\sqrt{2}$
d_4	0	0	0	0	0	0

图7-5

从表中可以看出，扩展布尔检索比传统布尔检索对文献和查询之间的关系考虑得更周密，更细致：1）对查询 $t_1 \vee t_2$ 的处理，传统布尔检索对只被一个标引词（t_1 或 t_2）标引的文献与被两个标引词都标引的文献做出相同的处理结果，即都作为命中文献；而扩展布尔检索对这两种文献则做出不同的处理结果，前者的相似值为 $1/\sqrt{2}$，小于后者的相似值 1。2）对查询 $t_1 \wedge t_2$ 的处理，传统布尔检索对只被其中一个标引词标引的文献和两个标引词都不标引的文献做出相同的处理结果，即都作为不命中文献；而扩展布尔检索则对这两种不同的文献给予区别，前者的相似值为 $1-1/\sqrt{2}$，大于后者的相似值 0。3）只被一个标引词标引的文献，扩展布尔检索在处理它们与查询 $t_1 \vee t_2$ 和 $t_1 \wedge t_2$ 时，也给予区别，前者的相似值为 $1/\sqrt{2}$，大于后者的相似值 $1-1/\sqrt{2}$。

(7—1) 式和 (7—2) 式还可以推广到对查询标引词进行加权的情形。设查询标引词 t_1、t_2 的权值分别为 a，b，$0 \leqslant a, b \leqslant 1$，则 (7—1) 式和 (7—2) 式可进一步推广为：

$$\mathrm{sim}(d, Q_{(t_1, a) \vee (t_2, b)}) = \sqrt{\frac{a^2 d_1^2 + b^2 d_2^2}{a^2 + b^2}}; \qquad (7-3)$$

$$\mathrm{sim}(d, Q_{(t_1, a) \wedge (t_2, b)})$$

$$= 1 - \sqrt{\frac{a^2(1-d_1)^2 + b^2(1-d_2)^2}{a^2 + b^2}}. \qquad (7-4)$$

现在进一步考虑当查询标引词推广到 n 个的情形。设文献标引词及查询标引词的集合为：

$$\{t_1, t_2, \cdots, t_n\},$$

文献集中某一文献的向量表示为：

$$d=(d_1, d_2, \cdots, d_n)。$$

其中 d_i 表示第 i 个标引词 t_i 的权值，$0 \leq d_i \leq 1$。由布尔操作算符"$\vee$"及"$\wedge$"所确定的加权布尔查询分别为：

$$Q_{\vee(p)}=(t_1, a_1) \vee (t_2, a_2) \vee \cdots \vee (t_n, a_n),$$
$$Q_{\wedge(p)}=(t_1, a_1) \wedge (t_2, a_2) \wedge \cdots \wedge (t_n, a_n)。$$

其中 a_i 表示第 i 个查询标引词 t_i 的权值，$0 \leq a_i \leq 1$。这里的 P 是一个可变的量，$1 \leq P \leq \infty$。Salton在考虑文献和查询的相似程度时，以（7—3）式和（7—4）式作为基本的出发点，在 n 个标引词生成的 n 维欧氏空间中应用 L_p 矢量模公式进行欧氏模的计算，将文献和查询的相似程度定义为：

$$\text{sim}(d, Q_{\vee(p)}) = \left[\frac{a_1^p d_1^p + a_2^p d_2^p + \cdots + a_n^p d_n^p}{a_1^p + a_2^p + \cdots + a_n^p}\right]^{1/p}; \quad (7-5)$$

$$\text{sim}(d, Q_{\wedge(p)}) = 1 - \left[\frac{a_1^p(1-d_1)^p + a_2^p(1-d_2)^p + \cdots + a_n^p(1-d_n)^p}{a_1^p + a_2^p + \cdots + a_n^p}\right]^{1/p}。 \quad (7-6)$$

当 $p=1$ 时，上述扩展检索模型就变成向量检索模型，即

$$\text{sim}(d, Q_{\vee}) = \text{sim}(d, Q_{\wedge})。$$

这是因为

$$\text{sim}(d, Q_{\wedge(1)})$$

$$= 1 - \left[\frac{a_1(1-d_1) + a_2(1-d_2) + \cdots + a_n(1-d_n)}{a_1 + a_2 + \cdots + a_n}\right]$$

$$= 1 - \left[\frac{(a_1 + a_2 + \cdots + a_n) - (a_1 d_1 + a_2 d_2 + \cdots + a_n d_n)}{a_1 + a_2 + \cdots + a_n}\right]$$

$$= \frac{a_1 d_1 + a_2 d_2 + \cdots + a_n d_n}{a_1 + a_2 + \cdots + a_n}$$

$$= \operatorname{sim}(d, Q_{\vee(1)}).$$

这表明查询的布尔逻辑式中布尔逻辑算符"$\wedge$"和"$\vee$"已毫无区别,即两者的功能都减退为 0,而相似值运算采取简单的向量检索模型处理方法,即对文献

$$d=(d_1, d_2, \cdots, d_n),$$

和查询

$$q=\left(\frac{a_1}{a_1+\cdots+a_n}, \frac{a_2}{a_1+\cdots+a_n}, \cdots, \frac{a_n}{a_1+\cdots+a_n}\right),$$

有

$$\operatorname{sim}(d,q)=d \cdot q=\sum_{k=1}^{n} d_k \cdot \frac{a_k}{a_1+a_2+\cdots+a_n}.$$

当 $p=\infty$,且查询标引词的权值限制在 0 或 1 时,扩展布尔检索模型就变成建立在模糊集合论基础上的布尔检索模型:

$$\operatorname{sim}(d, Q_{\wedge(\infty)})$$

$$= \lim_{p \to \infty}\left\{1-\left[\frac{a_1^p(1-d_1)^p+\cdots+a_n^p(1-d_n)^p}{a_1^p+\cdots+a_n^p}\right]^{1/p}\right\}$$

$$= 1-\frac{\max[a_1(1-d_1),\cdots,a_n(1-d_n)]}{\max(a_1, a_2, \cdots, \cdots a_n)}.$$

当 $a_1=a_2=\cdots=a_n=1$ 时,有

$$\operatorname{sim}(d, Q_{\wedge(\infty)})=1-\max[(1-d_1),(1-d_2),\cdots,(1-d_n)]$$
$$=\min(d_1, d_2, \cdots, d_n).$$

同样

$$\operatorname{sim}(d,Q_{V(\infty)})$$
$$= \lim_{p \to \infty} \left[\frac{a_1^p d_1^p + a_2^p d_2^p + \cdots + a_n^p d_n^p}{a_1^p + a_2^p + \cdots + a_n^p} \right]^{1/p}$$
$$= \frac{\max[a_1 d_1, a_2 d_2, \cdots, a_n d_n]}{\max(a_1, a_2, \cdots, a_n)}.$$

当 $a_1 = a_2 = \cdots = a_n = 1$ 时，有

$$\operatorname{sim}(d,Q_{V(\infty)}) = \max[d_1, d_2, \cdots, d_n].$$

当文献标引词的权值也限制在 0 或 1 时，就变成传统布尔检索模型。

当 p 值在 1 与 ∞ 之间时，扩展布尔检索模型就介于向量检索模型和布尔检索模型之间。p 值越大，$\vee$ 和 $\wedge$ 的功能越强；p 值越小，$\vee$ 和 $\wedge$ 的功能越弱。直至 $p=1$，其功能完全消退，如图 7-6 所示。

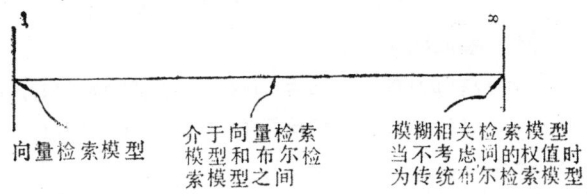

图7-6 P值的变化区域

我们已经看到，扩展布尔检索模型已经以适当的途径处理了加权后的布尔查询，但是在这种情况下，布尔操作算符 $\wedge$ 和 $\vee$ 已不再满足原有的一些算律。我们在 Bookstein 模型中已经注意过与此类似的情况。Salton 在他的论文中结合该模型的特点给出了如下各条性质：

1）交换律：

$(t_1, a_1) \vee (p)(t_2, a_2) = (t_2, a_2) \vee (p)(t_1, a_1)$,

$(t_1, a_1) \wedge (p)(t_2, a_2) = (t_2, a_2) \wedge (p)(t_1, a_1)$;

2）结合律*：

$\{[(t_1, a_1) \vee (p)(t_2, a_2)], a\} \vee (p)(t_3, a_3)$
$= [(t_1, aa_1) \vee (p)(t_2, aa_2)] \vee (p)[t_3, a_3(a_1^p + a_2^p)^{1/p}]$,

$\{[(t_1, a_1) \wedge (p)(t_2, a_2)], a\} \wedge (p)(t_3, a_3)$
$= [(t_1, aa_1) \wedge (p)(t_2, aa_2)] \wedge (p)[t_3, a_3(a_1^p + a_2^p)^{1/p}]$;

3）等幂律：

$(t, a) \wedge (p)(t, a) = t$,

$(t, a) \vee (p)(t, a) = t$,

$(t_1, a_1) \wedge (p)(t_1, a_2) \wedge (p)(t_2, a_3)$
$= (t_1, (a_1^p + a_2^p)^{1/p}) \wedge (p)(t_2, a_3)$,

$(t_1, a_1) \vee (p)(t_1, a_2) \vee (p)(t_2, a_3)$
$= (t_1, (a_1^p + a_2^p)^{1/p}) \vee (p)(t_2, a_3)$;

4）德·摩根法则**：

$\neg[(t_1, a_1) \wedge (p)(t_2, a_2)] = \neg(t_1, a_1) \vee (p) \neg(t_2, a_2)$,

$\neg[(t_1, a_1) \vee (p)(t_2, a_2)] = \neg(t_1, a_1) \wedge (p) \neg(t_2, a_2)$;

5）对合律：

$\neg\neg[(t_1, a_1) \wedge (p)(t_2, a_2)] = (t_1, a_1) \wedge (p)(t_2, a_2)$,

---

* 原文有误，正确的结论应该是

$\{[(t_1, a_1) \vee (p)(t_2, a_2)], a\} \vee (p)(t_3, a_3)$
$= [(t_1, aa_1) \vee (p)(t_2, aa_2)] \vee (p)(t_3, a_3/a)$,
$\{[(t_1, a_1) \wedge (p)(t_2, a_2)], a\} \wedge (p)(t_3, a_3)$
$= [(t_1, aa_1) \wedge (p)(t_2, aa_2)] \wedge (p)(t_3, a_3/a)$.

** 原文有误，正确的结果应该是

$\neg[(t_1, a_1) \wedge (p)(t_2, a_2)] = (\neg t_1, a_1) \vee (p)(\neg t_2, a_2)$,
$\neg[(t_1, a_1) \vee (p)(t_2, a_2)] = (\neg t_1, a_1) \wedge (p)(\neg t_2, a_2)$.

$$\neg\neg[(t_1,a_1)\bigvee(p)(t_2,a_2)]=(t_1,a_1)\bigvee(p)(t_2,a_2);$$

例7－2 在例7－1中设查询

$$q_{V(2)}=(t_1,\ 0.4)\bigvee(2)[(t_2,\ 0.8)\bigwedge(1)(t_3,\ 0.4)]$$
$$\bigvee(2)\neg(t_4,\ 0.7),$$

则

$$\sin(d_1,\ q_{V(2)})$$
$$=\left[\frac{0.4^2\times 0.8^2+\left[\dfrac{0.8\times 0.6+0.4\times 0.2}{0.8+0.4}\right]^2+(1-0.7\times 0)^2}{0.4^2+1^2+1^2}\right]^{\frac{1}{2}}$$
$$=0.72;$$

$$\sin(d_2,\ q_{V(2)})$$
$$=\left[\frac{0.4^2\times 0.7^2+\left[\dfrac{0.8\times 0.1+0.4\times 0.8}{0.8+0.4}\right]^2+(1-0.7\times 0)^2}{0.4^2+1^2-1^2}\right]^{\frac{1}{2}}$$
$$=0.742;$$

$$\sin(d_3,\ q_{V(2)})$$
$$=\left[\frac{0.4^2\times 0+\left[\dfrac{0.8\times 0.5+0.4\times 0.7}{0.8+0.4}\right]^2+(1-0.7\times 0.8)^2}{0.4^2+1^2+1^2}\right]^{\frac{1}{2}}$$
$$=0.41;$$

$$\sin(d_4,\ q_{V(2)})$$
$$=\left[\frac{0.4^2\times 0.7^2+\left[\dfrac{0.8\times 0+0.4\times 0.8}{0.8+0.4}\right]^2+(1-0.7\times 0.9)^2}{0.4^2+1^2+1^2}\right]^{\frac{1}{2}}$$
$$=0.37.$$

故

$$\Psi(q_{V(2)})=\{\langle d_1,0.72\rangle,\langle d_2,0.742\rangle,\langle d_3,0.41\rangle,\langle d_4,0.37\rangle\},$$
$$Ord\Psi(q_{V(2)})$$
$$=\{\langle d_2,0.742\rangle,\langle d_1,0.72\rangle,\langle d_3,0.41\rangle,\langle d_4,0.37\rangle\}.$$

顺便指出，Salton 在〔1〕对他的模型归纳出如下性质:
$$\text{sim}(d, q_{\wedge(\infty)}) \leqslant \text{sim}(d, q_{\wedge(p)}) \leqslant \text{sim}(d, q_{\wedge(1)})$$
$$= \text{sim}(d, q_{\vee(1)}) \leqslant \text{sim}(d, q_{\vee(p)}) \leqslant \text{sim}(d, q_{\vee(\infty)}).$$
这在一般情况下是不成立的。

§7-4 加权布尔检索的基本理论

下面，我们将讨论加权布尔检索的基本理论。我们将勾划出一个理论上的框架，用它来衡量和评价包括 Bookstein 模型、Salton 模型在内的任何一个加权布尔检索模型。最后，将给出一种新的加权布尔检索模型——双曲型模型。

首先，我们讨论一下加权布尔查询中"权值"的意义。其目的是为了对权的概念形成一个统一的、合理的认识。设由标引词 t_1、t_2 及逻辑算符"$\wedge$"构成查询 q:
$$q = (t_1, a) \wedge (t_2, b),$$
其中 a、b 分别是 t_1、t_2 在 q 中的权值。当权值 a 减小时，我们可以理解为标引词 t_1 在查询 q 中的重要性减小，相对来说，标引词 t_2 在查询 q 中的重要性就增大；同样，当权值 a 增大时，我们可以理解为标引词 t_1 在查询 q 中的重要性增大，而相对来说，标引词 t_2 在查询 q 中的重要性就减小。从这种意义上讲，权值 a 和 b 是标引词 t_1、t_2 在查询 q 中的重要性的一种量度。

但是，如果拿这个观点来定义查询标引词的权值意义，将会给我们以后的研究带来麻烦。比如对查询 $q = (t, a)$ 来说，因为只有一个标引词，所以该标引词在查询 q 中的重要程度是难以用其权值 a 来衡量的。即使我们人为地规定了一些标准使得任何查询标引词的权值都有意义，那么，因为查询标引词的权值和文献标引词的权值的意义不同，仍然会使我们在设计检索模型时遇到困难。

所以我们应该这样来定义查询标引词的权值的意义：查询标引词的权值和文献标引词的权值具有相同的意义，即一个查询标引词的权值是用来表明用户期望检出文献论述该标引词的程度的。

现在我们讨论建立加权布尔检索模型时所应遵循的基本原则。并且，我们将从这里的观点出发，对Bookstein模型，Salton模型做出适当的评价。

当我们实现了对文献和查询的加权以后，中心问题是设计一个函数用来计算文献和加权查询的检索状态值。这个函数可以人为地以不同的形式给出，所以在这里我们可以任意发挥我们的创造力。但是，这种函数虽然不是从感觉经验中推导出来的，它却必须与我们的感觉经验相符合。一旦我们把这个函数确定下来，它就是一个客观的东西，它必须和其它的客观现象达到和谐和统一。因而我们在建立这种函数时，必须遵循一些基本的原则。

我们期望建立的检索状态值函数所处理的是加权的布尔查询，其权值范围是[0, 1]，因而，当查询中的所有标引词的权值都仅仅取0或1时，这种加权布尔检索就应该和传统布尔检索相一致。这一点看来极其自然，但是以人为的方式构造的函数要满足这一点就不是十分自然的了。

两个查询会出现"逻辑上等价"的可能性。如果两个查询能够依据布尔代数中关于逻辑算符"$\vee$"、"$\wedge$"和"$\neg$"的算律相互倒出，则我们就说这两个查询在逻辑上是相互等价的。例如：

$q_1 = (t, a)$;
$q_2 = (t, a) \vee (t, a)$; (7—7)
$q_3 = (t_1, a_1) \vee [(t_2, a_2) \wedge (t_3, a_3)]$;
$q_4 = [(t_1, a_1) \vee (t_2, a_2)] \wedge [(t_1, a_1) \vee (t_3, a_3)]$.

其中的 q_1 和 q_2、q_3 和 q_4 分别是相互等价的。两个等价的查询反映了用户相同的检索要求，仅仅是这种检索要求被赋予不同的逻辑表达式而已。因而，所设计的检索状态值函数在处理等价查询时应该检索出相同的文献集合。但是，这一本来是合理的现象在 Bookstein 和 Salton 的模型中却未能被保持。例如，在 Bookstein 模型中，对 (7—7) 式中 q_1 和 q_2 分别计算其检索状态值，得

$$\mu_{q_1}(d) = \mu_{(t,a)}(d) = a\mu_t(d);$$

$$\mu_{q_2}(d) = \mu_{[(t,a) \vee (t,a)]}(d) = \min\left\{\frac{\mu_t(d)}{a}, 1\right\}.$$

而

$$\mu_{q_1}(d) \neq \mu_{q_2}(d).$$

在 Salton 模型中，对 (7—7) 式中 q_3 和 q_3 分别计算检索状态值，得

$$\text{sim}(d, q_3) = \left(\frac{1 + a_1^p d_1^p - \dfrac{a_2^p d_2^p + a_3^p d_3^p}{a_2^p + a_3^p}}{1 + a_1^p}\right)^{1/p};$$

$$\text{sim}(d, q_4) = 1 - \left(\frac{2(a_1^p d_1^p + a_2^p d_2^p)}{a_1^p + a_2^p} + \frac{2(a_1^p d_1^p + a_3^p d_3^p)}{a_1^p + a_3^p}\right)^{1/p}.$$

而

$$\text{sim}(d, q_3) \neq \text{sim}(d, q_4).$$

Bookstein 和 Salton 在他们的模型中也充分地注意到了这一点,他们重新设计了布尔操作算符在各自的加权系统中的一些算律,从而在新的意义上可获得"等价"的查询。这使得他们的模型在理论上更加严密,但并没有从根本上消除上述不合理的现象。

一个查询 q 可以分解为若干个"子查询",查询 q 由这些子查询通过逻辑算符联结而得到。例如,查询 q 可以由子查询 q_1、q_2 通过逻辑算符 $\bigwedge$ 构成如下:

$$q = q_1 \bigwedge q_2$$

在计算某一文献 d 关于查询 q 的检索状态值时,往往需要分别计算文献 d 关于 q_1、q_2 的检索状态值 $S(d, q_1)$,$S(d, q_2)$,然后按照一个合理的步骤,通过 $S(d, q_1)$、$S(d, q_2)$ 进一步计算文献 d 关于查询 q 的检索状态值 $S(d, q)$。在这里,文献 d 关于子查询 q_1 的检索状态值 $S(d, q_1)$ 仅仅与文献 d 和查询 q_1 本身的属性有关,而与 q_1 在 q 中的逻辑状态无关,即不受 q_1 和 q_2 之间的逻辑关系的影响。例如,当 $q_1 = (t, a)$ 时,

$$q = (t, a) \bigwedge q_2$$

则文献 d 关于加权标引词 (t, a) 的检索状态值仅依赖于文献 d 关于标引词 t 的权值 d_t 和查询 q 关于标引词 t 的权值 a,而与 (t, a) 在构成加权标引时与其余部分的逻辑关系无关。Waller 和 Kraft 将检索状态值函数所应遵循的这一原则称为"可分性原则"(Separability)[6]。可以看出,Bookstein 模型和 Salton 模型都不符合可分性原则。

综上所述,我们在设计一个检索状态值函数时,应该遵循如下各条原则:

1）当文献标引词与查询标引词的权值为1，0时，加权系统应退化为传统布尔检索系统；

2）逻辑上等价的加权查询应检索出相同的文献集；

3）遵循可分性原则；

4）检索状态值应随文献标引词权值的增大而增大；

5）检索状态值应随查询标引词取值的增大而不减小；

6）查询 q_1 关于任一文献的检索状态值应不大于查询 $q_1 \vee q_2$ 的检索状态值，不小于查询 $q_1 \wedge q_2$ 的检索状态值。

理论是人造的，如果我们要设计一个理论体系，使其满足上述条款中的某一个条款或某几个条款，那么这样的努力是较容易实现的。但是，当我们要求所设计的理论恰好满足上述全部6个条款时，这项工作就非常困难了。比如Bookstein模型和Salton模型，我们已经指出它们不满足第2条和第3条，事实上第5条和第6条也不满足。但是这两种模型的重要性是不容忽视的。他们的模型在理论上的某些方面已经超越了我们这里所讨论的衡量标准。例如Solton模型就具有不同于其它模型的特点。在Salton模型中，用户通过 p 值的调节，可以自由选择提问式的结构形式，或象布尔检索模型的严密逻辑结构，或象向量检索模型的松散组织，或介于两者之间，以自如地表达复杂的情报需求。还可以通过 p 值的调节控制检索输出。我们在今后也许难以再次有幸碰到这种幸运的机会，设计出具有这种奇特性质的检索状态值函数。

下面我们在Bookstein和Salton等人工作的基础上开始一个新的尝试。我们将设计一个检索状态值函数，并使这个函数尽可能满足上述6条原则。

考虑一个简单的例子。设文献集D：
$$D=\{d_1, d_2, d_3, d_4\}.$$
针对文献集D的用户查询仅由一个被加权的标引词t构成：
$$q=(t, a).$$
设D中各文献关于标引词t的权值分别为：
$$d_{1t}, d_{2t}, d_{3t}, d_{4t},$$
不失一般性，设
$$d_{1t} \geqslant d_{2t} \geqslant d_{3t} \geqslant d_{4t}. \tag{7—8}$$

根据我们对权值意义的解释，标引词t在查询q中的权值a和它在各文献标引中的权值d_{it}($1\leqslant i \leqslant 4$)有相同的意义，即a表示用户要求检出文献论述标引词t的程度。而各文献论述标引词t的程度已分别由d_{it}给出。故由(7—8)式，理想的排序输出应是
$$Ord\Psi(q)=(d_1, d_2, d_3, d_4). \tag{7—9}$$

针对查询q所设计的检索状态值函数应该有如下两个功能：

1）给出（7—9）式的排序输出；

2）从文献集D中确定出哪些文献是命中文献，即相对于权值a，确定出哪些文献对标引词t已经论述到a的程度。

用$\mu(d_i, q)$表示文献d_i和查询q的相似程度，则对$\mu(d_i, q)$我们可以给出许多种不同的设计方法使其满足1）和2）。譬如令
$$\mu(d_i, q)=d_{it}+a, \tag{7—10}$$
则由（7—8）式有
$$\mu(d_1, q) \geqslant \mu(d_2, q) \geqslant \mu(d_3, q) \geqslant \mu(d_4, q).$$
$$\tag{7—11}$$

于是，由（7—11）式可得到与（7—9）式相同的排序输出。

令
$$\mu(d_i, q) \geqslant 2a, \qquad (7-12)$$
则 $d_{ii} \geqslant a$，即由（7—12）式所确定的文献皆为命中文献。

所以，（7—10）式是满足1）和2）的一个检索状态值函数。再譬如，令
$$\mu(d_i, q) = d_{ii}^2 + a^2,$$
则（7—11）式仍成立，而且由 $\mu(d_i, q) \geqslant 2a^2$ 仍可确定出命中文献。

实际上，满足1）和2）的检索状态值函数可以设计很多：
$$\mu(d_i, q) = ad_{ii},$$
$$\mu(d_i, q) = d_{ii} - a^2 + 1,$$
$$\mu(d_i, q) = \sqrt{d_{ii}^2 + a^2},$$
$$\cdots \cdots \cdots \cdots \cdots.$$

只要 $\mu(d_i, q)$ 对于 d_{ii} 和 a 是单调的，我们就总可以在适当的条件下使其满足1）和2）。

所以我们所设计的检索状态值函数仅仅满足某一特殊的查询是没有意义的。对单个查询 $q=(t, a)$ 设计一个检索状态值函数是整个问题的关键。我们已经看到，这种函数可以设计无穷多。这个函数一经确定下来，则对于较复杂的查询，其检索状态值函数因为要与这一定义保持一致而将受到限制，以至于当我们对任意查询都给出其检索状态值函数的定义以后，所得到的模型与某些已有的经验现象相违背。Bookstein 和 Salton 对查询 $q=(t, a)$ 都给出如下的定义：

$$\mu(d_i, q) = ad_{ii}.$$

他们的模型只所以不满足某些性质,在很大程度上就与这个函数的定义有关。

现在,我们来重新设计一个模型。在这里,最基本的问题是对查询 $q=(t, a)$ 的检索状态值函数给出了新的定义。

用 $\mu(d, q)$ 表示文献 d 和查询 q 的检索状态值,根据查询 q 所具有的各种可能的逻辑结构,我们分别给出如下的定义:

1) $q=(t, a)$,

$$\mu(d, q) = \frac{\mu(d, t)}{a};$$

2) $q=(t_1, a_1) \vee (t_2, a_2)$,

$$\mu(d, q) = \max\left\{\frac{\mu(d, t_1)}{a_1}, \frac{\mu(d, t_2)}{a_2}\right\};$$

3) $q=(t_1, a_1) \wedge (t_2, a_2)$,

$$\mu(d, q) = \min\left\{\frac{\mu(d, t_1)}{a_1}, \frac{\mu(d, t_2)}{a_2}\right\};$$

4) $q = \neg(t, a)$,

$$\mu(d, q) = 1 - \frac{\mu(d, t)}{a};$$

5) $q=(\neg t, a)$,

$$\mu(d, q) = \frac{1 - \mu(d, t)}{a}.$$

这个模型的基本出发点是对最简单查询 $q=(t, a)$,将 $\mu(d, q)$,$\mu(d, t)$ 和 a 用关系式

$$\mu(d,\ q) = \frac{\mu(d,\ t)}{a}$$

联结。该等式中的三个量在三维空间中是分布在一个双曲面上的,根据这个特点,我们不妨将上述模型称为双曲型模型。

对于双曲型模型,我们可以总结出如下几方面特点:

1) 模糊检索模型是双曲型模型的特例;

2) 双曲型模型保持了6条原则中除第2条以外的其它所有原则;

3) 对于第二条原则,例如(7—7)式所示的同类型的种类繁多的等价查询,应用双曲型模型都可以得出相同的检索结果。对于下述两个查询:

$$q_1 = (t,\ a),$$
$$q_2 = (t,\ a) \vee (t,\ a).$$

这是两个按布尔代数算律被认为是等价的查询。但是应用双曲型模型却不能得到相同的检索结果。除了类似这样的查询外,双曲型模型对其它任何查询都可以满足第二条原则。即有下述各条算律成立:

1) 交换律:

$$(t_1,\ a) \vee (t_2,\ b) = (t_2,\ b) \vee (t_1,\ a),$$
$$(t_1,\ a) \wedge (t_2,\ b) = (t_2,\ b) \wedge (t_1,\ a);$$

2) 结合律:

$$(t_1,\ a) \vee [(t_2,\ b) \vee (t_3,\ c)] = [(t_1, a) \vee (t_2, b)] \vee (t_3, c),$$
$$(t_1, a) \wedge [(t_2, b) \wedge (t_3, c)] = [(t_1, a) \wedge (t_2, b)] \wedge (t_3, c);$$

3) 等幂律:

$$(t,\ a) \vee (t,\ a) = (t,\ a),$$

$$(t, a) \wedge (t, a) = (t, a);$$

4) 吸收律：

$$(t_1, a) \vee [(t_1, a) \wedge (t_2, b)] = (t_1, a),$$
$$(t_1, a) \wedge [(t_1, a) \vee (t_2, b)] = (t_1, a);$$

5) 分配律：

$$(t_1, a) \wedge [(t_2, b) \vee (t_3, c)]$$
$$= [(t_1, a) \wedge (t_2, b)] \vee [(t_1, a) \wedge (t_3, c)],$$
$$(t_1, a) \vee [(t_2, b) \wedge (t_3, c)]$$
$$= [(t_1, a) \vee (t_2, b)] \wedge [(t_1, a) \vee (t_3, c)];$$

6) 对合律：

$$\neg\neg(t, a) = (t, a);$$

7) 德·摩根法则：

$$\neg[(t_1, a) \vee (t_2, b)] = \neg(t_1, a) \wedge \neg(t_2, b),$$
$$\neg[(t_1, a) \wedge (t_2, b)] = \neg(t_1, a) \vee \neg(t_2, b).$$

如果对双曲模型作适当的修正，则它也可以满足同一律和零一律。

例 7—3　对例 7—1 中所给出的文献集 D、标引词集 T、查询 q 以及 D 中各文献的向量表示，应用双曲型模型，我们有

$$\mu(d_1, q) = \max\left\{\frac{0.8}{0.4}, \min\left\{\frac{0.6}{0.8}, \frac{0.2}{0.4}\right\}, 1 - \frac{0}{0.7}\right\} = 2;$$

$$\mu(d_2, q) = \max\left\{\frac{0.7}{0.4}, \min\left\{\frac{0.1}{0.8}, \frac{0.8}{0.4}\right\}, 1 - \frac{0}{0.7}\right\} = 1.75;$$

$$\mu(d_3, q) = \max\left\{\frac{0}{0.4}, \min\left\{\frac{0.5}{0.8}, \frac{0.7}{0.4}\right\}, 1 - \frac{0.8}{0.7}\right\} = 0.625;$$

$$\mu(d_4, q) = \max\left\{\frac{0.7}{0.4}, \min\left\{\frac{0}{0.8}, \frac{0.8}{0.4}\right\}, 1 - \frac{0.9}{0.7}\right\} = 1.75.$$

$\Psi(q) = \{\langle d_1, 2\rangle, \langle d_2, 1.75\rangle, \langle d_3, 0.625\rangle, \langle d_4, 1.75\rangle\}$,
$Ord\Psi(q) = \{\langle d_1, 2\rangle, \langle d_2, 1.75\rangle, \langle d_4, 1.75\rangle, \langle d_3, 0.625\rangle\}$.

§7—5 布尔查询分类

布尔查询分类是建立在布尔查询间的相似测度的基础上的。布尔查询间的相似测度对一个情报检索系统具有非常重要的意义。下面我们首先介绍和评价以Jaccard系数为出发点的几种分类方法,并在此基础上给出一种较为有效的分类方法。

设 q_1 和 q_2 是两个查询,R_1 和 R_2 表示关于 q_1 和 q_2 的相关文献集。我们可以利用与 q_1 和 q_2 同时相关的文献的个数来计算 q_1 和 q_2 的相似程度。Jaccard系数[8]

$$S_1(q_1, q_2) = \frac{|R_1 \cap R_2|}{|R_1 \cup R_2|}.$$

可以作为这种相似程度的一个测度。但在应用 S_1 进行实际计算时,首先必须知道对于任一查询的相关文献集。这在实际中往往是不现实的,实际上我们无法预先知道对任一查询的相关文献集。为使上述测度能够实际应用,我们仅考虑在检出文献中同时与两个查询相关的文献集并由此出发计算二查询间的相似程度。这样我们可以得到一个修正的测度:

$$S_2(q_1, q_2) = \frac{|(\Psi(q_1) \cap R_1) \cap (\Psi(q_2) \cap R_2)|}{|(\Psi(q_1) \cap R_1) \cup (\Psi(q_2) \cap R_2)|}.$$

在应用 S_2 时我们只要判断在检出文献中哪些是相关文献即

可。

我们还可以对 S_2 作进一步修正，得到更简单的测度：

$$S_3(q_1, q_2) = \frac{|\Psi(q_1) \cap \Psi(q_2)|}{|\Psi(q_1) \cup \Psi(q_2)|}.$$

显然 S_3 较 S_1、S_2 更便于应用于实际。

以上三个测度均不考虑文献和查询在系统中的表示形式，这是它们的一个最基本的优点。但它们也存在着一系列不足之处。对于 S_2、S_3 而言，其测度值依赖于文献和查询的标引质量。当查询用于不同的系统时，其测度值也是不同的。另外，当系统中的文献集变化很大时，查询间的相似值也将发生较大的变化，这一问题在 S_1 中也是存在的。

下面我们看两个例子。

例 7—4 在一个情报检索系统中，设文献集合为：

$$D = \{d_1, d_2, d_3, d_4, d_5, d_6, d_7, d_8\},$$

标引词集合为：

$$T = \{t_1, t_2, t_3, t_4, t_5, t_6\},$$

查询集为：

$$Q = \{q_1, q_2\},$$

D 中各文献的向量表示分别为：

$$d_1 = (0, 0, 1, 1, 0, 1);$$
$$d_2 = (1, 0, 0, 0, 1, 0);$$
$$d_3 = (0, 1, 0, 1, 0, 1);$$
$$d_4 = (1, 0, 0, 0, 0, 1);$$
$$d_5 = (0, 1, 1, 0, 1, 0);$$
$$d_6 = (1, 0, 0, 1, 1, 0);$$
$$d_7 = (0, 1, 0, 1, 1, 0);$$

$$d_8=(0,0,1,0,0,1).$$

Q 中元素的布尔表达式分别为：
$$q_1=(\neg t_1 \wedge t_2) \vee t_5;$$
$$q_2=(t_1 \vee t_2 \vee t_5) \wedge \neg t_6.$$

从而
$$\Psi(q_1)=\{d_2, d_3, d_5, d_6, d_7\};$$
$$\Psi(q_2)=\{d_2, d_5, d_6, d_7\}.$$

则
$$S_3(q_1, q_2)=\frac{4}{5}=0.8$$

我们看到，上述计算在很大程度上依赖于 D 中各元素的向量表示。在 d_2、d_5、d_6、d_7 中第 6 个分量都等于 0，假设我们为了增加标引深度而将这些分量都变为 1，则可得到
$$\Psi(q_2)=\phi$$

从而
$$S_3(q_1, q_2)=0$$

上述例子说明对于同样的两个查询，S_3 的值是受标引深度影响的。尽管在实际中不会有这样明显，但仍然是**不可忽视的**。

下面我们进一步举例说明文献集合的变化对相似值的影响。

例 7—5　设有两个检索系统，其中一个系统已经在例 7—4 中给出。在另一系统中，文献集合为：
$$D^*=\{d_1^*, d_2^*, d_3, d_4^*, d_5, d_6^*, d_7, d_8^*, d_9^*, d_{10}^*\},$$
标引词集合为：
$$T^*=\{t_1, t_2, t_3^*, t_4^*, t_5, t_6, t_7^*, t_8^*\},$$

查询集合为：
$$Q=\{q_1, q_2\},$$
D^* 中各文献的向量表示分别为：

$d_1^* = (0, 0, 0, 1, 1, 1, 1, 0)$;
$d_2^* = (1, 1, 0, 1, 0, 0, 0, 0)$;
$d_3 = (0, 1, 0, 0, 0, 1, 0, 0)$;
$d_4^* = (1, 0, 0, 0, 0, 0, 1, 0)$;
$d_5 = (0, 1, 0, 0, 1, 0, 0, 0)$;
$d_6^* = (0, 0, 0, 0, 1, 1, 0, 1)$;
$d_7 = (0, 1, 0, 0, 1, 0, 0, 0)$;
$d_8^* = (0, 1, 0, 0, 0, 1, 0, 0)$;
$d_9^* = (0, 0, 1, 0, 1, 1, 0, 0)$;
$d_{10}^* = (1, 0, 0, 0, 0, 0, 1, 0)$.

则

$\phi(q_1) = \{d_1^*, d_3, d_5, d_6^*, d_7, d_8^*, d_9^*\}$;
$\phi(q_2) = \{d_2^*, d_4^*, d_5, d_7, d_{10}^*\}$.

故

$$S_3(q_1, q_2) = \frac{2}{10} = 0.2.$$

这与例 7—4 中的计算结果是不一致的。

上述两个例子所揭示的问题对 S_2 也是存在的，而对 S_1 只存在例 7—5 中的问题而不存在例 7—4 中的问题。

现在我们从另一个角度来考虑查询的分类问题。在以后的讨论中将不再依赖标引深度或与某一特定的文献集合相联系，即所考虑的分类方法能够对不同的标引深度或不同的文献集合有相同的分类效果。

设由 n 个标引词 $t_1, t_2, \cdots, t_n$ 所生成的查询语言布尔代数为 $\langle Q; \neg, \wedge, \vee \rangle$，容易证明由 $t_1, t_2, \cdots, t_n$ 生成的最小项的全体组成的集合恰是 Q 的原子的全体组成的集合，从而根据定理 4—4、定理 4—5 知 Q 中任一元素都可唯一地表示成某些最小项的析取范式。

对于任意的 $q \in Q$，令 $(q)_T$ 表示在 q 的析取范式表示中最小项的全体构成的集合，例如，设
$$T = \{t_1, t_2, t_3, t_4\},$$
$$q = t_1 \wedge t_2.$$
则
$$(q)_T = \{m_{1111}, m_{1110}, m_{1101}, m_{1100}\}.$$
我们可以用两个布尔查询所共同含包的最小项的个数来计算它们的相似程度。我们仍然用 Jaccard 系数将相似函数设计为：

$$S_4(q_1, q_2) = \frac{|(q_1)_T \bigcap (q_2)_T|}{|(q_1)_T \bigcup (q_2)_T|}.$$

下面我们举例说明 S_4 的应用。

例 7—6 设标引词集合为：
$$T = \{t_1, t_2, t_3, t_4, t_5\},$$
查询 q_1、q_2 的布尔表达式分别为：
$$q_1 = \neg t_1 \wedge t_2;$$
$$q_2 = \neg t_3 \wedge (t_1 \vee t_2).$$
则由 T 中元素生成的最小项所确定的 q_1、q_2 的析取范式分别为：
$$q_1 = (\neg t_1 \wedge t_2 \wedge t_3 \wedge t_4) \vee (\neg t_1 \wedge t_2 \wedge t_3 \neg t_4)$$
$$\vee (\neg t_1 \wedge t_2 \wedge \neg t_3 \wedge t_4) \vee (\neg t_1 \wedge t_2 \wedge \neg t_3 \wedge \neg t_4);$$

$$q_2 = (t_1 \wedge t_2 \wedge \neg t_3 \wedge t_4) \vee (t_1 \wedge t_2 \wedge \neg t_3 \wedge \neg t_4)$$
$$\vee (t_1 \wedge \neg t_2 \wedge \neg t_3 \wedge t_4) \vee (t_1 \wedge \neg t_2 \wedge \neg t_3 \wedge \neg t_4)$$
$$\vee (\neg t_1 \wedge t_2 \wedge \neg t_3 \wedge t_4) \vee (\neg t_1 \wedge t_2 \wedge \neg t_3 \wedge \neg t_4).$$

从而

$(q_1)_T = \{m_{0111}, m_{0110}, m_{0101}, m_{0100}\};$

$(q_2)_T = \{m_{1101}, m_{1100}, m_{1001}, m_{1000}, m_{0101}, m_{0100}\}.$

故
$$S_4(q_1, q_2) = \frac{2}{8} = 0.25.$$

当标引词很多时，应用 S_4 进行计算就往往很复杂，事实上，我们可以对 S_4 做进一步简化。

设 $T_i(i=1,2)$ 表示在查询 $q_i(i=1,2)$ 的布尔表达式中出现的标引词构成的集合。$(q_i)_{T_1 \cup T_2}$ 表示 q_i 关于集合 $T_1 \cup T_2$ 中元素生成的最小项的析取范式中包含的最小项构成的集合，容易证明下列等式成立。

$|(q_1)_{T_1} \cap (q_2)_{T_2}| = |(q_1)_{T_1 \cup T_2} \cap (q_2)_{T_1 \cup T_2}| \cdot 2^{|T|-|T_1 \cup T_2|},$

$|(q_1)_T \cup (q_2)_T| = |(q_1)_{T_1 \cup T_2} \cup (q_2)_{T_1 \cup T_2}| \cdot 2^{|T|-|T_1 \cup T_2|},$

从而 S_4 变为：
$$S_4^*(q_1, q_2) = \frac{|(q_1)_{T_1 \cup T_2} \cap (q_1)_{T_1 \cup T_2}|}{|(q_1)_{T_1 \cup T_2} \cup (q_1)_{T_1 \cup T_2}|},$$

这样，我们就把建立在整个标引词集合 T 上的计算问题转化为在较小的集合 $T_1 \cup T_2$ 上的计算问题。

例 7—7 设标引词集合与查询集合如例 7—6 所示。则 $T_1 \cup T_2 = \{t_1, t_2, t_3\}$，$q_1$、$q_2$ 关于 t_1、t_2、t_3 生成的最小项的析取范式分别为：

$q_1 = (\neg t_1 \wedge t_2 \wedge t_3) \vee (\neg t_1 \wedge t_2 \wedge \neg t_3);$

$$q_2(t_1 \wedge t_2 \wedge \neg t_3) \vee (t_1 \wedge \neg t_2 \wedge \neg t_3) \vee (\neg t_1 \wedge t_2 \wedge \neg t_3)。$$

从而

$$(q_1)_{T_1 \cup T_2} = \{m_{011}, m_{010}\};$$

$$(q_2)_{T_1 \cup T_2} = \{m_{110}, m_{100}, m_{010}\}.$$

故

$$S_4^* = \frac{1}{4} = 0.25。$$

相似函数 S_4 或其简化的形式 S_4^* 仅依赖于查询的布尔逻辑表达式，而不再受标引深度和文献集合的影响，即对于不同的标引深度或不同的文献集合，当查询给定时，由 S_4 或 S_4^* 可得到相同的相似值。

关于布尔查询分类，Radecki 在〔9—10〕中有较详细的论述和进一步的探讨。我们在第八章中还要提到这种分类方法是如何被用于对文献进行分类的。

补 记

在60年代末，70年代初，由于人们对布尔检索各方面的缺点表示不满，使得代数检索、概率检索等理论得到飞速发展。但经过十多年的理论研究与实验比较，发现所有这些新的理论都无法取代布尔检索，这除了因为现有的操作系统大都是布尔检索系统以外，更重要的是布尔查询表达用户需求的准确性是向量查询无法相比的。以致70年代末以来，人们又重心着手对布尔检索进行研究（推广），并作了大量的工作。最近，Radecki 在〔11〕中专门表示了这样一种观点，即在今后情报检索的理论研究中，布尔检索的研究仍将占据十分显著的位置。

本章还包含了作者本人的一项工作,即§7—4节中所建立的双曲型模型。应用该模型可将第六章中的 λ——水平语义推广到加权的情形。另外,在我们的讨论中已经注意到该模型比之 Bookstein 模型和 Salton 模型在理论上似乎占据了某些优势,读者可进一步比较以决定其优劣。

与本章内容有关的其它一些研究工作请参阅 Bookstein[12—13], Bartschi[14], Yager[15] 等人的文章。

参 考 文 献

[1] Salton, G., Fox, E.A., Wu, M., Extended Boolean Information Retrieval, Communication of the ACM, 1983, 26, pp1022-1036.

[2] Bookstein, A., Fuzzy Requests: An Approach to Weighted Boolean Searches, Journal of the American Society for Information Science, 1980, 31, pp240-246.

[3] Noreault, T., Koll, M., McGill, M., Automatic Ranked input From Boolean Searches in SIRE, Journal of the American Society for Information Science, 1977, 28, pp333-341.

[4] Bookstein, A., On the Perils of Merging Boolean and Weighted Retrieval Systems, Journal of the American Society for Information Science, 1978, 29, pp156-158.

[5] Radecki,T.,Reducing the Perils of Merging Boolean and Weighted Retrieval Systems, Journal of Documentation, 1982, 38, pp207-211.

[6] Waller, W.G., Kraft, D.H., A Mathematical Model of Weighted Boolean Retrieval System, Information Processing and Management, 1979, 15, pp235-245.

[7] Buell, D.A., Kraft, D.H., A Model for a Weighted Retrieval System, Journal of the American Society for Information Science, 1981, 32, pp211-216.

[8] Van Rijsbergen, C.J., Information Retrieval, Butterworths, London, 1979.

[9] Radecki,T., A Theoretical Framework for Defining Similarity Measures for Boolean Search Request Formulations, Including Some Experimental Results, Information Processing and Management, 1983, 21, pp502-524.

[10] Radecki,T.,Similarity Measures for Boolean Request Formulations, Journal of the Amarican Society for Information Science, 1982, 33, pp8-17.

[11] Radecki, T.,Trends in Research on Information Retrieval-The Potential for Improv-

ements in Conventional Boolean Retrieval Systems, Information processing and Management, 1988, 24, pp219-227.

[12] Bookstein,A.,A Comparison of Two Systems of Weighted Boolean Retrieval,Journal of the American Society for Information Science, 1981, 32, pp275-279.

[13] Bookstein,A.,A Comparison of Two Weighting Schemes for Boolean Retrieval, In: Oddy, R.N., Robertson, S.E., van Rijsbergen, C.J., Information Retrieval Research, Butterworths, London,1981,pp23-34.

[14] Bartschi, M., Requirements for Query Evaluation in Weighted Information Retrieval, Information Processing and Management, 1985, 21, pp291-303.

[15] Yager, R.R., A Note on Weighted Queries in Information Retrieval Systems, Journal of the American Society for Information Science, 1987, 38, pp23-24.

第八章 文献自动分类

把一个集合 D 分成若干个叫做子类的非空子集，使得 D 中的每个元素属于且仅属于其中一个子类，则这些子类的全体构成的集合叫做集合 D 的一个分类，可用数学语言描述如下：

设 $C_i \subseteq D$, $i=1,2,\cdots,S$, 若 $\bigcup_{i=1}^{S} C_i = D$, 且 $C_i \cap C_j = \phi$ $(i \neq j)$, 则集合 $\{C_i\}$ 称为 D 的一个分类。

当 D 表示文献集合时，上述分类就是文献集的一个分类。文献集的分类是为了有效地进行检索，基于这个目的，也可以允许子类相互重叠，即 $C_i \cap C_j$ 不一定是空集。

给文献集构成的文档编制索引常常被认为是"分类"，但实际上文献分类的含意远远不止于此。编制索引是为了通过索引实现对文献的标识，其重要性体现在能够对不同的文献进行标识；而文献分类是要确定出哪个分类是最好的分类，其重要性体现在构造分类系统的过程中。这些区别在 Kendall[1] 和 Jardine, Sibson[2] 等人的文章中已经阐明了。

在情报检索中，文献的分类是为了达到某一个或某一组目的而进行的。概括起来讲，是为了使检索具有更快的速度而进行的。如果我们能够选择若干个子集，使得每类中的文献都密切相关，而不同类的文献则不密切相关，则这种分类对检索目的来讲是非常有意义的。

我们在§3—1最末一段所提到的问题将在这里得到解决。即应用文献分类方法可以建立聚类文档[8]，我们把它称为文档的聚类编制。所谓文献的聚类编制就是将文献集分成若干子类，每个子类都是文献或文献表示组成的集合。各文献或文献表示有如一个单位那样被处理掉了，同时在其所编入的子类中也就失去了它的个性。换句话说，一篇文献被编入一个子类，我们就可以用该子类来标识该文献，此文献与该子类中的其它文献就作为同等看待了，直到个别考察它们为止。这种对文献的组织可以通过某种逻辑关系来实现。例如通过计算文献之间的相似程度来进行组织，这种方法在文献归档中已应用得相当好。

文献聚类编制的有效性目前已不再有什么争议，Salton[4]，Van Rijsbergen[5]，Jardine[6] Radecki[7]等人曾从不同角度作了论述。特别对联机系统，其有效性更为显著。

§8—1 关联性测度

对文献进行有效的分类就是要将密切相关的文献聚集在同一个子类中。许多分类方法都是在某种二元关系的基础上进行的。对于文献间的二元关系，一般是通过计算文献的表示向量之间的相似程度或不相似程度来确定的。我们把相似性测度和不相似性测度统称为关联性测度。

最简单的关联性测度是点积函数。设 $\vec{d}_1$、$\vec{d}_2$ 是两篇文献的向量表示，即

$$\vec{d}_1=(d_{11},\ d_{12}\cdots,d_{1n});$$

$$\vec{d}_2 = (d_{21}, d_{22}\cdots, d_{2n}).$$

则点积函数定义为:

$$S(\vec{d}_1, \vec{d}_2) = \sum_{i=1}^{n} d_{1i} d_{2i}. \qquad (8-1)$$

令 $|\vec{d}|$ 表示向量 $\vec{d}$ 的模,则(8—1)变为

$$S(\vec{d}_1, \vec{d}_2) = |\vec{d}_1| \ |\vec{d}_2| \cos \theta. \qquad (8-2)$$

其中 θ 是向量 $\vec{d}_1$ 与 $\vec{d}_2$ 的夹角。

当 $|\vec{d}_1|$ 和 $|\vec{d}_2|$ 固定时夹角 θ 的大小可以反映 $\vec{d}_1$ 与 $\vec{d}_2$ 的接近程度,θ 减小,$\cos \theta$ 增大,$S(\vec{d}_1, \vec{d}_2)$ 也随之增大,反之亦然。但一般情况下 $|\vec{d}_1|$,$|\vec{d}_2|$ 不是定值,因而 θ 的变化不能唯一确定 $S(\vec{d}_1, \vec{d}_2)$ 的变化。

图 8-1 就是这方面的一个例子。在图8-1中,三篇文献 d_1,d_2,d_3 的向量表示分别与有向线段 $\overrightarrow{OA}$、$\overrightarrow{OB}$、$\overrightarrow{OC}$ 相对应,且恰好有 $BC \perp OA$ 于 D,则

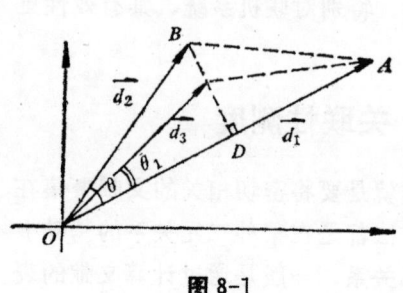

图 8-1

$$\begin{aligned} S(\vec{d}_1, \vec{d}_2) &= |\vec{d}_1| \ |\vec{d}_2| \cos \theta \\ &= |\vec{d}_1| \ |OD| \\ &= |\vec{d}_1| \ |\vec{d}_3| \cos \theta_1 \end{aligned}$$

$$= S(\vec{d_1}, \vec{d_3}).$$

即通过点积函数所确定的$\vec{d_1}$与$\vec{d_2}$、$\vec{d_1}$与$\vec{d_3}$的相似程度是相等的。但从图中可直观地看出$\vec{d_1}$与$\vec{d_3}$比$\vec{d_1}$与$\vec{d_2}$更接近，即d_1与d_3的相关程度比d_1与d_2的相关程度大，而点积匹配函数却未能反映出这一点。

为了使这种关联性测度不受文献向量的模的影响，我们可以把各文献向量都予以规范化的表示。规范化以后各文献向量的模都等于1，从而其相似程度都可以由夹角θ唯一地确定。例如在图8-1中将$\vec{d_1}$、$\vec{d_2}$规范化，得到规范化表示$\vec{d'_1}$、$\vec{d'_2}$为：

$$\vec{d'_1} = \vec{d_1} / |\vec{d_1}|$$
$$\vec{d'_2} = \vec{d_2} / |\vec{d_2}|$$

显然$\vec{d'_1}$、$\vec{d'_2}$是两个单位向量。文献向量的模代表着文献的"大小"，规范化意味着将"大文献"与"小文献"转化成"大小一样的文献"，从而使文献间相似程度的计算建立在共同的基础之上。这时，（8—1）式转化为：

$$S(\vec{d'_1}, \vec{d'_2}) = |\vec{d'_1}| \, |\vec{d'_2}| \cos\theta = \cos\theta$$

得到的是$\vec{d'_1}$，$\vec{d'_2}$的余弦函数，我们用它来计算文献间的相似程度，得到新的相似函数为：

$$S(\vec{d_1}, \vec{d_2}) = \frac{\sum_{i=1}^{n} d_{1i} d_{2i}}{|\vec{d_1}| \, |\vec{d_2}|} \quad (8—3)$$

我们所要说明的是,在多数情况下,用(8—3)式比用(8—1)式效果会更好。例如,设文献 d_1, d_2, d_3, d_4 的向量表示为:

$$\vec{d_1}=(1, 1, 1, 0, 0)$$
$$\vec{d_2}=(0, 0, 1, 1, 1)$$
$$\vec{d_3}=(1, 0, 0, 0, 0)$$
$$\vec{d_4}=(1, 0, 0, 0, 0)$$

则用点积函数可算出 $\vec{d_1}$ 与 $\vec{d_2}$,$\vec{d_3}$ 与 $\vec{d_4}$ 的相似程度都等于1。这显然是不切合实际的。直观上看来,$\vec{d_1}$ 与 $\vec{d_2}$ 的相似程度比 $\vec{d_3}$ 与 $\vec{d_4}$ 的相似程度要小。如果用余弦函数计算,则可得到 $\vec{d_1}$ 与 $\vec{d_2}$ 的相似程度为 $\frac{1}{3}$,$\vec{d_3}$ 与 $\vec{d_4}$ 的相似程度为1。

在许多实验系统中都采用的是余弦相似函数。它的优点是形式简单,且性能较好。但这还不能说明它是最好的关联性测度。实际上,关于相似函数的研究在数值分类学中尚是一个重要课题。在文献分类方面,还有许多学者对相似函数作了深入的讨论。例如 Rijsbergen 在〔5〕中讨论了常见的五种相似函数,Lerman 研究了多种测度之间的数学关系,并证明了许多测度彼此之间都是单调的〔8〕。本书限于篇幅,不再作具体的讨论。

我们再研究一下不相似函数。这是我们不打算也无需给出这种函数的严格定义。容易证明,对于任一不相似函数 $\bar{S}$,可通过变换 $S=(1+\bar{S})^{-1}$ 将其转化为相似函数 S。因而,作为一种新的关联性测度,不相似函数同样可以用来实现对文献的分类。

典型的不相似函数是距离函数,即

$$\bar{S}(\vec{d}_1, \vec{d}_2) = \left[\sum_{i=1}^{n}(d_{1i}-d_{2i})^2\right]^{\frac{1}{2}} \qquad (8\text{—}4)$$

关于距离函数与点函数之间的关系,有下述结论:

定理 8—1 设文献的标引和二值标引。令 l 表示

$$\vec{d} = (d_{11}\vee d_{21},\ d_{12}\vee d_{22},\cdots,d_{1n}\vee d_{2n})$$

中取值为 1 的项的个数。则

$$\bar{S}^2 + S = l.$$

证明 设 $\vec{d}_1$ 中取值为 1 的项的个数为 l_1,不失一般性,令

$$\vec{d}_1 = (\underbrace{1, 1, \cdots, 1}_{l_1},\ 0, \cdots, 0).$$

设 $\vec{d}_2$ 在前 l_1 项中有 l_2 个项取值为 1,其余项中有 l_3 个项取值为 1,则

$$[\bar{S}(\vec{d}_1, \vec{d}_2)]^2 = \sum_{i=1}^{n}(d_{1i}-d_{2i})^2$$

$$= l_1 - l_2 + l_3;$$

$$S(\vec{d}_1, \vec{d}_2) = \sum_{i=1}^{n} d_{1i}\cdot d_{2i}$$

$$= l_2,$$

从而

$$\bar{S}^2 + S = l_1 + l_3 = l.$$

定理 8—1 说明在二值标引的前提下,$\bar{S}$ 可被 S 唯一地

确定。因此用距离函数作为关联性测度和用点积函数作为关联性测度在此前提下的分类效果是一致的。但在加标引情形下，上述两种关联性测度就不一致了。

要注意的一点是，以上讨论没有考虑标引词之间的相依性。而对于相依情形下关联性测度的讨论无疑是很有意义的。也许是由于计算复杂的原因，我们还没有发现其他人在这方面作过工作。

§8—2 分类假设与分类方法

在论述分类方法之前，我们先讨论一下它们在文献聚类编制中所使用的假设（分类假设）。这里的讨论主要是以 Rijsbergen[5]的思想为依据的。

分类假设可以简单地叙述为：紧密关联的文献往往与相同的检索要求有关。这一假设的合理性和必要性将在后面的叙述中逐步领会到。

我们再给出检索系统中的一个基本假设，即：与某一检索要求相关的文献集和与此检索要求不相关的文献集是相分离的。或者说一文献与其相关文献的相似程度要大于与其不相关文献的相似程度。一个文献集合是否满足这个基本假设，可用下述步骤来检验：计算所有文献彼此间的相似程度，并考虑以下两种情况：

1）二者均与一检索要求相关；
2）一个相关，一个不相关。

设对于一组检索要求 $(q_1, q_2, \cdots, q_k)$，关于 q_i $(i=1,2,\cdots,k)$ 满足条件1）且相似程度为 S 的文献对有 i_s 个，则相似程

度为 S 的文献对的频度为：

$$\sum_{i=1}^{k} i_s,$$

由此得到相似性值的频度分布，我们称为 R-R 分布。同理，对于满足条件2）的文献对可得到相应的频度分布，我们称为 R-N-R 分布。

设对两个文献集合 X 和 Y，其相关性值的频度分布如图 8-2 所示，则我们可检验出它们对于基本假设的吻合情况是

1）文献集 X 的分类情况是好的，而 Y 则不好；

2）文献集 X 中相关文献的相似性值大于文献集 Y 中相关文献的相似性值。

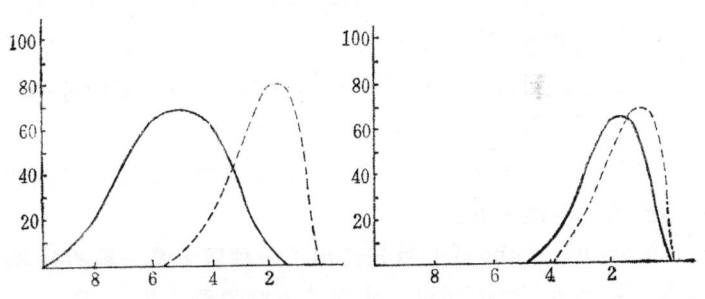

图8-2 相关性值分布图示

在文献聚类编制中，人们试图探索的正是这些分布之间的这种分离。根据这种分离，文献聚类编制就更容易满足分

类假设。也正因为如此，聚类编制将导出比线性检索更为有效的检索来。如果某一特殊文献集合满足分类假设，则紧密相关的文献出现在同一类中，从而由此文献集合的聚类编制所导出的检索策略不仅有较高的速度，而且有较高的效益。

现在我们转到对分类方法的讨论。

为了使分类方法具备理论上的合理性，它应该满足某些适当的标准，最重要的有如下三条：

1）分类方法产生一个聚类编制，在处理来到系统的新文献时不必作多大修改，也就是说在扩大过程中本方法是稳定的。

2）当描述中的小错误导致该聚类编制作小小改变时，分类方法也是稳定的。

3）分类方法与分类对象的初始编序无关。

这些条件是由著名的数值分类学家Jardine和Sibson[2]提出来的，其观点是任何不满足这些条件的分类方法是不可能产生任何有意义的试验结果的。

大体上，可以有两类不同的方法来建立对文献的分类：

1）分类方法直接从对象描述中着手处理；

2）分类方法所导致的聚类编制是建立在分类对象间的相似测度的基础上的。

Maron, Kuhns[9]首先提出了一种属于第一种的分类方法，Maron[10—11]还进一步对该方法的理论基础进行了精确的讨论。

设所要处理的文献共有 m 篇，标引词的个数为 n，文献的类目数为 S。则 m 篇文献在 S 个类中的状态可由 m 行 S 列矩阵 C 来表示：

$$C = \begin{pmatrix} C_{11} & C_{12} & \cdots & C_{1s} \\ C_{21} & C_{22} & \cdots & C_{2s} \\ \vdots & \vdots & & \vdots \\ C_{m1} & C_{m2} & \cdots & C_{ms} \end{pmatrix},$$

其中

$$C_{il} = \begin{cases} 1 & \text{如果第 } i \text{ 篇文献在第 } l \text{ 个类中;} \\ 0 & \text{其它。} \end{cases}$$

标引词在文献中出现的情况可由 m 行 n 列文献词矩阵 D 来表示：

$$D = \begin{pmatrix} d_{11} & d_{12} & \cdots & d_{1n} \\ d_{21} & d_{22} & \cdots & d_{2n} \\ \vdots & \vdots & & \vdots \\ d_{m1} & d_{m2} & \cdots & d_{mn} \end{pmatrix},$$

其中

$$d_{ij} = \begin{cases} 1 & \text{当第 } i \text{ 篇文献被第 } j \text{ 个标引词标引;} \\ 0 & \text{其它。} \end{cases}$$

矩阵 C 表示人工标引文献的类目，这些文献与所选择的标引词的关系可用矩阵 D 表示。如果只给出矩阵 D，那么自动分类的任务就是确定矩阵 C。

从整个文献集中随机地选择一篇文献，它在第 l 个类目中出现的概率为:

$$P(l) = \frac{\sum_{i=1}^{m} C_{il}}{m}, \qquad (8-5)$$

它由第 j 个标引词标引的概率为:

$$P(j) = \frac{\sum_{i=1}^{m} d_{ij}}{m}. \qquad (8-6)$$

设 $P(j/l)$ 为第 l 个类目中的文献用第 j 个标引词标引的概率，$P(l/j)$ 为第 j 个标引词标引的文献在第 l 个类目中出现的概率。则文献集合中任一文献在第 l 个类目中出现，又被第 j 个标引词标引的概率可以用

$$P(l)P(j/l),$$

或

$$P(j)P(l/j),$$

表示。

由贝叶斯法则得

$$P(l/j) = \frac{P(l)P(j/l)}{P(j)}. \qquad (8-7)$$

第 1 个类目中用第 j 个标引词标引的文献数目可根据矩阵 C 和矩阵 D 的元素用

$$\sum_{i=1}^{m} d_{ij} C_{il},$$

表示。第 l 个数目中的文献数等于

$$\sum_{i=1}^{m} C_{il},$$

因此

$$P(j/l) = \frac{\sum_{i=1}^{m} d_{ij} C_{il}}{\sum_{i=1}^{m} C_{il}}. \qquad (8-8)$$

将 (8—8)、(8—6) 和 (8—5) 式代入 (8—7) 式，得

$$P(l/j) = \frac{\sum_{i=1}^{m} d_{ij} C_{il}}{\sum_{i=1}^{m} d_{ij}}$$

$$= \frac{用第 j 个标引词标引的第 l 个类目中的文献数}{用第 j 个标引词标引的文献总数}.$$

(8—9)

对任一文献 d，其所包含的标引词构成集合 t，则与 (8—9) 式类似，可导出文献 d 在第 l 个类目中出现的概率为：

$$P(l/t) = \frac{用 t 标引的第 l 个类目中的文献数}{用 t 标引的文献总数}. \quad (8—10)$$

把 $P(l/t)$ 称为文献 d 在第 l 个数目中的属性数。并把 d 归入属性数最大的类目中。

在使用上述分类方法时，(8—10) 式的计算是很复杂的，一般是根据在任何类目中用一组标引词标引文献的概率等于用该组中所有单个标引词标引的文献的概率之积这样的假定近似计算的。这里忽略了在同一文献中某些标引词可以结合起来，而另一些标引词相排斥的情况，即对文献的分类与选择标引词的具体方法无关。Heaps 在[13—14]中提出了用相关性值决定文献分类的方法，该方法在一定程度上考虑了标引词的选择是如何影响文献自动分类效率的。总的来说，这些方法都是通过文献直接分类的。理论上已经证明这些方法是难以实现的，以致于任何试验结果都不能被认为是可靠的。

现阶段，人们主要是依靠第二类方法来着手文献自动分类的。即分类方法所导致的聚类编制是建立在分类对象间的相似性测度之上。这类方法已经提出了好多种,其中最重要的是单链(Single-link)方法,这种方法已被应用于文献检索。Jardine 和 Sibson 已证明了在一定条件下,单链方法是唯一能满足分类标准的分层分类方法。

在单链方法中,相似系数被作为一个单链算法的基本输入数据。输出结果是一个与被称为树图形的数值层次相关联的分层体系。该分层体系的树结构表示中,每个点表示一个数目。当分类层次往上移动时,在较低层次上的类目就嵌套在较高层次上的类目里。我们首先计算出每一对文献的相似性值,得到文献集的相似矩阵。对于一给定的阈值,将相似性值大于该阈值的两个文献用链联结起来,从而得到文献集的单链分类。读者可进一步从下面的例子中领会到这种方法的基本思想。

例 8—1 设文献集 $D=\{d_1, d_2, d_3, d_4, d_5\}$,$D$ 上的相似矩阵设为:

$$S=\begin{pmatrix} 1 & 0.6 & 0.6 & 0.7 & 0.9 \\ 0.6 & 1 & 0.8 & 0.7 & 0.6 \\ 0.6 & 0.8 & 1 & 0.7 & 0.6 \\ 0.7 & 0.7 & 0.7 & 1 & 0.9 \\ 0.9 & 0.6 & 0.6 & 0.9 & 1 \end{pmatrix},$$

对于阈值 0.9、0.8 和 0.7,其相应的布尔矩阵为:

$$S_{0.9}=\begin{pmatrix} 1 & 0 & 0 & 0 & 1 \\ 0 & 1 & 0 & 0 & 0 \\ 0 & 0 & 1 & 0 & 0 \\ 0 & 0 & 0 & 1 & 1 \\ 1 & 0 & 0 & 1 & 1 \end{pmatrix};$$

$$S_{0.8} = \begin{pmatrix} 1 & 0 & 0 & 0 & 1 \\ 0 & 1 & 1 & 0 & 0 \\ 0 & 1 & 1 & 0 & 0 \\ 0 & 0 & 0 & 1 & 1 \\ 1 & 0 & 0 & 1 & 1 \end{pmatrix},$$

$$S_{0.7} = \begin{pmatrix} 1 & 0 & 0 & 1 & 1 \\ 0 & 1 & 1 & 1 & 0 \\ 0 & 1 & 1 & 1 & 0 \\ 1 & 1 & 1 & 1 & 1 \\ 1 & 0 & 0 & 1 & 1 \end{pmatrix}$$

则阈值 0.9 所对应的分类单链图为：

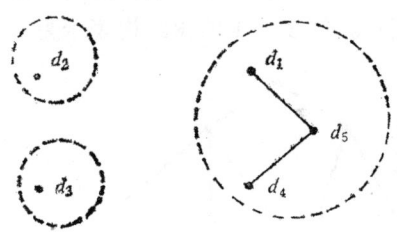

阈值 0.8 所对应的分类单链图为：

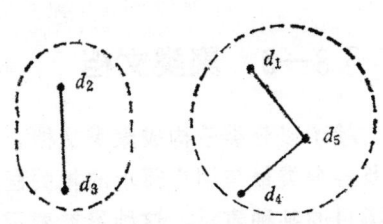

阈值 0.7 所对应的分类单链图为：

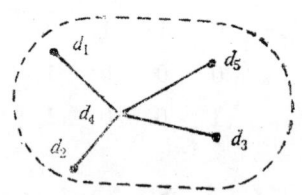

其中各虚线所圈入的是一个文献类。阈值越小，类数越少，分类层次往上移动。当阈值降低到一定程度时，所有文献将被圈入同一个类目中。

可以看出，要使某篇文献属于某一类目，只须该文献与该类目中任一文献具有链关系即可。这种链关系是对各阈值所决定的分类层次而言的。各分类层次构成的分层体系可用一个树结构来表示。例 8—1 的树结构表示为：

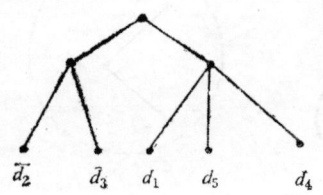

§8—3 聚类文档

将文档中各文献予以分类就构成聚类文档。在建立聚类文档后，为了判断各个类目与用户需求的相关程度，需要从整体上给出各个类目的某种表示。这种聚类表示也称为理想文献表示。所谓理想文献并不是一个实际文献,它是所代表类目中各文献共同性质的综合体。

人们已经提出了多种聚类表示方法。其中最常见的一种方法是把聚类中各文献都以某种"平均"的方法来表示。在此前提下,人们通常是通过计算聚类的"质心"的方法来求得该聚类表示的。这种表示的结果,形象地如图8-3所示。

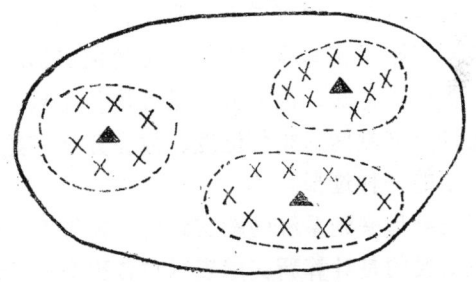

图8-3 聚类表示示意图
×—文献表示
▲—聚类表示

设$\{d_1, d_2, \cdots, d_k\}$是一聚类,其中各文献的向量表示为:
$$\vec{d_i} = (d_{i1}, d_{i2}, \cdots, d_{in}), \ 1 \leqslant i \leqslant K$$
将聚类表示设计为:
$$\vec{C} = \frac{1}{K} \sum_{i=1}^{K} \frac{\vec{d}}{|\vec{d_i}|},$$

这种表示方法称为质心法。

也可以给定一阈值,将$\sum_{i=1}^{n} d_{ij}$与该阈值比较,用 0 或 1

给出 $\vec{C}$ 中各项,从而避免对 $\vec{d_i}$ 规范化的复杂运算。例如,对 $\vec{C} = (C_1, C_2, \cdots, C_n)$,可将 C_i 设计为:

$$C_i = \begin{cases} 1 & \sum_{l=1}^{k} d_{li} \geq t; \\ 0 & \text{其它}, \end{cases}$$

其中 t 是给定的阈值。

这样我们得到一个二值聚类向量表示。直观上可以看出,该聚类表示忽略了仅与少数文献有关的标引词。

对于第一类分类方法,因为分类是直接从文献描述开始的,而不是先计算文献间的相似测度,故在分类开始时就需要做出聚类表示的一种选择。

聚类文档在处理来到系统的新文献时,需要有一个维护过程。其中最主要的是计算新文献表示与各聚类表示的相似程度,将新文献归入相似程度最大的类目中。然后,重新计算所属类目的聚类表示。在整个过程中,无需考虑插入前后文献的排列顺序。

由一级分类确定的聚类表示可构成一个理想文献集合。对一个大文献集合来说,理想文献集合的元素可能很多。这时我们再对理想文献集合进行分类,构成原始文献集合的二级分类,进而建立二级聚类文档。这样,把低一级的聚类结果作为更高一级的分类对象,产生多级分类,相应地就可以建立多级聚类文档。当然,这样一来,文档的维护就更加困难了。

§8—4 基于聚类文档的检索模型

对一个多级分类的文献集合,一种简单的检索策略是:先从最高级分类开始检索,计算这一级分类中各子类与(给定)查询q的相似程度,将检索限制在相似程度最大的那一个子类中。对这个子类的检索将在下一级分类中按照同样的步骤进行。这个过程一直继续到满足"停止法则"时才停止。停止法则是:当第$k-1$级分类中各子类与查询q的相似程度的最大值小于第k级分类中各子类与查询q的相似程度的最大值时,就停止往下进行,而将检索限定在第k级分类中与查询q相似程度最大的那一个子类中。

这种检索策略要求我们要能够遵循某个原则将检索由高一级分类扩展到低一级分类,即确定查找方向。并按照停止法则在适当的位置上开始搜索原始文献。这些原则可用数学语言描述如下:

设C_k^n表示第n级分类中第k个子类的理想文献表示,则当

$$\max_k\{S(C_k^n,q)\} \leqslant \max_l\{S(C_l^{n-1}, q)\}$$

时,将检索从第n级分类扩展到第$n-1$级分类,当

$$\max_k\{S(C_k^n, q)\} > \max_l\{S(C_l^{n-1}, q)\}$$

时,将检索限制在第n级分类中,并以该级分类中与查询q的相似程度最大的子类为对象,搜索该子类的原始文献。

例8—2 设文献集D的n级分类效果如图8-4所示:

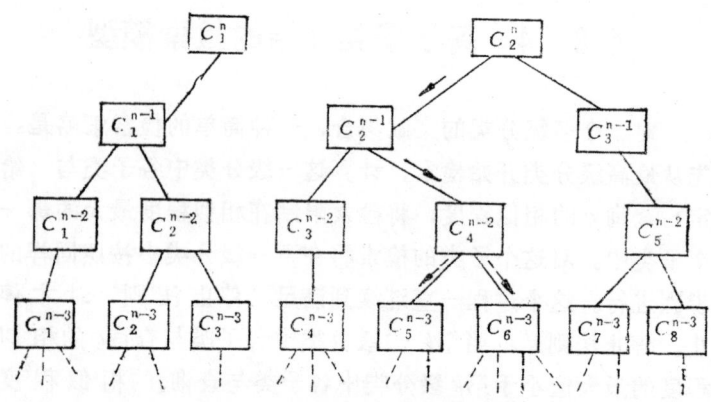

图8-4 多级分类上的聚类检索

对给定的查询q，若

1) $S(C_2^n, q) > S(C_1^n, q)$；

2) $\begin{cases} S(C_2^{n-1}, q) > S(C_1^{n-1}, q) \\ S(C_2^{n-1}, q) > S(C_3^{n-1}, q) \end{cases}$；

3) $\begin{cases} S(C_4^{n-2}, q) > S(C_2^{n-1}, q) \\ S(C_4^{n-2}, q) > S(C_3^{n-2}, q) \end{cases}$；

4) $\begin{cases} S(C_6^{n-3}, q) < S(C_4^{n-2}, q) \\ S(C_5^{n-3}, q) < S(C_4^{n-2}, q) \end{cases}$.

则查找方向如图中箭头所示，该查找过程可以描述如下：

$\left.\begin{array}{l} 1) \Rightarrow C_2^n \\ \quad 2) \end{array}\right\} \Rightarrow C_2^{n-1} \left.\begin{array}{l} \\ 3) \end{array}\right\} \Rightarrow C_4^{n-2} \left.\begin{array}{l} \\ 4) \end{array}\right\} \Rightarrow$ 直接搜索子类C_4^{n-2}中各原始文献。

有关此策略的一些注意事项是:

1) 它以聚类假设为基础,即密切相关的文献倾向于相同的检索要求;

2) 我们假设,存在一种分类能达到有效的检索目的;

3) 如果相似函数的最大值不唯一,则当我们在考虑下一步的需要时,要有一个特殊的处理过程;

4) 查找总要终止并将检索到最后一篇文献。

这种查找的直接推广是允许往下进行到某一级分类上的多于一个的子类中,特别是当出现上述3)中的情况时,尤其如此。这种情况下,查找方向的确定以及停止法则就必须变得稍微复杂些。主要差别是必须为返回追踪增加准备。当检索策略估计到进一步进行到下一级分类是浪费时间,即在面临可以检索,也可以不检索的那一子类时,就会出现返回追踪。此时,检索就反过来追踪到先前的子类中,并在该子类所处的那个分类级别上取另一子类进行检索。

在一个多级分类的文献集合中,当我们把各个子类都抽象为一个理想文献(表示)时,那么对任一级分类上各子类的检索,就是对该级分类所对应的一个理想文献集合的检索。因而以前所研究过的若干种检索略策都可以推广到这里来。例如,Croft在〔14〕中所建立的概率模型,Radecki在〔7〕中建立的布尔模型都属于这种情况。其共同特点是忽略了原始文献集合中各文献的个体属性,而将任一子类中各文献都等同地用该子类所产生的理想文献来代表。

这里我们不再讨论这种直接推广的检索策略,而是考虑一种频及到各原始文献的个体属性的检索策略。

设C是对文献集分类后包含m篇文献的一个子类。查询q

是由 l 个标引词标引的：
$$q=(q_1, q_2, \cdots, q_l),$$
在以下的讨论中，我们假设文献和查询的标引为二值标引，且查询标引词在子类 C 中的出现是相互独立的。

设 y_j 是 C 中被 q_j 标引的文献篇数，则 C 中任一文献被 q_j 标引的概率为：
$$g_j = \frac{y_j}{m}.$$
因而 C 中任一文献不被 q_j 标引的概率为 $1-g_j$，概率独立性假设，C 中任一文献被 $q_{j_1}, q_{j_2}, \cdots, q_{j_i}$ 标引而不被 $q_{j_{i+1}}$, $q_{j_{i+2}}, \cdots, q_{j_l}$ 标引的概率为：
$$\left(\prod_{k=1}^{i} g_{j_k}\right)\left[\prod_{k=i+1}^{l}(1-g_{j_k})\right],$$
在 l 个查询标引词中取出 i 个，共有 $\binom{l}{i}$ 种取法。故 C 中任一文献仅被 i 个查询标引词标引的概率为：
$$C(q_1,q_2,\cdots,q_l,i) = \sum_{\binom{l}{i}}\left(\prod_{k=1}^{i} g_{j_k}\right)\left[\prod_{k \geq i+1}^{l}(1-g_{j_k})\right]. \quad (8\text{—}11)$$
此处 $\sum_{\binom{l}{i}}$ 表示对 $\binom{l}{i}$ 种情况求和。

由（8-11）式得 C 中至少被 K 个标引词标引的文献个数的期望值为：
$$m\sum_{i=k}^{l} C(g_1, g_2, \cdots, g_l, i). \quad (8\text{—}12)$$
设 C 的聚类表示（参见 §8-3）为：
$$C = (C_1, C_2, \cdots, C_n).$$

其中

$$C_i = \begin{cases} 1 & \text{若 } g_i = \dfrac{y_i}{m} \geqslant t; \\ 0 & \text{其它} \end{cases}$$

从子类C中随机地挑选一篇文献，该文献被l个查询标引词标引的概率分别为

$$g_1, g_2, \cdots, g_l \qquad (8—13)$$

S是C的聚类表示中项为1的个数，则（8—13）式中有S个g的值不小于t，而有$l-S$个g的值小于t。不妨设

$$P_i = g_i \geqslant t, \ i = 1, 2, \cdots, S.$$
$$h_i = g_i < t, \ i = S+1, S+2, \cdots, l.$$

则（8—12）式变为

$$m \sum_{i=k}^{l} C(P_1, P_2, \cdots, P_S, h_{S+1}, \cdots, h_l, i). \qquad (8—14)$$

显然，（8—14）式的计算依赖于P和h，而关于P和h的计算必须针对每一原始文献进行，这与聚类检索的思想不相一致。P和h是反映文献个体特征的量，为了使这些量在检索中成为有用的数据，我们可以从概率的角度考察其分布规律的数字特征。

将P和h看成随机变量，用

$$m \sum_{i=k}^{l} C(l, S, i), \qquad (8—15)$$

表示（8—14）式的期望值。由独立性假设知$P_i \ (1 \leqslant i \leqslant S)$独立且同分布，$h_i \ (S+1 \leqslant i \leqslant l)$独立且同分布。不妨设

$$E(P_i) = E(P), \ (1 \leqslant i \leqslant S).$$
$$E(h_i) = E(h), \ (S+1 \leqslant i \leqslant l).$$

则

$$m \sum_{i=k}^{l} C(l, S, i)$$

$$= m \sum_{i=k}^{l} E\{C(P_1, P_2, \cdots, P_S, h_{S+1}, \cdots, h_l, i)\}$$

$$= m \sum_{i=k}^{l} C(\underbrace{E(P), \cdots, E(P)}_{S}, \underbrace{E(h), \cdots, E(h)}_{l-S}, i)。$$

由（8—11）式立得

$$m \sum_{i=k}^{l} C(l, S, i)$$

$$= m \sum_{i=k}^{l} \sum_{j=0}^{l-i} \binom{l-S}{j}(1-E(h))^j (E(h))^{l-S-j} \binom{S}{l-i-j}$$

$$\cdot (1-E(P))^{l-j-i}(E(P))^{S-l+i+j}。 \quad (8-16)$$

对于文献集的某一聚类编制，我们按（8—16）式对其每一个子类计算（8—15）式的值，并根据该值的大小确定查找方向。

在检索时，k 的取值可根据用户需求来确定。一般来说，对不同的 k，每一子类对应的（8-15）式的值，其排列顺序是不同的。与此有关的问题 Yu 和 Luk 在 [15] 中已专门讨论过了。

补　记

对分类理论的主要部分我们已进行了详细的讨论。这里仅对未涉及到的一些分类方法作必要的补充说明。

划分分类法是从文献集合的固有属性出发的一种分类方法。Can 和 Ozkarahan[16-18] 研究了这种方法，该方法借用数学工具以严密的推理导出了一个分类步骤，其前提是（在一定的普遍假设的条件下）文献集合中各文献所属的类以及类的个数都已由该文献集合本身的固有属性所确定。因而一旦文献集合给定，则这种潜在的分类就客观地存在着。因而就可通过分析文献集中各文献对其自身覆盖的程度以及不同文献间相互覆盖的程度近似地将这种分类表达出来。这种方法强调了分类的客观性，而我们在本章中所讨论的分类则是依据给定的阈值所确定的，即强调了以主观因素作为分类的条件。这两种思想的优劣还有待于比较。

在§7—5中所讨论的查询分类方法，可被应用到文献分类中来。Radecki[20-22] 讨论了这个问题。而在此以前，Yu[19] 曾先行提出过一些设想，并指出这种方法比之对文献集合的直接分类在运算上可以节省时间。

数值分类学、模式识别等理论为文献分类提供了多种可能的途径，这导致了关于文献分类的一大批文献。对其综合的报道与评注可见之于 Van Rijshergen[5] 的著作。

参 考 文 献

[1] Kendall, M.G., In Multivariate Analysis, Academic Press, London and New York, 1966.
[2] Jardine, N., Sibson, R., Mathemzation Taxonomy, Wiley, London and New York, 1971.
[3] Hayes, R.M., Mathematical Models in Information Retrieval, In: Garvin, P.L., Natural Language and the Computer, McGraw-Hill, New York, 1963.
[4] Salton, G., Automatic Information Organization and Retrieval, McGraw-Hill, New York, 1968.
[5] Van Rijsbergen, C.J., Information Retrieval, Butterworths, London, 1979.
[6] Jardine, N., van Rijsbergen, C.J., The Use Hierarchic Clustering in Information Retrieval, Information Storage and Retrieval, 1971, 7, pp 217-240.
[7] Radecki, T., Output Ranking Methodology for Document-Clustering-Based Boolean Retrieval Systems, Proceedings of the Seventh International Conference on Information Storage and Retrieval, 1985, pp70-76.
[8] Larman, I.C., Les Bases de la Classificat-

ion Automatique, Gauthier-Villars, Paris, 1970.

[9] Maron, M.E., Kuhns, J.L., On Relevance, Probabilistic Indexing and Information Retrieval, Journal of the ACM, 1960, 7, pp 216-244.

[10] Maron, M.E., Automatic Indexing: An Experimental Inquiry, Journal of the ACM, 1961, 8, pp404-417.

[11] Maron, M.E., Associative Search Techniques versus Probabilistic Retrieval, Journal of the American Society for Information Science, 1982, 33, pp308-310.

[12] Heaps, H.S., A Theory of Relevance for Automatic Document Classification, Information and Control, 1973, 22, pp268-278.

[13] 希普斯，H.S.，计算机情报检索导论，张承庆 等 译，知识出版社，北京，1984。

[14] Croft, W.S., A Model of Cluster Searching Based on Classification, Information Systems, 1980, 5, pp189-195.

[15] Yu, C.T., Luk, W.S., Analysis of Effectiveness of Retrieval in Clustered Files, Journal of the ACM, 1977, 24, pp607-622.

[16] Can, F., Ozkarahan, E.A., Two Partitioning Type Clustering Algorithms, Journal of the

American Society for Information Science, 1984,35,pp268-276.

[17] Can,F.,Ozkarahan,E.A.,Concepts of the Cover Coefficient-Based Clustering Methodology,Proceedings of the Seventh International Conference on Information Storage and Retrieval 1985,pp204-211.

[18] Can,F.,Ozkarahan,E.A., Similarity and Stability Analysis of the Two Partitioning Type Clustering Algorithms,Journal of the American Society for Information Science, 1985,36,3-14.

[19] Yu,C.T.,A Clustering Algorithm Based on User Queries,Journal of the American Society for Information Science,1974,25,pp 218-226.

[20] Radecki,T.,Similarity Measures for Boolean Search Request Formulations,Journal of the American Society for Information Science,1982,23,pp8-17.

[21] Radecki,T.,A Model of a Document-Clustering-Based Information Retrieval System With a Boolean Search Request Formulation,In: Oddy R.N.,Robertson,S.E., van Rijsbergen,C.J.,Information Retrieval Research,Butterworths,London,1981, pp

334-344.

[22] Radecki,T.,A Theortical Framework for Defining Similarity Measures for Boolean Search Request Formulations,Including Some Experimental Results,Information Processing and Management,1985,21,pp 501-524.

第九章 相关反馈检索

一个情报检索系统在实现某一检索过程时,首先要将用户的情报需求变成标引语言,成为系统可接受的形式。在这个过程中,用户的情报需求是按照自己通常所使用的概念和表达问题的习惯叙述给标引人员或系统操作人员的。由于不同用户的知识水平有一定的差别,而且我们也不可能对所有用户都事先进行充分的训练,因而,用户在表达自己的情报需求时,往往与其原意有一定的出入,或者我们在将其情报需求变成标引语言的过程中,遗漏或减弱了用户本来认为比较重要的某一部分情报需求。这样,检索结果就仅仅包含了被标引语言描述过的情报(其中有些可能是不需要的),而难以检索出与需求相关而没有被标引语言描述过的情报。因此,一般的情报检索系统都要有一种反馈装置。

为了使系统在变化着的外部环境中能有效地工作,就必须把自身动作结果的信息传给中央调节机构,作为系统赖以继续动作的一部分。这种从系统的实际操作情况出发,而不是从所期望的操作情况出发的控制方式,就叫作反馈。

对于一个简单的输入—输出系统而言,其反馈是根据已输出的情报来改进下一次输出的。相关反馈的主要思想是根据已检索出的结果对查询进行自动调整、校正、修正,以达到检索更多相关文献与抑制更多无关文献的目的。

§9—1 相关反馈的基本思想

对于不同的检索策略，其反馈的具体过程也是不同的。为了便于说明，我们不妨设某一检索策略是根据匹配函数来实现的，且系统所处理的文献和查询都已被表示为 n 维向量。我们仅考虑顺序检索。

我们的目的是通过检索策略检索相关文献而抑制不相关文献。这里的"相关文献"是指与用户需求相关的文献，而系统在检索过程中并不直接回答这个问题，它所回答的是文献的查询相关性，用查询相关性来逼近用户相关性。这种逼近往往是不能令人满意的，因而必须有一个反馈的过程。

在顺序检索的情况下，系统将检索出所有满足 $M(q,d) > T$ 的文献，而放过 $M(q,d) \leqslant T$ 的文献，其中 T 是指定的检索阈值。匹配函数在多数情况下取余弦函数

$$M(q,d) = \frac{\vec{q} \cdot \vec{d}}{||\vec{q}||\,||\vec{d}||} = \frac{1}{||\vec{q}||\,||\vec{d}||} \times (q_1 d_1 + q_2 d_2 + \cdots + q_n d_n).$$

Nilsson在〔1〕中详细讨论了如何修正查询的权值 q_i 以决定检索或拒绝检索某一文献。设想某一用户需求已经给定，则被检索的整个文献集按照各文献与该用户需求的关系可分为两大部分，一部分是由与该用户需求相关的文献组成的集合 R（相关文献集），另一部分是由与该用户需求无关的文献组成的集合 I（无关文献集）。对一个给定的用户需求来说，接受检索的整个文献集的这种划分也已经被该用户需求

所决定,但这种潜在的划分我们事先是无法知道的。一个检索过程的最理想的结果应该是检出的相关文献最多而检出的不相关文献最少,或者说检出所有的相关文献而没有检出任何一篇无关文献。这种理想的结果一般是难以实现的,特别是不可能一次实现的,必须通过若干次反馈才能得到用户满意的结果。最理想的查询q_0应满足:

$M(q_0, d) > T$,若$d \in R$;

$M(q_0, d) \leq T$,若$d \in I$。

初始查询q往往与理想查询q_0有较大的差距,我们可以从初始查询q开始,通过使用反馈情报反复调整以缩小q与q_0的距离,直到用户对检索输出能够接受为止。Nilsson在〔1〕中证明的定理表明q_0是存在的,而且通过有限步调整可以使q与q_0按各种可能的方式达到非常接近的程度。其调整的程序如下:

$q_i = q_{i-1} + cd$,若$M(q_{i-1}, d) - T \leq 0$且$d \in R$;

$q_i = q_{i-1} - cd$,若$M(q_{i-1}, d) - T > 0$且$d \in I$。

对于正确的决策,不改变q。其中C称为增长系数。在实际中上述步骤往往要经过几次反复。

实际的情况往往还要复杂得多。因为R,I是无法预先知道的,实际上R是我们希望检索的文献集。但是对于一个给定的查询以及由此而检出的某一篇文献,我们可以询问用户该文献是否相关,然后系统自动地修正查询,以便至少它可以正确地决策用户看到的文献。

§ 9—2　Rocchio模型

上节我们已经指出了理想查询所满足的条件,以及理想查询的存在性和可接近性。但是,在那里我们似乎将理想查询放置在一个遥远的地方,没有窥探到其真正的面目。本节我们将作更深入的讨论,给出理想查询的一种显式表达式,并在此基础上建立Rocchio模型。

Rocchio在〔2〕中定义满足

$$\Phi = \frac{1}{|R|} \sum_{d \in R} M(q, d) - \frac{1}{|I|} \sum_{d \in I} M(q, d)$$

取最大值的q_0为最理想查询。若M为余弦函数:

$$M(q, d) = \frac{\vec{q} \cdot \vec{d}}{||\vec{q}|| \, ||\vec{d}||},$$

则

$$\Phi = \frac{1}{|R|} \cdot \frac{q}{||q||} \cdot \sum_{d \in R} \frac{d}{||d||} - \frac{1}{|I|} \cdot \frac{q}{||q||} \cdot \sum_{d \in I} \frac{d}{||d||}$$

$$= \frac{q}{||q||} \cdot \left[\frac{1}{|R|} \sum_{d \in R} \frac{d}{||d||} - \frac{1}{|I|} \sum_{d \in I} \frac{d}{||d||} \right].$$

故最理想查询为

$$q_0 = C \left(\frac{1}{|R|} \sum_{d \in R} \frac{d}{||d||} - \frac{1}{|I|} \sum_{d \in I} \frac{d}{||d||} \right),$$

其中C是一适当的常数。

设D_i是第i次修正查询检出的文献集,则D_i由一部分相关文献和一部分无关文献构成,其中的相关文献构成集合

$R\cap D_i$,无关文献构成集合$I\cap D_i$。我们可以根据上述思想构造出对于D_i是最理想的查询公式,进而得到一个递推的查询修正公式:

$$q_{i+1}=\omega_1 q_i+\omega_2\left[\frac{1}{|R\cap D_i|}\sum_{d\in R\cap D_i}\frac{d}{||d||}-\frac{1}{|I\cap d_i|}\sum_{d\in I\cap D_i}\frac{d}{||d||}\right], \quad (9-1)$$

其中ω_1和ω_2是加权系数。

(9—1)式的一种常见的修正形式是:

$$q_{i+1}=\alpha q_i+\beta\frac{1}{|R\cap D_i|}\sum_{d\in R\cap D_i}\frac{d}{||d||}-r\frac{1}{|I\cap D_i|}\cdot$$

$$\cdot\sum_{d\in I\cap D_i}\frac{d}{||d||}.$$

这种对查询进行自动修正的效果,实际上使得相关文献中出现的标引词在查询中取得了较大的权值,而无关文献中出现的标引词在查询中取得了较小的权值。

Rocchio模型曾被应用于SMART系统,实验结果表明该模型是非常有效的[3]。

§9—3 基于词联结矩阵的查询修正

我们在§4—4得到的(4—12)式,即:

$$\vec{q}(I-\lambda GM)^{-1}$$

实际上是一个查询修正公式。这一修正公式在应用时的主要困难是词关系矩阵G很难确定。本节我们讨论由词联结矩阵导出的查询修正公式。

设查询向量为：
$$\vec{q} = (q_1, q_2, \cdots, q_n);$$

文献的二值标引矩阵为：
$$A = \begin{pmatrix} d_{11} & d_{12} & \cdots & d_{1n} \\ d_{21} & d_{22} & \cdots & d_{2n} \\ \vdots & \vdots & & \vdots \\ d_{m1} & d_{m2} & \cdots & d_{mn} \end{pmatrix};$$

检索输出向量为：
$$\vec{S} = (S_1, S_2, \cdots, S_n),$$

其中 $S_i = \vec{d_i} \cdot \vec{q}$。我们用

$$\sum_{i=1}^{m} S_i d_{ij}$$

表示第 j 个标引词与检索输出相关的程度。在修正查询表示时，我们希望与检索输出有较大相关值的标引词在查询向量中有较大的权值。按照这一思想，将修正的查询表示设计为：

$$\vec{q'} = \vec{q} + \vec{S}A. \qquad (9-2)$$

显然修正查询表示主要依赖于初始查询表示和检索输出。它对于检索输出的依赖程度可以通过引入参数 λ 来加以控制，从而（9—2）式变为：

$$\vec{q'} = \vec{q} + \lambda \vec{S} A. \qquad (9-3)$$

将（4—6）式用

$$\vec{S} = (\vec{q} + \lambda \vec{S} A) G A^T \qquad (9-4)$$

代替，可得出：

$$\vec{S} = \vec{q}GA^T(I-\lambda AGA^T)^{-1}$$
$$= \vec{q}GA^T[I+\lambda AGA^T+(\lambda AGA^T)^2+\cdots]. \quad (9-5)$$

再将 (9—5) 式代入 (9—3) 式得出：

$$\vec{q}' = \vec{q} + \lambda \vec{q}GA^TA + \lambda^2 \vec{q}GA^TAGA^TA + \cdots$$
$$= \vec{q}[I+\lambda GA^TA+(\lambda GA^TA)^2+\cdots]$$
$$= \vec{q}(I-\lambda GA^TA)^{-1}$$
$$= \vec{q}(I-\lambda GB)^{-1}, \quad (9-6)$$

其中

$$B = A^TA,$$
$$b_{ij} = d_{1i}d_{1j} + d_{2i}d_{2j} + \cdots + d_{mi}d_{mj}.$$

可以看出 b_{ij} 的表示中，$d_{ki}d_{kj}$ 的值为 1 或 0，这取决于第 k 篇文献是否与第 i 个标引词和第 j 个标引词相关。因而，我们对 b_{ij} 有如下的解释：

b_{ij} = 与第 i 个和第 j 个标引词都相关的文献篇数。

我们将矩阵 B 称为词的联结矩阵。B 中对角线上的元素 b_{ii} 表示与第 i 个词相关的文献篇数。

下面我们考察一下矩阵 B^2。设

$$B^2 = (b_{ij}^{(2)}),$$

则

$$b_{ij}^{(2)} = \sum_{k=1}^{n} b_{ik}b_{kj}$$
$$= \sum_{k=1}^{n} \sum_{s=1}^{m} \sum_{t=1}^{m} d_{si}d_{sk}d_{tk}d_{tj}.$$

可以看出，只有当第S篇文献同时与第i个和第k个词相关，并且第l篇文献同时与第j个和第k个词相关，才有 $d_{Si}d_{Sk}d_{lk}d_{lj}=1$。因此可以认为，共有 $b_{ij}^{(2)}$ 对文献分别与第i个和第j个词相关且与其它同一个词（第k个词）相关。称这样的文献对为文献连接对。

如果第i个和第j个标引词分别与文献 $d_i^{(1)}$ 和 $d_j^{(k)}$ 相关，并且有k篇文献的一个序列：

$$d_i^{(1)},\ \cdots,\ d_j^{(k)},$$

该序列的相邻文献至少有一个共同的标引词，那么可以认为第i个和第j个标引词是由长度为k的一个文献链连接的。设 $b_{ij}^{(k)}$ 是矩阵 B^k 的第i行第j列的元素，则

$b_{ij}^{(k)}=$ 第i个和第j个标引词之间长度为k的文献链数。

若G为单位矩阵，则（9—6）式变为

$$\vec{q'} = \vec{q}[I+\lambda B+(\lambda B)^2+\cdots].$$

若 $\vec{q}$ 为二值向量，则有

$$q_j' = q_j + \lambda \sum_{i=1}^{n}[b_{ij}+\lambda b_{ij}^{(2)}+\lambda^2 b_{ij}^{(3)}+\cdots].\quad 1\leqslant j\leqslant n$$

§9—4 概率检索模型中的最理想查询

什么是最理想查询？笼统地说，如果一个查询能够得到最理想的检索结果，则我们说这个查询是最理想的查询。最理想查询应该是我们现有的知识水平和经验现象相结合的产物，如果我们把它定义为独立于我们的知识水平和经验现象

以外的、某种绝对的不可接近的东西，那对我们的研究将没有任何益处。

我们在§5—2给出了最优势检索规则：

$$\frac{P(T=x/T\in R)}{P(T=x/T\in I)} \geqslant k \Rightarrow 检索文献 x.$$

这个检索规则对查询的表示形式没有提出特别的要求。如果我们按照某一查询得到的检索结果与按照最优势检索规则得到的检索结果相一致，则这个查询就是一个理想查询。因此，Yu在〔10〕中规定最理想查询满足的条件是：

$$S(q, x_1) \geqslant S(q, x_2)$$
$$\Longleftrightarrow \frac{P(T=x_1/T\in R)}{P(T=x_1/T\in I)} \geqslant \frac{P(T=x_2/T\in R)}{P(T=x_2/T\in I)},$$

其中 S 表示文献和查询的相似程度。

满足上述条件的最理想查询在不同的模型中有不同的表示形式。

令 P_i 表示在相关文献集中文献 x 的第 i 个分量为1的概率，q_i 表示在无关文献集中文献 x 的第 i 个分量为1的概率，则在二元独立模型

$$g(x) = \sum_{i=1}^{n} \left\{ x_i \log \frac{P_i(1-q_i)}{q_i(1-P_i)} + \log \frac{1-P_i}{1-q_i} \right\}$$

中，最理想查询为：

$$q_0 = (\omega_1, \omega_2, \cdots, \omega_n),$$

其中

$$\omega_i = \log \frac{P_i(1-q_i)}{q_i(1-P_i)}, \quad 1 \leqslant i \leqslant n.$$

令 u_i 表示文献 x 的第 i 个分量在相关文献集中分布的期望

值，v_i 表示文献 x 的第 i 个分量在无关文献集中分布的期望值，则在 Poisson 模型

$$g(x) = \sum_{i=1}^{n} (v_i - u_i) + \sum_{i=1}^{n} x_i \log \frac{u_i}{v_i}$$

中，最理想查询为：

$$q_0 = \left(\log \frac{u_1}{v_1}, \log \frac{u_2}{v_2}, \cdots, \log \frac{u_n}{v_n} \right).$$

令 f_i 表示文献 x 的第 i 个分量的期望值，S_i^2 表示文献 x 的第 i 个分量的方差。设 S_1 是文献 x 在相关文献集中的协方差矩阵，S_2 是文献 x 在无关文献集中的协方差矩阵。若 $S_1 = S_2$，且标引词相互独立，则在正态分布模型

$$g(x) = \sum_{i=1}^{n} x_i \frac{f_i - v_i}{S_i^2}$$

中，最理想查询为：

$$q_0 = \left(\frac{f_1 - v_1}{S_1^2}, \frac{f_2 - v_2}{S_2^2}, \cdots, \frac{f_n - v_n}{S_n^2} \right).$$

§9—5 关于布尔查询的两种反馈思想

本节我们考虑的对象是传统的布尔检索。

在我们前面所讨论的关于向量检索和概率检索的反馈模型中，所处理的都是查询的向量表示，现在我们转而考虑对查询的布尔表示的反馈修正问题。关于布尔检索中相关反馈的研究比向量检索和概率检索中的研究更为复杂。首先，布尔检索不能排序，这使我们不能有选择地利用初始检出文献。在一个布尔检索过程中，当输出的某篇文献与用户需求

的相关性较小时，因为我们不知道这篇文献在与布尔查询表示对应的检出文献全体中所处的位置，所以如果我们把这篇文献作为一个反馈信息，就很难决定对查询表示应该作何种程度的修正。或者，当输出的某篇文献与用户需求的相关性较大时，也会有类似的情况发生。

其次，查询的布尔表示不象向量表示那样是一个松散的组织，而是有严密的逻辑结构。对查询的向量表示进行修正时，我们只须考虑应该选择哪些标引词就行了。而对查询的布尔表示进行修正时，我们就不仅要考虑选择适当的标引词，而且还要考虑这些标引词在查询表示中所处的逻辑状态，即这些标引词应该以怎样的逻辑方式进行联结。

我们主要介绍两种有影响的布尔查询反馈思想。

一、Dillon方法[4—5]

设N'表示初始检出的文献篇数，R'表示初始检出的相关文献的篇数，r_t'在初始检出的相关文献中与标引词t相关的文献篇数，$n_t'-r_t'$表示初始检出的无关文献中与标引词t无关的文献篇数，n_t为标引词t的文献频率。对于任意的标引词t，我们定义

$$P_t = \frac{\dfrac{r_t'}{\min(R',n_t)} - \dfrac{n_t'-r_t'}{\min(N'-R',n_t)}}{\ln n_t}, \quad (9-7)$$

称其为标引词t在检出文献集中的相关属性值，简称为属性值。

显然，标引词t在检出的相关文献中出现的次数越多，其属性值越大，反之越小。这提示我们在修正的布尔查询表示中尽量包含属性值大的标引词。Dillon的方法是，选定一

组阈值 $l_1 \geqslant l_2 \geqslant \cdots \geqslant l_k \geqslant, \cdots$，将标引词按其属性值所在的阈值区间进行分组，并按下式构成新的布尔查询：

$$(t_{11} \vee t_{12} \vee \cdots \vee t_{1n_1}) \vee [(t_{21} \wedge t_{22}) \vee (t_{23} \wedge t_{24})$$
$$\vee \cdots \vee (t_{2(n_2-1)} \wedge t_{2n_2})] \vee [(t_{31} \wedge t_{32} \wedge t_{33}) \vee \cdots] \vee \cdots,$$

其中

$$l_j \leqslant P_{t_{ij}} < l_{j-1}.$$

Dillon方法的主要缺点是：查询修正仅依赖于标引词的属性值，从而对修正查询中的析取项无法加以控制。另外，需要有合适的标准来确定阈值区间，这在实际中往往是很难掌握的。

二、DNF（析取范式）方法

Salton、Voorhees和Fox等人在〔6〕中对Dillon方法作了进一步改进，得到了所谓的DNF（disjunetive normal form）方法。

在DNF方法中，标引词的属性值的计算公式为：

$$P_t = \left(\frac{r_t''}{R'+a} - \frac{n_t}{N} \right) \ln \left(\frac{N}{n_t+10} \right), \qquad (9-8)$$

其中N是文献总数，且

$$r_t'' = \begin{cases} r_t', & \text{当}t\text{不在初始查询中出现时}; \\ r_t' + a, & \text{当}t\text{在初始查询中出现时}。 \end{cases}$$

这里的a是一个常数，具有调节P_t的功能。

根据（9—8）式，我们可以将各标引词按其属性值的大小进行排序。不妨试排序结果为

$$t_1, t_2, \cdots, t_n.$$

这个排序实际上也是各标引词和给定的查询的相关程度的一

个排序，因而在构造修正查询时，应该首先选择 t_1，其次是 t_2, t_3, $\cdots$，直到构造出理想的修正查询为止。

设 S 是用户希望检出的文献篇数，因为
$$N = |\Psi(t_1 \vee t_2 \vee \cdots \vee t_n)| > S,$$
故存在 m，使
$$|\Psi(t_1 \vee t_2 \vee \cdots \vee t_m)| \leq S,$$
而
$$|\Psi(t_1 \vee t_2 \vee \cdots \vee t_m \vee t_{m+1})| > S.$$
若 $|\Psi(t_1 \vee t_2 \vee \cdots \vee t_m)| = S$（这种情况在实际中很少出现），则可将修正查询设计为：
$$q = t_1 \vee t_2 \vee \cdots \vee t_m.$$
当 $|\Psi(t_1 \vee t_2 \vee \cdots \vee t_m)| < S$ 时，考虑由两个标引词构成的双元词序列：
$$t_i \wedge t_j, \quad 1 \leq i, j \leq n.$$
按照（9—8）式计算各双元词的属性值，并将各双元词同查询 $t_1 \vee t_2 \vee \cdots \vee t_m$ 通过逻辑算符 $\vee$ 联结。然后，按属性值从小到大的顺序剔除一部分双元词。直到该查询的检出文献篇数小于或等于 S 为止。

接着，对三元词，四元词以及更多元词重复上述步骤，直到检出文献的篇数与 S 非常接近且检出文献均最大程度地与用户需求相关为止。

实际应用上述方法时，可以只考虑在查询和相关文献中出现的标引词。Salton 等人在他们的论文中只考虑了用不多于三元的词来修正查询的情形，并附有实验结果。更多元的词在实际应用中将会使计算量急剧增长，而对查询进行修正的效果却不见得有明显的增加。

补 记

与本章内容有关的一些重要文献我们已在本章正文中引用过了。除此而外,我们还要强调一下Salton以及Yu,Luk,Cheung等人的工作。其中Salton 1988年在〔7〕中提出了一种自动构造布尔查询的方案,并且在1983年就为此表露过一些有益的观点[8—9]。而Yu,Luk,Cheung[10]等人是在Rocchio模型的基础上提出了一个相关反馈的统计模型。其主要思想是将相关文献和无关文献与查询的相似值假定为正态分布的,并由此导出一查询为最理想查询的充分必要条件。

参 考 文 献

〔1〕 Nilsson,M.J.,Learning Machines-Foundations of Trainable Pattern Classifying Systems,McGraw-Hill,New York,1965.

〔2〕 Rocchio,J.J.,Jr,Relevance Feedback in Information Retrieval,In: Salton,G.,The SMART System Experiments in Automatic Document Processing,Prentice-Hall, Englewood Cliffs,New Jersey,1971,pp 313-323.

〔3〕 Salton,G.,The SMART Experiments in Automatic Document Processing,Prentice-Hall,Englewood Cliffs,New Jersey,1971.

[4] Dillon,M.,Desper,J.,Automatic Relevance Feedback in Boolean Retrieval Systems, Journal of Documentation,1980,36,pp197-208.

[5] Dillon,M.,Ulmmchneider,J., Desper, J.,A Prevalence Formula for Automatic Relevance Feedback in Boolean Systems,Information Processing and Management,1983, 19,pp 27-36.

[6] Salon,G.,Voorhees,E.,Fox, E.A.,A Comparison of Two Methods for Boolean Query Relevance Feedback Information Processing and Management,1984,20,pp 637-651.

[7] Salton,G.,A Simple Blueprin for Automatic Boolean Query Processing,Information Processing and Management,1988,24,pp 269-280.

[8] Salton,G.,Fox,E.A.,Wu,H.,An Automatic Environment for Boolean Information Retrieval,In: Mason,R. E.A, Information Processing,Elsevier Science Publishers B.V. (North Holland) ,1983,pp 755-762.

[9] Salton,G.,Buckley,C.,Fox,E. A.,Automatic Query Formulations in Information Retrieval,Journal of the American Society

for Information Science,1983,34,pp 262-280.
[10] Yu,C.T.,Luk,W.S.,Cheung,T.Y.,A Statisrical Model for Relevance Feedback in Information Retrieval,Journal of the ACM, 1976,23, pp 273-286.

第十章 检索评价

对一个情报检索系统所进行的效用评价，能够使情报用户据以决定他们是否需要这样的系统以及从该系统中获得所需要的数据是否合算。再者，当我们为制定一个检索策略而需要提出某一主张时，评价的理论就能确定这一主张是否正确。以情报检索系统为对象的效用评价的中心任务是测度系统满足用户的能力。在本章中，我们将看到查准率和查全率被我们用作评价检索系统的有效性的主要标准。它们是系统检索相关文献而同时又抑制不相关文献的性能的一种测度。以查准率和查全率作为评价理论的基础，是因为它们都是容易被理解的量，并且一般都是成对被使用的。

这里再简要提一下相关性的概念，它是我们建立评价理论的基本出发点。相关性是一个主观的概念，不同的用户关于个别文献对于给定的查询之相关性可能不同。而情报检索系统在任何运行状态下都将以为用户提供相关文献为目的，所以相关性的概念将处处与情报用户相联系。这样的特点决定了我们不能一劳永逸地把相关性概念的主观属性从我们今后的研究中摈弃出去。但是，不排除这种主观因素，我们的任何情报检索系统都将成为无效。因为任何情报检索系统都只能断言文献对某一情报需求的相关性，而这种相关性对于任何用户都只能是同一种状态。为了使相关性概念能够适用于情报检索系统的这种特点，必须对文献与用户需求的相关性进行具有普遍意义的估计。而相关性在这种意义下就成为客观的东西。

测度检索有效性的技术，在很大程度上受所采用的检索策略以及它的输出形式的影响。例如，当输出是一列文献时，则一个明显的参数，如文献排列位置，对输出的控制有直接作用，用这种排列位置作为阈值时，每一阈值对应一对查准率和查全率的值，我们可以将这一成对的量描成曲线，该曲线就是随阈值变化的系统有效性的直接解释。

§10—1 查全率，查准率及其相互关系

一个检索系统的有效性是该系统通过检索出相关文献来满足用户的能力的一个测度。有效性可以用查全率和查准率来衡量。

设一个系统所包含的文献总数为 N。系统中所有文献按照某一查询 q 被划分为相关文献集 R 和无关文献集 I，针对查询 q 所检出的文献构成集合 B，则检出的相关文献构成集合 $R\cap B$，检出的无关文献构成集合 $I\cap B$，未检出的相关文献构成集合 $R\cap \bar{B}$。于是我们可分别给出查准率、查全率和误检率的定义如下：

$$查准率(p) = \frac{|R\cap B|}{|B|};$$

$$查全率(r) = \frac{|R\cap B|}{|R|};$$

$$误检率\, f = \frac{|I\cap B|}{|R|};$$

我们引入参数

$$g=\frac{|R|}{N},$$

它是文献集合中相关文献密度的一个测度。通过参数 g，我们对查准率 p，查全率 r，误检率 f 可得到下述的函数关系：

$$p=\frac{r\times g}{(r\times g)+f(1-g)}.$$

在§10—1，我们还将给出查准率、查全率之间互逆关系的数学解释。

§10—2 混合测度

通常，我们以查准率和查全率为指标来测定检索系统的有效性时，总是假定查全率为一个适当的值，然后依查准率的大小来衡量系统的有效性。但是由此得到的有效性测度往往使人们抱有怀疑，因为查全率本来是一个可变的量。如果我们将查全率给定为一个具体的数值，则说明我们对系统的性能提出了一个特殊的要求。接着由查准率所确定的有效性测度是以这种特殊的要求为前提的，所以该有效性测度是不能令人满意的。

查全率和查准率之间具有互逆关系，人们总是希望在查全率一定的时候能有较高的查准率。因为系统的有效性测度同时与查全率和查准率有关，因而，我们就当然地设想在查全率取每一个可取值的情况下，来研究查准率的变化以测定系统的有效性，这就克服了上述缺陷。但是，即使在这种情况下，仅仅靠固定一个变量，而研究另一个变量的方法，仍会有许多麻烦。所以，设计单一的变量来进行有效性的测度就自然而然地进入了人们的思考范围。

现在,我们引入一个单一的变量,设该变量是系统有效性的一个测度。当我们仍然以查全率和查准率作为系统有效性的指标时,则这个单一变量应该主要与查全率 r 和查准率 p 有关。如果我们能够设计一个合理的关系 μ 使得该单一变量能够通过 μ 所确定的函数 $\mu(r, p)$ 确定下来,则这就构成了一个混合测度。

这种混合测度可以避免对双变量的复杂讨论。人们已经考虑了很多种设计方法,例如:

$$S = p + r;$$

$$Q = \frac{r - f}{r + f - 2rf};$$

$$V = 1 - \frac{1}{2\left(\frac{1}{r}\right) + 2\left(\frac{1}{p}\right) - 3}.$$

等。其中测度 V 的全称是 Vickery 测度,关于这个测度我们将在后边推导出来。

有些测度只能很有限地反映系统的有效性。比如测度 $S = p + r$,在两个系统中分别测得 $p = 0.01$、$r = 0.9$ 以及 $p = 0.9$、$r = 0.01$,即两个系统针对某一查询的检索得到了相同的 S 值。如果我们因此认为两个系统有相同的有效性,则对前一系统就意味着由 $p = 0.9$ 能推出 $r = 0.01$,而对后一系统就意味着由 $p = 0.01$ 能推出 $r = 0.9$。但这是我们无法给出严格证明的。

下面我们列举一个归纳过程给出有效性测度的一种设计。该归纳过程可以作为对该测度的合理性的解释。

设 R、I、B 的含意如§10—1所述。系统对每一查询的处理结果,最理想的情况是检出文献构成的集合 B 包含且仅仅包含了所有的相关文献,即 $B=R$,也就是说查准率和查全率都等于1(从而误检率为0)。但是,这种情况在实际中出现的可能性非常小。检出文献集 B 总是由一部分相关文献和一部分无关文献构成。如图10-1所示,其中 $R \cap B$ 是被检索到的文献中相关文献构成的集合。

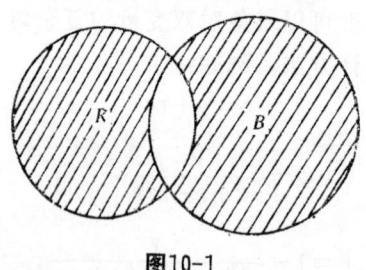

图10-1

检出文献构成的集合 B 究竟在何种程度上对用户是有用的,直观上我们可以通过测定图中阴影部分的面积来回答这个问题。这个面积用已经定义的术语来表示就是 $R \cup B - R \cap B$。因为我们对被检索的相关和不相关文献的比例更感兴趣,所以我们可由此出发引出如下的混合测度:

$$E = \frac{|R \cup B - R \cap B|}{|R| + |B|}.$$

在上式中引入查准率 p 和查全率 r,就得到

$$E = 1 - \frac{1}{\frac{1}{2}\left(\frac{1}{p}\right) + \frac{1}{2}\left(\frac{1}{r}\right)}.$$

§ 10—3 Swets 模型

1963年，Swets 在信号检测的背景下，建立了一个以统计决策论为基础的检索系统评价模型[2]。1967年他还为此做了更深入的研究工作，他的模型的最大优点是把统计理论应用于情报检索测度的研究之中。这项工作曾引起其他研究者的注意，例如，Brookes[3]，Bookstein[4]，Heine[5—6]和 Robertson[7]就曾作过进一步的讨论，本节主要介绍 Swets 的工作。

首先遇到的问题是所期望建立的模型准备达到怎样的目的，即关于有效性的测度应该满足哪些条件。根据对检索系统的性能和作用的分析，并从测度理论的现状出发，这些条件可列举如下：

1）能够表达出一个检索系统区别想要的项目和不想要的项目的能力。但不表达其它的（例如检索费用和检索时间）对用户可能发生影响的因素。

2）该测度对系统有效性的辨别能力不受检索阈值的影响——不管这一阈值是系统自行确定的还是为用户所安排的。

3）该测度是一个混合测度，它以单变量的形式出现因而能够简单地被传送和直接地被了解。

4）这个测度能够将遇到的不同性能的有效性进行比较，以显示出其间的差别。并能用单一的数表示出任何一个系统的性能。

给定一个具有这些性质的测度，我们就能相信必有一个纯粹而有效的指标,来衡量为了达到原先设计目的的这种功能究竟被某一检索系统执行到何种程度。为了得到这种测度,我们仍然需要从查准率,查全率和误检率的概念出发。首先给出查准率,查全率和误检率的概率定义:

查准率 $p=P(T\in R/T\in B)$(检出的文献为相关文献的概率),

查全率 $r=P(T\in B/T\in R)$(检出相关文献的概率),

误检率 $f=P(T\in B/T\in I)$(检出不相关文献的概率)。

其中 T 表示某一随机抽取的文献。

我们用 λ 表示一切可能的检索阈值,则由 λ 的某些变化所产生的查准率——查全率或查全率——误检率曲线可用来测度检索系统的有效性。而下一个问题就归结为如何将所得到的曲线用一个单一数的测度来表证。为达到这一目的,我们假设变量 λ 在相关文献集 R 和无关文献集 I 上是正态分布的。现用 $N(\mu_1, \sigma_1)$ 和 $N(\mu_2, \sigma_2)$ 分别表示这两个分布,用 $f_1(\lambda/R)$ 和 $f_2(\lambda/I)$ 分别表示其密度函数,即

$$f_1(\lambda/R)=\frac{1}{\sqrt{2\pi}\,\sigma_1}\exp\left(-\frac{(\lambda-\mu_1)^2}{2\sigma_1^2}\right),$$

$$f_2(\lambda/I)=\frac{1}{\sqrt{2\pi}\,\sigma_2}\exp\left(-\frac{(\lambda-\mu_2)^2}{2\sigma_2^2}\right).$$

我们把这两个正态分布描绘在图 10-2 中。其中 $N(\mu_1, \sigma_1)$ 分布在相关文献集上,$N(\mu_2, \sigma_2)$ 分布在无关文献集上。设 λ_0 是我们所选定的检索阈值,则由 λ_0 所确定的图中北—西和北—东方向的阴影面积的大小分别表示查全率和误检率。

我们选择各种 λ_0 的值,通过由 λ_0 所确定的数对(查全

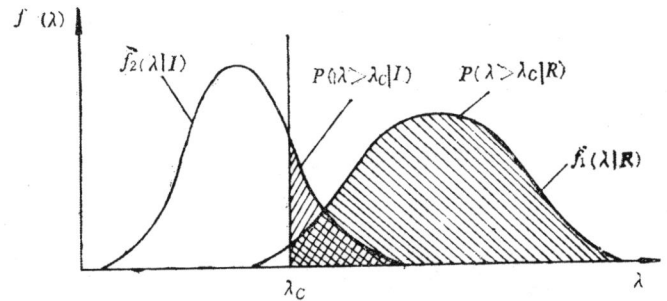

图10-2 相对 λ 的两个正态分布

率和查准率或查全率和错检率）来测度一个检索策略的有效性。从图 10-2 中已经可以直观地看出，与查全率和误检率相对应的阴影面积是不同的。另一方面，我们发现系统的性能主要与点（$p_λ, r_λ$）有关，这是因为在不同偏差的一般情况下 $λ_c$ 是由两点来确定的一条平滑曲线，而在同样偏差的特殊情况中却是由一点所完全确定的一条平滑曲线。为了看到这点，我们只要在（对于偏差垂直线的线性有比例的）复式概率纸上描绘出点（$p_λ, r_λ$）来，并找出那些位于同一直线上的点。一个 45°角对应于同样的偏差，而其它情况的角的斜率则按 $σ_1$ 和 $σ_2$ 的比率来给出。这种情况如图 10-3 所示。Swets 在设计评价模型时，没有考虑斜率，而将距离 OI——实际上是 $\sqrt{2}OI$——当作有效性的一个测度来试用。这相当于使用

$$S_1 = \frac{\mu_2 - \mu_1}{\frac{1}{2}(\sigma_1 + \sigma_2)}.$$

Brookes 在〔3〕中提出了一种修正 S_1 的意见。并从

统计的观点说明了所得结果优于 S_1 的理由。该修正的测度为：

$$S_2 = \frac{\mu_2 + \mu_1}{(\sigma_1^2 + \sigma_2^2)^{\frac{1}{2}}}.$$

在图10-3中，S_2 可解释为垂直的距离 OI 和 ON。

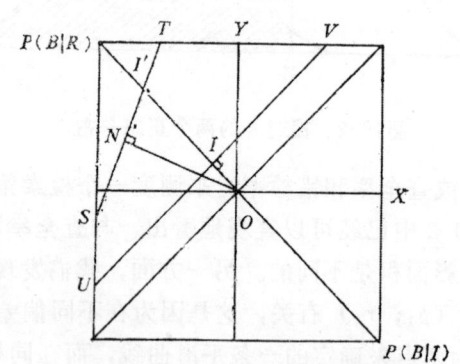

图10-3 Swets 模型的几何解释

§10—4 Cooper 模型

测度检索有效性的技术，与所采用的检索策略以及系统的输出形式有密切关系。当用户对检索系统提出定量化的要求时，这一定量化的要求就必然影响到系统的输出形式，因而它本身就可以作为测度系统有效性的指标。设想用户在其提问中需要相关文献的篇数为 n。则当检索系统自信其输出的每一篇文献都是相关文献时，用户就只须取走输出的前几篇文献即可。而实际的情况是，在检出文献中相关文献和不相关文献是相互混杂的，因而用户就必须对输出的每篇文献进行检查，保留相关文献，抛弃不相关文献，直到相关文献的篇数达到 n 为止。

现在提出查找长度的概念，查找长度就是在满足一个用户的信息要求之前该用户必须检查不相关文献的篇数。Cooper 在〔8〕中将检索系统的主要功能设想为在最大可能的程度上使用户在查找相关文献时省掉进行细查和抛弃不相关文献的劳动。Cooper 研究了期望查找长度，并得到了相应的测度模型——一种以查找长度为单一指标的测度模型。

下面的讨论是针对一个排序的检索输出而言的。系统对检索输出的排序可以分为不同的级别。一种特殊的情况是在每一个级别里都设有两篇或更多篇文献出现。例如，考虑15篇文献的一个排列，其中相关文献的分布情况如图10-4所示。则当 $n=3$ 时，其查找长度为 2；当 $n=7$ 时，其查找长度为 6。

级别	1	2	3	4	5	6	7	8	9	10	11	12	13	14	15
相关性	×	-	-	+	+	+	-	-	-	+	+	-	+	-	-

**图10-4　15篇文献的一个排列，
"+"表示相关，"-"表示不相关**

一般情况下，按照一个匹配函数所产生的排列，其每一个级别里至少有一篇以至更多篇文献，而且在同一级内各文献的排列次序是随机的。由此就产生不恰当的查找长度。如果第 n 篇相关文献出现在排列的某一级的话，则我们将得到随该级里相关文献的各种可能的排列而对应的不同的查找长度。这就使得我们只能从概率的角度着眼了。

例如，考虑如图10-5所示的20篇文献的一个排列。设 $n=6$，则第6篇相关文献将在第三级内遇上。而查找长度有可能是3、4、5、6之一，这随着第6篇相关文献之前有多少不相关文献而定。我们可以忽略第一级和第二级内各种可能的排列情况，因为其分布总是一样的。为了计算期望查找长度，我们就需要每个有可能的查找长度的概率。要做到这一点，我们就得首先考虑两篇相关文献可能以不同的方式分布在5种情况之中的概率，即$\binom{5}{2}=10$。其中查找长度为3的有4种不同方式的分布；查找长度为4的有3种；查找长度为5的有2种；查找长度为6的有1种。因此，期望查找长度为：

$(4/10)\cdot 3+(3/10)\cdot 4+(2/10)\cdot 5+(1/10)\cdot 6=4$

级 别	1	1	1	2	2	2	2	2	3	3	3	3	3	4	4	4	4	4	4	4
相关性	−	−	+	+	−	+	−	+	+	−	+	+	−	−	−	−	−	−	+	−

图10-5 20篇文献的一个排列

现在我们考虑一般的情况。设 q 是给定的用户查询，j 是位于最后一级之前的所有级上对 q 不相关的文献总数，t 是最后一级的相关文献数，s 是要求从最后一级中满足 q 的相关文献数，i 是最后一级的不相关文献数。为了将 t 篇相关文献平均分布在不相关文献之中，我们就将不相关文献划分成 $t+1$ 个子集，使得每个子集都包含有 $i/(t+1)$ 篇文献，则期望查找长度（Expected Search length）为：

$$E(q)=j+\frac{i\cdot s}{t+1}$$

如果文献集合和试验询问是固定的话，则 E 就足以作为一

个有效性的测度。在此情况下,总测度就是平均期望查找长度:

$$\bar{E} = \frac{1}{|Q|} \sum_{q \in Q} E(q). \qquad (10-1)$$

其中 Q 是查询集合。

如果文献集合和试验询问是变化的,则由(10—1)式给出的测度还要进一步改进。首先,对于随机检索引入随机查找长度(Expected random search length)的概念,关于随机查找长度可给出如下的显式表达式:

$$R(q) = \frac{S \cdot |I|}{|R| + 1}.$$

其中 R 为相关文献集,I 为无关文献集,S 为与 q 相关的文献的总期望数。

对于试验询问中的变化和文献集合中的变化的校正,可通过对 $E(q)$ 和 $R(q)$ 的比较得到。当在某一级里检索到全部文献集合时,则 $R(q)$ 可通过 $E(q)$ 得出。因此,我们得到下述的测度:

$$\frac{R(q) - E(q)}{R(q)}.$$

并将其称为期望查找长度退化因子。

我们可相应地给出平均期望查找长度退化因子的定义:

$$\frac{\bar{R} - \bar{E}}{\bar{R}}. \qquad (10-2)$$

关于(10—2)式的进一步讨论可参见 Senko[9] 和 Cooper[8] 等人的文章。Cooper[8] 在他的论文中还考虑了用户查询中具有定量化要求的其它一些类型,我们这里只讨论了其中的一种类型。而对其它类型的讨论与这里的讨论大体上相类似。

§ 10—5 SMART 测度

本节将给出查准率和查全率的一种新型测度。在此以前，我们测定查准率和查全率总是在给定的阀值下进行的，根据不同的阀值测出不同的查准率和查全率，并据以衡量检索系统的有效性。而现在所考虑的新型测度，将是在不依赖阀值的情况下设计出来的。

设检索系统中文献的总数为 N，相关文献的总数为 n。则最好的检索结果是输出的前 n 篇文献都是相关文献，而最坏的结果是检出的前 $N-n$ 篇文献全部是不相关文献，此后才是相关文献。实际的情况则是介于最好和最坏的两种情况之间。直观上，我们可以通过图 10-6 给出说明。在图 10-6 中，我们将 y 轴标上查全率，在 x 轴上将文献按检索输出的

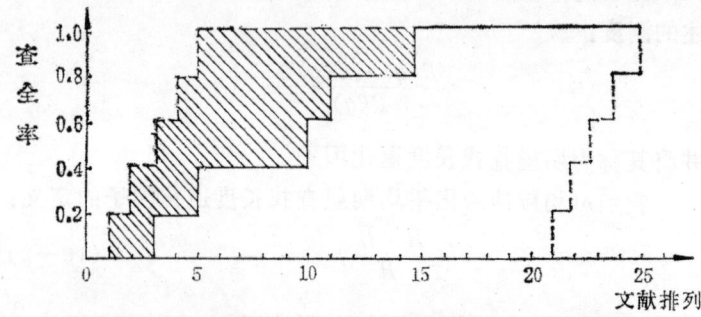

图10-6　包含有25篇文献的一个检索系统的检索过程
　　　　示意图，其中相关文献篇数为5。本图显示
　　　　了查全率是如何用最好和最坏的情况来限制的。

先后顺序予以排列。则最好的检索结果可解释为：从输出的第一篇文献开始，每检出一篇文献，查全率都要上升一个台阶，直到 n 篇相关文献全部输出为止，如图中左侧虚线所示；而最坏的情况则如图中右侧的虚线所示；实际情况介于两者之间，如图中实线所示。

设 r_i 是在其中被检索到的第 i 篇相关文献的排列序号。则由图 10-6 可得到一般情况下最好情况与实际情况的面积（类似于图中阴影部分的面积）为：

$$A_b - A_a = \frac{\sum_{i=1}^{n} r_i - \sum_{i=1}^{n} i}{n}. \qquad (10\text{—}3)$$

(10—3) 式的推导可在 Salton[10]的书中见到。

实际情况和最坏情况之间的面积是测定查全率的有用数据。我们将这一面积与最好和最坏情况之间的面积之比定义为查全率。借助于 (10—3) 式及

$$\sum_{i=1}^{n} r_i(N-n) = N-n.$$

可得查全率的一个简便显式是：

$$r = 1 - \frac{\sum r_i - \sum i}{n(N-n)}.$$

用类似的方法，可相应地得到查准率的一个测度。在图 10-7 中，我们再次用了三条表明下述情况的曲线，即 ①最好情况；②实际情况；③最坏情况。在实际情况与最好情况之间的面积为：

$$A_b - A_a = \sum_{i=1}^{n} \sum_{k=1}^{r_i} \frac{1}{K} - \sum_{i=1}^{n} \sum_{k=1}^{i} \frac{1}{K}$$

$$= \sum_{i=1}^{n} \log r_i - \sum_{i=1}^{n} \log i.$$

在最好和最坏情况之间的面积为:

$$\log \frac{N!}{(N-n)!n!}.$$

因此,我们得到查准率的显式表达式为:

$$p = 1 - \frac{\sum \log r_i - \sum \log i}{\log\left(\frac{N!}{(N-n)!n!}\right)}.$$

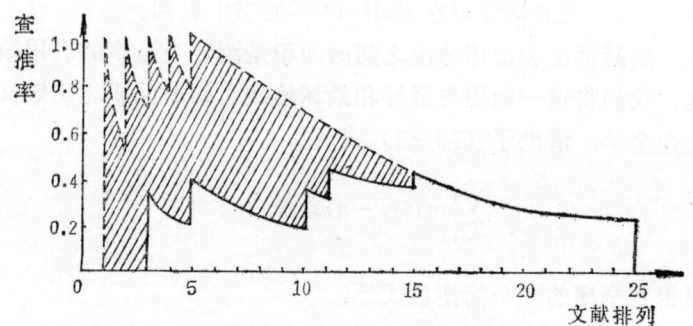

图10-7 包含有25篇文献的一个检索系统的检索过程示意图,其中相关文献的篇数为5。本图显示了查准率是如何用最好和最好的情况来限制的。

关于上述测度的进一步讨论可参见 Senko[9], Salton[10], Robertson[7]等人的文章。

最后，介绍一下在 SMART 系统中所使用的两个类似的但较简单的测度。它们是

$$\text{排列查全率} = \frac{\sum_{i=1}^{n} i}{\sum_{i=1}^{n} r_i}, \qquad \text{对数查准率} = \frac{\sum_{i=1}^{n} \ln i}{\sum_{i=1}^{n} \ln r_i}.$$

并且不考虑系统中的文献总数 N。这里 n 是相关文献总数。

§10—6 一般模型

本节主要介绍 Van Rijsbergen 在〔11-12〕中的工作。仅仅对个别的地方稍加变动。

我们将考虑在情报检索的评价理论中引入测度论的数学方法。将测度论的基本数学概念引入到评价理论之中，这在 Krantz、Ellis 和 Lrantz 等人的书中已有较详细的说明。

这里需要注意的是，在其它一些学科，比如物理学中的量，通常都是一种凭经验序化的量，在那里，我们能用一种度量制凭经验来证实某某东西质量是相等的，或是大于或小于其它的。这种情况在情报检索中是没有的，我们将在第十二章中从哲学上探讨这个问题。在以查准率和查全率来测度有效性的情况下，我们不能说一对特殊的查准率——查全率的值是比某些其它对要较好或较坏些，即这中间没有明确的序关系。为了引入测度论的数学方法，我们必须作一些合理的假定，这就是：对于我们所建立的评价模型，①所有属于该模型的性质都是相容的；②该模型包含了在测度有效性中所作的全部假设；③每一性质有一个可接受的解释；④由该模

型所确定的有效性测度是与我们的经验现象相符合的。

在上述假设下，我们接着讨论那些可能有希望满足确定有效性的诸因素的条件。这些条件我们将以定义的形式给出。

如果 R^* 是可能有的查全率值的集合，P^* 是可能有的查准率值的集合，则我们对集合 $R^* \times P^*$ 及在其上的一个关系感兴趣，该关系我们记为 $\langle R^* \times P^*, \geqslant \rangle$，这里 "$\geqslant$" 为 $R^* \times P^*$ 上的一个二元关系。（今后我们将使用同样的符号 $\leqslant$）。

定义10—1 关系结构 $\langle R^* \times P^*, \leqslant \rangle$ 是一个弱序，且仅当对于 $e_1, e_2, e_3 \in R^* \times P^*$，满足下面两条公理：

1）连接性：或 $e_1 \leqslant e_2$ 或 $e_2 \leqslant e_1$；
2）传递性：如果 $e_1 \geqslant e_2$ 且 $e_2 \geqslant e_3$，则 $e_1 \geqslant e_3$。

我们强调：倘若两对能用二种方式进行定序的话，则 $(r_1, p_1) \sim (r_2, p_2)$ 就说是等价的但不必相等。而传递性的条件也是满足的。

定义10—2 在 $R^* \times P^*$ 上的一个关系是独立的，且仅当对 $r_1, r_2 \in R^*$ 和对某一 $p \in P^*$，有 $(r_1, p) \geqslant (r_2, p)$ 时，则对每个 $p' \in P^*$ 有 $(r_1, p') \geqslant (r_2, p')$；同时对 $p_1, p_2 \in P^*$ 和对某一 $r \in R^*$，当 $(r, p_1) \geqslant (r, p_2)$ 时，则对每一 $r' \in R^*$ 有 $(r', p_1) \geqslant (r', p_2)$。

定义10—3 （Thomsen 条件） 对于每个 $r_1, r_2, r_3 \in R^*$ 和 $p_1, p_2, p_3 \in P^*$，如果 $(r_1, p_2) \sim (r_3, p_2)$ 且 $(r_3, p_1) \sim (r_2, p_3)$，则这就意味着有 $(r_1, p_1) \sim (r_2, p_2)$。

定义10—4 （有约束的可解性） 在 $R^* \times P^*$ 上的一个关系 $\geqslant$ 满足有约束的可解性，如果：① 每当 $r, \bar{r}, \underline{r} \in R^*$ 和 p，

$p' \in P^*$ 时, 对此都有 $(\bar{r}, p') \geqslant (r, p) \geqslant (r, p')$, 则存在 $r' \in R^*$, 使得 $(r', p') \sim (r, p)$; ②对于任意的 $p' \in P^*$ 也保留有一个类似的条件。

定义10—5 $R^* \times P^*$ 的组成部分 R^* 是基本的, 且仅当存在这样的 $r_1, r_2 \in R^*$ 和 $p_1 \in P^*$, 使得 $(r_1, p_1) \sim (r_2, p_1)$ 不成立。对于 P^* 也有类似的定义。

关于上述五个定义, 我们有如下的几点注记:

1) 定义10—1所说的是, 对于任给的一个点 (r, p), 是否能说该点所表示的有效性比其它点表示的有效性要更好些, 更差些或者一样。

2) 定义10—2是关于独立性 (independence) 的条件, 独立性的含义是两个组成部分的结果都是独立地对有效性起作用。这里所要表达的是: 当给定一个查全率 (或查准率) 时, 我们得到关于两个不同的查准率值 (或查全率值) 的有效性的差别。

3) 关于 Thomsen 条件可以用图 10-8 给出一种说明。其中的线 l_1 和 l_2 是同等有效的线。也就是说, 对于 l_1 或 l_2 上的任意两点 (r, p) 和 (r', p') 都有 $(r, p) \sim (r', p')$。定义10—3所给出的实际上是分别位于不同的曲线 l_1 和 l_2 上的两个点之间进行比较的假设, 我们可以认为这是一个插值过程。

直观上, 可将定义10—3理解为: 区间 $r_1 r_3$ 和区间 $p_2 p_3$ 是等量的, 因为以点 (r_1, p_2) 开始, 划直线使其在 r 因子内以 $r_1 r_3$ 表示一个增量, 而在 p 因子内以 $p_2 p_3$ 表示一个增量, 则将导致有相同的有效性 (各点都在 l_2 上)。因此接着就有: 倘若从同等的有效性开始, 在每一因子内部减少一个量，则在这种情况下，l_1 上的两个点 (r_3, p_1) 和 (r_2, p_3) 应该导致有相同的有效性。

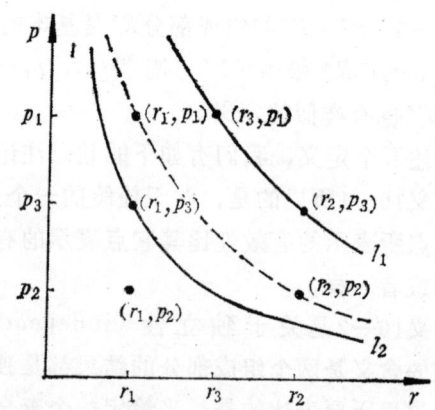

图10-8　说明Thomsen条件的一种图解

4) 对于涉及到 R^* 和 P^* 的连续性条件，当考虑中间值的存在性时，定义 (10-4) 作出了较为精确的假设。即方程 $(r', p') \sim (r, p)$ 可解的条件是存在 $\bar{r}, \underline{r} \in R^*$，使得 $(\bar{r}, p') \geqslant (r, p) \geqslant (\underline{r}, p)$。

我们对于关系结构 $\langle R^* \times P^*, \geqslant \rangle$ 已经列出了若干充分且必要的条件。下面我们将要考虑的是：如果一个给定的关系结构满足某些条件的话，我们怎样由此构造出一个同态的数值关系结构来。一个同态于实数的结构通常称为一个记数法。因此，测度可以被看作是从有用的数值关系结构里凭经验的关系结构而走的同态结构。

设 R_0 为实数集合。我们希望找到 R^* 上的实值函数 Φ_1 和

P^* 上的实值函数 Φ_2，以及一个由 $R_e \times R_e$ 映射到 R_e 的映象函数 F，其中对每一个变量都是一一对应的关系。使得对所有的 r，$r' \in R^*$ 和 p，$p' \in P^*$，都有

$(r, p) \geqslant (r', p') \Longleftrightarrow F(\Phi_1(r), \Phi_2(p)) \geqslant F(\Phi_1(r'), \Phi_2(p'))$（这里的 $\geqslant$ 是 R_e 上的通常关系，而非 $R^* \times P^*$ 上的二元关系）。

定理10—1 设 $\langle R^* \times P^*, \geqslant \rangle$ 是一个加性连接结构，则存在从 R^* 映射到 R_e 的实函数 Φ_1 和从 P^* 映射到 R_e 的实函数 Φ_2，使得对任意的 r，$r' \in R^*$ 和 p，$p' \in P^*$，有

$(r, p) \geqslant (r', p') \Longleftrightarrow \Phi_1(r) + \Phi_2(p) \geqslant \Phi_1(r') + \Phi_2(p')$

如果 $\Phi_i (i=1, 2)$ 是具有相同性质的两个其它函数，则存在常数 θ，α_1，$\alpha_2 (\theta > 0)$，使得

$$\Phi_1' = \theta \Phi_1 + \alpha_1, \quad \Phi_2' = \theta \Phi_2 + \alpha_2.$$

现在我们讨论关于建立在某一模型上的 Φ_i 和 F 对于某些用户的特殊形式，即 Φ_i 和 F 部分地是由用户所决定的。我们考虑集合 $R^* \times P^*$ 上的序化问题，实际上是在每个因子的区间上进行序化。在图10—9中，我们有 $(r_3, p_1) \geqslant (r_1, p_2)$，$(r_3, p_1) \geqslant (r_1, p_1)$ 和 $(r_1, p_2) \geqslant (r_1, p_1)$。因此，宁可取增量 $r_1 r_3$，而不愿取增量 $p_1 p_2$。但是 $(r_2, p_2) \geqslant (r_4, p_1)$，这就使得我们宁取 $p_1 p_2$ 而不取 $r_2 r_4$。因此 $r_1 r_3 \geqslant_1 r_3 r_4$，这里 $\geqslant_1$ 是在 R^* 上诱导出的序关系。现在，我们有一种将 R^* 上每一区间与 P^* 上固定区间作比较的方法。如果我们试图由查准率和查全率来确定系统的有效性，则只须讨论文献比例的重要性就行了。

定义10—6 一个用户关于查准率和查全率的相对重要性是指比率 p/r，在这里有

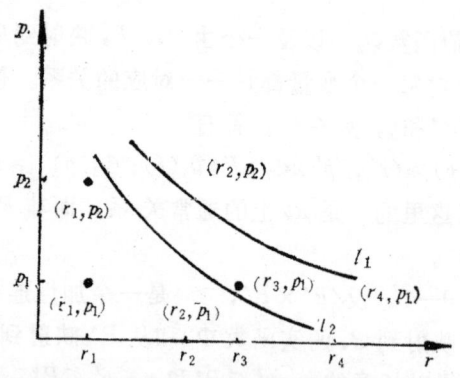

图10-9 关于两条等效线的点的相关位置

$$\frac{\partial E}{\partial r} = \frac{\partial E}{\partial p}.$$

其中 $E=E(p, r)$ 是基于查准率的一个有效性的测度。

现在,所要设计的测度 E 应该使用户可以对查准率和查全率附以不同的相对重要性。因此,在 E 中就应该出现与用户有关的一个参数,通过该参数对 E 所产生的影响,使得 E 在实际上相对于一个用户测度了检索的有效性。针对比率 P/R,用户就情愿利用关于在查全率中损失掉的一个相等量添加给查准率。

对实函数 Φ_1, Φ_2 给出如下的定义:

$$\Phi_1(p) = \alpha\left(\frac{1}{p}\right),\ \Phi_2(r) = (1-\alpha)\left(\frac{1}{r}\right). \quad (10-4)$$

其中 $0 \leqslant \alpha \leqslant 1$。为满足加性独立性条件及定义10-6,给出 F 的定义如下:

$$F(\Phi_1,\ \Phi_2) = 1 - \frac{1}{\Phi_1 + \Phi_2}.$$

将 (10-4) 式代入上式得到有效性测度 E:

$$E = 1 - \frac{1}{\alpha\left(\frac{1}{p}\right) + (1-\alpha)\left(\frac{1}{r}\right)}。 \qquad (10-5)$$

设 $p/r = \beta$，且 $\alpha = 1/(\beta^2 + 1)$，则容易证明

$$\frac{\partial E}{\partial r} = \frac{\partial E}{\partial p}。$$

在此情况下，我们就得到了满足定义10—6的一个测度。

对测度 E，当 $\alpha = \frac{1}{2}$（从而 $\beta = 1$）时，则由

$$p = \frac{|R \cap B|}{|B|}, \quad r = \frac{|R \cap B|}{|R|}.$$

可得：

$$E = \frac{|R \cup B - R \cap B|}{|R| + |B|}。$$

这一特殊情况我们在上面已经讨论过了。现在看来，它对应于一个用户附以同等的重要性给查准率和查全率。

令 $\Phi'_1 = 2\Phi_1 - \frac{1}{2}$，$\Phi'_2 = 2\Phi_2 - \frac{1}{2}$ 和 $\beta = 1$，

可得到：

$$E = 1 - \frac{1}{\frac{1}{p} + \frac{1}{r} - 1}.$$

这是 Heine[13] 曾讨论过的一个测度。

令 $\Phi'_1 = 4\Phi_1 - \frac{3}{2}$，$\Phi'_2 = 4\Phi_2 - \frac{3}{2}$，且 $\beta = 1$，则可得到：

$$E = 1 - \frac{1}{2\left(\frac{1}{p}\right) + 2\left(\frac{1}{r}\right) - 3}.$$

这就是 Vickery 测度。参见 Cleverdon 的文章。

补 记

在这里我们认为还有一件追切的事情是向大家推荐一本 Salton 的著作。Salton 在 [14] 中对系统组成、评价观点和相关问题作了详细的论述，对于检索有效性的度量问题，特别是单值度量和利用率度量也提出了精辟的见解。更有意义的是考虑了系统成本和效率的评价问题，诸如系统的折中方案，成本分析等。这对于想进一步了解本章内容的读者将会提供有益的帮助。

参 考 文 献

[1] Cleverdon, C.W., on the Inverse Relationship of Recall and Precision, Journal of Documentation, 1972, 28, pp195-201.

[2] Swets, J.A., Information Retrieval Systems, Science, 1963, 141, pp245-250.

[3] Brookes, B.C., The Measure of Information Retrieval Effectiveness Proposed by Swets, Journal of Documentation, 1968, 24, pp41-54.

[4] Bookstein, A.The Anomalous Behaviour of Precision in the Swets Model, And its Resolution, Journal of Documentation, 1974, 30, pp374-380.

[5] Heine, M.H., Design Equations for Retrieval Systems Based on the Swets Model, Journal of the American Society for Information Science, 1974, 25, pp183-198.

[6] Heine, M.H., The Inverse Relationship of Precision and Recall in Terms of the Swets Model, Journal Documentation, 1973, 29, pp81-84.

[7] Robertson, S.E., The Parametric Description of Retrieval Tests, Part 2: Overall Measures, Journal of Documentation, 1969, 25, pp93-107.

[8] Cooper, W.S., Expected Search Length: A Single Measure of Retrieval Effectiveness Based on Weak Ording Action of Retrieval Systems, Journal of American Society for Information Science, 1968, 19, pp30-41.

[9] Senko, M.E., Information Storage and Retrieval Systems, In: Tou, J., Advances in Information Systems Science, Plenum, New York, 1969.

[10] Salton, G., Automatic Information Organization and Retrieval, McGraw-Hill, New York, 1968.

[11] Van Rijsbergen, C.J., Information Retrie-

val, Butterworths, London, 1979.

[12] Van Rijsbergen,C.J.,Foundations of Evaluation, Journal of Documentation, 1974, 30, pp365-373.

[13] Heine, M.H.,Distance Between Sets as an Objective Measure of Retrieval Effectiveness, Information Storage and Retrieval, 1973, 9, pp181-198.

[14] Salton, G., Mcgill, M.J., Introduction to Modern Information Retrieval,McGraw-Hill, New York, 1983.

第十一章 多值相关性判定下的检索理论

在情报检索中，用户的最基本要求是希望检索系统能提供与其请求相关的文献。因而，特别是在与"相关性"有关的检索理论中，就应该首先以用户的这种最基本要求为出发点。我们在第四、五、六、七等各章中所讨论的就是这种类型的检索理论。在那里，我们基于用户的最基本要求把文献集分成两大部分，即"相关文献集"和"无关文献集"。这实际上等于假定了用户对于文献集中各文献的判定是二值的。即用户将任一文献与其所提出的请求相比，只能判断为"相关"或"不相关"，二者必居其一且仅居其一。

这种基于"用户二值相关判定"的基本假设所建立的多种检索理论，迄今为止已有非常乐观的进展。但仍存在着某些不足和局限，其中十分重要的就是这个假设本身。关于"相关性"的概念我们在第五章中已有初步讨论。对某一特定的用户需求而言，一篇文献的相关性往往是多值的，可能"相常相关"或"比较相关"、"不怎么相关"或"一点也不相关"等等。因此，二值相关性的基本假设是与客观实际不相符合的。对此，Negoita[1]，Bookstein[2]，都小健[3]等人都曾阐述了基本一致的观点。

因而，有必要将上述二值相关性假设扩充为多值相关性假设。这种扩充将使我们有可能建立一个更为合理的检索模型。本章用于介绍这方面的内容。以下各节，主要是以本书作者在〔4-5〕中所做的工作为依据而安排的。

§11—1 模糊贝叶斯法则

为了研究情报的模糊特性，对模糊状态引入贝叶斯法则。

定义11—1 设在论域 U 上给定了映射 μ

$$\mu: \text{U} \to [0, 1],$$

则说 μ 确定了 U 上的一个模糊子集，记为 $\underset{\sim}{A}$。μ 称为 $\underset{\sim}{A}$ 的隶属函数，亦写作 $\mu_{\underset{\sim}{A}}$。$\mu_{\underset{\sim}{A}}(u)$ 称为 u 关于 $\underset{\sim}{A}$ 的隶属度，它表示 u 属于 $\underset{\sim}{A}$ 的程度。

当 $\mu_{\underset{\sim}{A}}(u)=1$ 时，则 u 完全属于模糊子集 $\underset{\sim}{A}$；当 $\mu_{\underset{\sim}{A}}(u)=0$ 时，则 u 完全不属于 $\underset{\sim}{A}$。$\mu_{\underset{\sim}{A}}(u)$ 越接近于 1，u 属于 $\underset{\sim}{A}$ 的程度就越大，当着 $\mu_{\underset{\sim}{A}}(u)$ 的值域为 $\{0, 1\}$ 时，$\mu_{\underset{\sim}{A}}(u)$ 蜕化成一个普通子集的特征函数，$\underset{\sim}{A}$ 便蜕化成一个普通子集。普通子集是模糊子集的一个特例。

定义11—2 设 Ω 为样本空间，如果模糊子集 $\underset{\sim}{A}=\underset{\sim}{A}(\omega)$ 是一个随机变量，则称 $\underset{\sim}{A}$ 为一个模糊事件。模糊事件 $\underset{\sim}{A}$ 的概率定义为：

$$P(\underset{\sim}{A}) \overset{\triangle}{=} \int_{\Omega} \underset{\sim}{A}(\omega) d_p = E(\underset{\sim}{A}(\omega)), \qquad (11—1)$$

当 $\Omega = R^n$ 时，积分是相对于 lebesque—Stieljes 测度说的。

作为特例，若 Ω 为有限集

$$\Omega = \{x_1, x_2, \cdots x_n\},$$

且

$$P(x_i) = P_i, \ i = 1, 2, \cdots, n_o$$

则（11-1）式可以写成：

$$P(\underset{\sim}{A}) \overset{\triangle}{=} \sum_{i=1}^{n} \underset{\sim}{A}(x_i) P_{i\,o}$$

例11-1 向目标进行射击，直到打中为止。设各次射击是相互独立的，每次击中目标的概率为 P。用 $\underset{\sim}{A}$ 表示"只射击了不几次就射中目标"这一事件，则 $\underset{\sim}{A}$ 是模糊事件。取击中目标所需的射击次数作为论域：

$$\Omega = \{1, 2, 3 \cdots\}_o$$

设

$$\underset{\sim}{A} = 1/1 - 0.8/2 + 0.6/3 + 0.4/4_o$$

则 $\underset{\sim}{A}$ 发生的概率为

$$\begin{aligned}
P(\underset{\sim}{A}) &= \sum_{i=1}^{\infty} \underset{\sim}{A}(x_i) P_i = \sum_{i=1}^{\infty} \underset{\sim}{A}(x_i)(1-P)^{i-1} P \\
&= P + 0.8(1-P)P + 0.6(1-P)^2 P \\
&\quad + 0.4(1-P)^3 P_o
\end{aligned}$$

模糊事件的概率具有下列性质：

1° $P(\phi) = 0, \ P(\bigcup) = 1$;
2° $0 \leqslant P(\underset{\sim}{A}) \leqslant 1$;
3° $\underset{\sim}{A} \cap \underset{\sim}{B} = \phi \Rightarrow P(\underset{\sim}{A} \cup \underset{\sim}{B}) = P(\underset{\sim}{A}) + P(\underset{\sim}{B})$;
4° $\underset{\sim}{A} \subset \underset{\sim}{B} \Rightarrow P(\underset{\sim}{A}) \leqslant (\underset{\sim}{B})$;

5° $P(A \cup B) = P(A) + P(B) - P(A \cap B)$。

由通常的贝叶斯法则和模糊事件的概率的概念，定义如下的模糊贝叶斯法则：

（i）概率信息 y 得到后，模糊状态的后验概率可由如下的贝叶斯法则得到：

$$P(A/y) = \frac{\sum \mu_A(x_i) P(y/x_i) P(x_i)}{P(y)}。$$

（ii）模糊信息 B 得到后，模糊状态下的后验概率可由如下的贝叶斯法则得到：

$$P(A/B) = \frac{\sum_i \sum_j \mu_A(x_i) \mu_B(y_i) P(y_i/x_i) P(x_i)}{\sum_j \mu_B(y_j) P(y_j)}。$$

§11—2 广义检索指标的模糊概率定义

设多值相关判定下的相关性值域构成论域

$$R = \{r_1, r_2, \cdots, r_n\} \quad (n \geqslant 2)。$$

不失一般性，假设 $r_1 > r_2 > \cdots > r_n$。

用 R_i 表示被用户指定相关值为 r_i 的文献集，则 $R_1, R_2, \cdots, R_n$ 便构成文献集 D 的一个不相交完备分割，即

$$\bigcup_{i=1}^{n} R_i = D, \quad R_i \cap R_j = \phi, \quad (i \neq j)。$$

设由 R 上的模糊概念"相关"确定的模糊子集为 $\widetilde{R}$，由 R 上的模糊概念"不相关"确定的模糊子集为 $\widetilde{I}$，文献集 D 上的元素 X 对 $\widetilde{R}$ 和 $\widetilde{I}$ 的隶属程度分别为：

$$\mu_{\underset{\sim}{R}}(X)=\mu_i, \ \mu_{\underset{\sim}{I}}(X)=1-\mu_i, \ X\in R_i。$$

显然上述 $\mu_{\underset{\sim}{R}}(X)$ 的定义应满足当 $r_i > r_j$ 时，$\mu_i > \mu_j$。

在检索系统中，文献和查询都可以由一个 n 维向量

$$T=(T_1, T_2, \cdots T_n)$$

来表示。其中第 i 个分量 T_i 表示第 i 个标引词反映文献或查询的主题内容所达到的程度。当在文献空间中随机地抽取文献时，便得到表示被抽取文献的随机变量 T。

设 E 表示"从文献集合中任取一文献而该文献被检索系统认为是相关的文献"这一事件以下在多值相关判定下定义检索指标，我们称其为广义检索指标。

广义查准率：

$$\begin{aligned}E_P &= P(R/\underset{\sim}{T}\in E)\\ &= \frac{\sum \mu_i P(T\in E/R_i)P(R_i)}{P(T\in E)};\end{aligned}$$

广义查全率：

$$\begin{aligned}E_R &= P(T\in E/R)\\ &= \frac{\sum \mu_i P(R_i/\underset{\sim}{T}\in E)P(T\in E)}{\sum \mu_i P(R_i)};\end{aligned}$$

广义错检率：

$$\begin{aligned}E_F &= P(T\in E/\underset{\sim}{I})\\ &= \frac{\sum (1-\mu_i)P(R_i/T\in E)P(T\in E)}{\sum (1-\mu_i)P(R_i)};\end{aligned}$$

广义漏检率：

$$E_G = P(T\notin E/\underset{\sim}{R}) = 1-E_R;$$

广义误检率：
$$E_N = P(I/T \in E)$$
$$= \frac{\sum (1-\mu_i) P(T \in E/R_i) P(R_i)}{P(T \in E)};$$

广义特异度：
$$E_{Sp} = P(T \notin E/I) = 1 - E_F;$$

广义相关密度：
$$E_G = P(R).$$

Swets 在1963年给出了传统评价指标查全率和误检率的概率定义[6]：
$$P_R = P(B/A); \quad P_F = P(B/\bar{A}).$$
其中 A 表示"任一文献是相关文献"，B 表示"任一文献是输出文献"。

可以看出 P_R, P_F 是 E_R、E_F 当 R、I 蜕化为普通子集时的特例。

§11—3 E_R—E_P 互逆关系的数学解释

我们在§10—1已揭示了二值相关判定下 R—P 之间的互逆关系。即当人们努力提高查全率时，往往会降低查准率；而在提高查准率时，又往往会降低查全率。在得出此结论的同时，我们还指出，R—P 的互逆关系不是一个基本定律，也不能认为它始终成立，除非对它所作的许多限制在运行条件下近乎无意义。

与对 R—P 之间互逆关系的理解一样，我们认为，E_R—

E_P 之间的互逆关系具有更广义的和宏观的性质,而不是象定量指标那样总成立的数学公式。下面我们就某些特殊情况对 E_R—E_P 之间的互逆关系作相应的解释。

相关性指标是表示文献与用户情报需求之间相关性程度的数量指数。Swets 使用的 measure。Z 是一种相关性指标,Bookstein 的"检索状态值"(Retrieval Status Values)也是一种相关性指标,Heine 也对相关性指标进行了深入的讨论。如果对检索系统引入相关性指标,则在检索时就可以根据给定的相关性指标对系统中每一文献确定一个相关性值,并根据用户需求确定命中阀值。如果文献的相关性值大于命中阀值,则系统认为该文献是相关的,并将其输出。

设 $f_i(M)$ 是相关性指标 M 在 R_i 中的分布密度函数,则

$$E_R = \frac{1}{P(\underset{\sim}{R})} \int_c^\infty \sum_{i=1}^n \mu_i f_i(M) P(R_i) dM; \quad (11-2)$$

$$E_P = \frac{1}{P(\underset{\sim}{I})}, \quad (11-3)$$

其中命中阀值 C 为一个变量。

$$E_p = P(\underset{\sim}{R}/T \in E) = \frac{P(T \in E/\underset{\sim}{R})P(\underset{\sim}{R})}{P(T \in \underset{\sim}{E})}$$

$$= \frac{P(T \in E/\underset{\sim}{R})P(\underset{\sim}{R})}{P(T \in E/\underset{\sim}{R})P(\underset{\sim}{R}) + P(T \in E/\underset{\sim}{I})P(\underset{\sim}{I})}$$

$$= \frac{E_R G}{E_R G + E_P(1-G)}, \quad (11-4)$$

其中 $G=P(\underset{\sim}{R})$ 为广义相关密度,是一常数。

因为
$$G=0 \Rightarrow E_P=0, \ E_R=1。$$
$$G=1 \Rightarrow E_P=1, \ E_R=0。$$
故以下讨论假定 $0<G<1$。

由 (11—2)、(11—3) 知 E_R、E_F 均为命中阈值 C 的函数,因而由概率公式 (11—4) 知 E_P 也是 C 的函数。所以

$$\frac{dE_P}{dE_R}=\frac{dE_P}{dc} \bigg/ \frac{dE_R}{dc}。$$

其中 $\frac{dE_P}{dc}$ 和 $\frac{dE_R}{dc}$ 分别是 E_P、E_R 对变量 C 的导数。

由 (11-2)、(11-3) 知

$$\frac{dE_R}{dc}=-\frac{1}{P(\underset{\sim}{R})}\sum_{i=1}^{n}\mu_i f_i(c) R(R_i);$$

及

$$\frac{dE_F}{dc}=-\sum_{i=1}^{n}(1-\mu_i)f(c)P(R_i)。$$

因此可以得到如下关系式:

$$\frac{dE_P}{dE_R}$$

$$=\frac{G[E_R G+E_F(1-G)]\dfrac{dE_R}{dc}-GE_R\left[\dfrac{dE_R}{dc}G+\dfrac{dE_F}{dc}(1-G)\right]}{[E_R G+E_F(1-G)^2]\dfrac{dE_R}{dc}}。$$

整理得出下式:

$$\frac{dE_P}{dE_R} = \frac{G(1-G)\left(E_F \frac{dE_R}{dc} - E_R \frac{dE_F}{dc}\right)}{[GE_R + E_F(1-G)]^2 \frac{dE_R}{dc}}.$$

上式中的分母恒为负，且 $G(1-G) > 0$，故 $\frac{dE_P}{dE_R}$ 与上式中的

$$E_F \frac{dE_R}{dc} - E_R \frac{dE_F}{dc}$$

反号，从而有：

$$\frac{dE_P}{dE_R} < 0 \iff E_F \frac{dE_R}{dc} - E_R \frac{dE_F}{dc} > 0$$

$$\iff \frac{\Sigma \mu_i P(R_i) f_i(c)}{\Sigma (1-\mu_i) P(R_i) f_i(c)} < \frac{\Sigma \mu_i P(R_i) \int_c^\infty f_i(m) dm}{\Sigma (1-\mu_i) P(R_i) \int_c^\infty f_i(M) dM},$$

(11—5)

但 (11—5) 式不是在任何情况下都成立。这里我们仅证明当 f_i 为正态分布这一特殊情形时 (11—5) 式是成立的。

设 $f_i(M)(1 \leqslant i \leqslant n)$ 均为正态分布的密度函数，且具有相同的方差。

$$f_i(M) = \frac{1}{\sqrt{2\pi} \sigma} e^{-[-(M-a_i)^2/2\sigma^2]}, \quad 1 \leqslant i \leqslant n, \quad (11—6)$$

显然相关性指标大的，均值应大。由前面相关性值的假设可得 $a_1 \geqslant a_2 \geqslant \cdots \geqslant a_n$。

考虑一种特殊情况，当 $n=2$，$\mu_1 = 1$，$\mu_2 = 0$ 时，(11—5) 式变为：

$$\frac{f_1(c)}{f_2(c)} < \frac{\int_c^\infty f_1(M)dM}{\int_c^\infty f_2(M)dM}, \qquad (11-7)$$

又

$$E_F f_1(c) - E_R f_2(c)$$
$$= \int_1 (c)\int_C^\infty f_2(M)dM - f_2(c)\int_c^\infty f_1(M)dM, \qquad (11-8)$$

将 (11—6) 式所确定的 f_1、f_2 代入 (11—8) 式并整理 得:

$$E_F f_1(c) - E_R f_2(c)$$
$$= \frac{1}{2\pi\sigma^2}\exp-\left[\frac{(c-a_2)^2}{2\sigma^2}\right]\int_c^\infty \exp-\frac{(M-a_2)^2}{2\sigma^2}\right]C(M)dM$$

其中

$$C(M) = \exp\left[\frac{2a_1(C-a_2)}{2\sigma^2}\right] - \exp\left[\frac{2a_1(M-a_2)}{2\sigma^2}\right].$$

在积分区间中应有 $M>C$,从而

$$\frac{2a_1(c-a_2)}{2\sigma^2} < \frac{2a_1(M-a_2)}{2\sigma^2},$$

所以在积分区间上有 $C(M)<0$。

由于 $\exp\left[-\frac{(M-a_2)^2}{2\sigma^2}\right]$ 为正函数,且其它各项均为正,因此

$$E_F f_1(c) - E_R f_2(c) < 0,$$

于是 (11—7) 式得证。

同理可证对任意的 $i<j$ 有:

$$\frac{f_i(c)}{f_j(c)} < \frac{\int_c^\infty f_i(M)dM}{\int_c^\infty f_j(M)dM}. \qquad (11-9)$$

下面我们对 n 施行数学归纳法。

(i) 当 $n=2$ 时,由(11—7)得:

$$f_1(c)\int_C^\infty f_2(M)dM - f_2(c)\int_C^\infty f_1(M)dM < 0$$

$$\Rightarrow (\mu_1-\mu_2)\left[f_1(c)\int_C^\infty f_2(M)dM - f_2(c)\int_C^\infty f_1(M)dM\right] < 0$$

$$\Rightarrow \mu_1(1-\mu_2)f_1(c)\int_C^\infty f_2(M)dm$$

$$- \mu_2(1-\mu_1)f_1(c)\int_C^\infty f_2(M)dM$$

$$< \mu_1(1-\mu_2)f_1(c)\int_C^\infty f_1(M)dM$$

$$- \mu_2(1-\mu_1)f_2(c)\int_C^\infty f_1(M)dM$$

$$\Rightarrow \mu_1(1-\mu_2)P(R_1)P(R_2)f_1(c)\int_C^\infty f_2(M)dM$$

$$+ \mu_2(1-\mu_1)P(R_1)P(R_2)f_2(c)\int_C^\infty f_1(M)dM$$

$$< \mu_1(1-\mu_2)P(R_1)P(R_2)f_2(c)\int_C^\infty f_1(M)dM$$

$$+ \mu_2(1-\mu_1)P(R_1)P(R_2)f_1(c)\int_C^\infty f_2(M)dM$$

$$\Rightarrow \mu_1(1-\mu_1)P^2(R_1)f_1(c)\int_C^\infty f_1(M)dM$$

$$+ \mu_1(1-\mu_2)P(R_1)P(R_2)f_1(c)\int_C^\infty f_2(M)dM$$

$$+ \mu_2(1-\mu_1)P(R_1)P(R_2)f_2(c)\int_C^\infty f_1(M)dM$$

$$+ \mu_2(1-\mu_2)P^2(R_2)f_2(c)\int_C^\infty f_2(M)dM$$

$$< \mu_1(1-\mu_1)P^2(R_1)f_1(c)\int_C^\infty f_1(M)dM$$

$$+ \mu_2(1+\mu_1)P(R_1)P(R_2)f_1(c)\int_C^\infty f_2(M)dM$$

$$+ \mu_1(1-\mu_2)P(R_1)P(R_2)f_2(c)\int_C^\infty f_1(M)dM$$

$$+ \mu_2(1-\mu_2)P^2(R_2)f_2(c)\int_C^\infty f_2(M)dM$$

$$\Rightarrow [\mu_1 P(R_1)f_1(c) + \mu_2 P(R_2)f_2(c)]$$

$$\left[(1-\mu_1)P(R_1)\int_C^\infty f_1(M)dM + (1-\mu_2)P(R_2)\int_C^\infty f_2(M)dM\right]$$

$$< [(1-\mu_1)P(R_1)f_1(c) + (1-\mu_2)P(R_2)f_2(c)]$$

$$\left[\mu_1 P(R_1)\int_C^\infty f_1(M)dM + \mu_2 P(R_2)\int_C^\infty f_2(M)dM\right]$$

$$\Rightarrow \frac{\mu_1 P(R_1)f_1(c) + \mu_2 P(R_2)f_2(c)}{(1-\mu_1)P(R_1)f_1(c) + (1-\mu_2)P(R_2)f_2(c)}$$

$$< \frac{\mu_1 P(R_1)\int_C^\infty f_1(M)dM + \mu_2 P(R_2)\int_C^\infty f_2(M)dM}{(1-\mu_1)P(R_1)\int_C^\infty f_1(M)dM + (1-\mu_2)P(R_2)\int_C^\infty f_2(M)dM} \circ$$

故 $n=2$ 时，(11—5) 式成立。

(ii) 假设当 $n=k$ 时 (11—5) 式成立，即：

$$\frac{\sum_{i=1}^{K} \mu_i P(R_i) f_i(c)}{\sum_{i=1}^{K} (1-\mu_i) P(R_i) f_i(c)}$$

$$< \frac{\sum_{i=1}^{K} (\mu_i) P(R_i) \int_C^\infty f_i(M) dM}{\sum_{i=1}^{K} (1-\mu_i) P(R_i) \int_C^\infty f_i(M) dM}.$$

则当 $n=K+1$ 时，由 (11—9) 式知，对任意的 $i \leq K$，有

$$f_i(c) \int_C^\infty f_{K+1}(M) dM - f_{K+1}(c) \int_C^\infty f_i(M) dM < 0$$

$$\Rightarrow (\mu_i - \mu_{K+1}) P(R_i) P(R_{K+1})$$

$$\left[f_i(c) \int_C^\infty f_{K+1}(M) dM - f_{K+1}(c) \int_C^\infty f_i(M) dM \right] < 0.$$

因为 i 具有任意性，所以

$$\sum_{i=1}^{K} (\mu_i - \mu_{K+1}) P(R_i) P(R_{K+1})$$

$$\left[f_i(c) \int_C^\infty f_{K+1}(M) dM - f_{K+1}(c) \int_C^\infty f_i(M) dM \right] < 0$$

$$\Rightarrow (1 - \mu_{K+1}) P(R_{K+1}) \sum_{i=1}^{K} \mu_i P(R_i) f_i(c) \int_C^\infty f_{K+1}(M) dM$$

$$+ \mu_{K+1} P(R_{K+1}) f_{K+1}(c) \sum_{i=1}^{K} (1-\mu_i) P(R_i) \int_C^\infty f_i(M) dM$$

$$< \mu_{K+1} P(R_{K+1}) \sum_{i=1}^{K} (1-\mu_i) P(R_i) f_i(c) \int_C^\infty f_{K+1}(M) dM$$

$$+ (1 - \mu_{K+1}) P(R_{K+1}) f_{K+1}(c) \sum_{i=1}^{K} M_i P(R_i) \int_C^\infty f_i(M) dM.$$

类似于 (i) 的证明可得：

$$\frac{\sum_{i=1}^{K+1} \mu_i P(R_i) f_i(c)}{\sum_{i=1}^{K+1} (1-\mu_i) P(R_i) f_i(c)}$$

$$< \frac{\sum_{i=1}^{K+1} \mu_i P(R_i) \int_0^\infty f_i(M) dM}{\sum_{i=1}^{K+1} (1-\mu_i) P(R_i) \int_0^\infty f_i(M) dM}.$$

所以当 $n=K+1$ 时 (11—5) 式成立。

故对任意的 $n \geq 2$，(11—5) 式成立。

由以上证明可知，当 $f_i(M)$ 满足 (11—6) 式时，有：

$$\frac{dE_P}{dE_R} < 0.$$

即 E_P 是 E_R 的递减函数。

§11—4 多值相关性判定下对几种加权标引效率的讨论

在第二章中，我们以二值相关性制定为前提引入了词精确度 (term accuracy) 的概念，并借助它讨论了几种加权标引的效率。本节中我们将在多值相关性判定的前提下引入新的精确度的概念，并借以对几种加权标引效率作相应的讨论。

在多值相关性判定的前提下，(2—0) 式可推广为：

$$\frac{E\{f(q,d)|\underset{\sim}{R}\}}{E\{f(q,d)|\underset{\sim}{I}\}}$$

其中

$$E\{f(q,d)|\underset{\sim}{R}\} = \sum_{k=1}^{n} E\{f(q,d)|d \in R_K\} \cdot \mu_K P(R_K)/P(\underset{\sim}{R});$$

$$E\{f(q,d)|\underset{\sim}{I}\} = \sum_{k=1}^{n} E\{f(q,d)|d \in R_K\} \cdot (1-\mu_K) P(R_K)/P(I).$$

定义11—3 对于二元查询表示 q 与初始文献表示 d，经过修正后得到修正查询表示 q^* 与修正文献表示 d^*，如果

$$\frac{E\{f(q^*,d^*)|\underset{\sim}{R}\}}{E\{f(q^*,d^*)|\underset{\sim}{I}\}} \geqslant \frac{E\{f(q,d)|\underset{\sim}{R}\}}{E\{f(q,d)|\underset{\sim}{I}\}},$$

则称修正标引是有效的。

设 $Q=\{q_1, q_2, \cdots, q_m\}$ 是查询 q 的标引词集合，r_{iK} ($1 \leqslant i \leqslant m$) 是文献集 R_K 的向量表示中第 i 个分量为 1 的文献篇数，定义查询标引词 q_i 的精确度为：

$$\sum_{k=1}^{n} r_{iK} \mu_K / \sum_{k=1}^{n} r_{iK}.$$

给出与（2—1）式的假设相对应的假设如下：

设 q_i 和 q_j ($1 \leqslant i, j \leqslant m$) 表示两个不同的查询标引词，$r_{iK}$、$r_{jK}$ 分别表示文献集 R_K 的向量表示中第 i 个分量和第 j 个分量为 1 的文献篇数，如果 q_i 的文献频率不小于 q_j 的文献频率（即 $\sum_{k=1}^{n} r_{iK} \geqslant \sum_{k=1}^{n} r_{jK}$），则可假设 q_i 的精确度不小于 q_j 的精确度，即：

$$\sum_{k=1}^{n} r_{iK}\mu_{K} / \sum_{k=1}^{n} r_{iK} \leqslant \sum_{k=1}^{n} r_{jK}\mu_{K} / \sum_{k=1}^{n} r_{jK}. \tag{11—10}$$

接着，我们可以得到下面的结论：

命题11—1 在（11—10）式的假设下，逆文献频率加权方法是有效的。

命题11—2 设 q_j 是一个查询标引词，且

$$\frac{\sum_{k=1}^{n} r_{jK}\mu_{K}}{\sum_{k=1}^{n} r_{jK}} \geqslant \frac{\sum_{i=1}^{m}\sum_{k=1}^{n} r_{iK}\mu_{K}}{\sum_{i=1}^{m}\sum_{k=1}^{n} r_{iK}}, \tag{11—11}$$

设 q_s 不是查询标引词，但其语义与 q_j 相关。如果 q_s 的词精确度大于 q_j 的词精确度，即：

$$\frac{\sum_{k=1}^{n} r_{sK}\mu_{K}}{\sum_{k=1}^{n} r_{sK}} \geqslant \frac{\sum_{k=1}^{n} r_{jK}\mu_{K}}{\sum_{k=1}^{n} r_{jK}}, \tag{11—12}$$

则用 q_j 和 q_s 构成的词类的代表 q_{js} 进行的修正标引是有效的（q_{js} 的向量表示中的分量规定为 q_j 和 q_s 相应分量的和）。

这里的（11—11）式和（11—12）式主要是为了保证词的文献频率较低，因为词的文献频率高时，将其同义词构成词类会使查准率降低。

命题 11—3 设 q_j 和 q_s 是两个查询标引词，且

$$\frac{\sum_{k=1}^{n} r_{lK}\mu_{K}}{\sum_{k=1}^{n} r_{lK}} \geqslant \frac{\sum_{i=1}^{m}\sum_{k=1}^{n} r_{iK}\mu_{K}}{\sum_{i=1}^{m}\sum_{k=1}^{n} r_{iK}}, \quad l=j, s.$$

则用 q_j 和 q_s 构成的词类的代表 q_{js} 进行的修正标引是有效的（q_{js} 的向量表示与命题11—2有相同的规定）。

命题11—4 设 q_j 和 q_s 是两个查询标引词，且

$$\frac{\sum_{k=1}^{n} r_{lK}\mu_K}{\sum_{k=1}^{n} r_{lK}} \leqslant \frac{\sum_{i=1}^{m}\sum_{k=1}^{n} r_{iK}\mu_K}{\sum_{i=1}^{m}\sum_{k=1}^{n} r_{iK}}, \quad l = j, \ s.$$

由 q_j 和 q_s 组成的词组为 q_{js}，当 q_j 和 q_s 的向量表示中同一分量的值都等于 1 时，规定 q_{js} 的相应分量为 1，否则规定为 0。若 q_{js} 的词精确度大于 q_j 和 q_s 的词精确度，则由 q_{js} 所进行的修正标引是有效的。

这里所给的假定是为了保证词的文献频率较高。因为当词的文献频率较低时，将其组成词组会使查全率降低。

上述命题与命题2—1，2—3，2—4以及命题2—5的结果相同，但它们从更广泛的意义上说明了所陈述的加权标引的有效性。读者可在〔4-5〕中找到它们的证明过程。

§11—5 多值相关性判定下的一般决策模型

本节我们得出的实际是§5—2中定理5—1以及5—2的推广形式，其中所涉及到的最优势检索规则，排序原则和最佳检索规则等概念可在多值相关性判定的前提下将§5—2中各相应概念的定义推广而得。

在多值相关性判定下，系统对一文献所犯的两类错误可表示为：

$$P(T\in \overline{E}/\underset{\sim}{R});$$

及 $$P(T\in E/\underset{\sim}{I}).$$

令 $$\phi(x)=\begin{cases} 1, & X\in \overline{E};\\ 0, & X\in E.\end{cases}$$

则
$$E(\phi(X)/\underset{\sim}{R})=\sum_{X\in D}\phi(X)P(T=X/\underset{\sim}{R})$$

$$=P(T\in \overline{E}/\underset{\sim}{R})=1-E_R;$$

$$E(\phi(x)/\underset{\sim}{I})=\sum_{X\in D}\phi(X)P(T=X/\underset{\sim}{I})$$

$$=P(I\in E/\underset{\sim}{I})=1-E_F.$$

于是,与§5—2相应地有下述结论:

定理11—1 设检索规则满足

$$E(\phi(X)/\underset{\sim}{R})=\alpha, \qquad (11-13)$$

则 ϕ 为最优势检索规则的充分且必要条件是:

$$\phi(X)=\begin{cases} 1 & \text{当 } P(T=X/\underset{\sim}{R})>KP(T=X/\underset{\sim}{I});\\ 0 & \text{当 } P(T=X/\underset{\sim}{R})<KP(T=X/\underset{\sim}{I}).\end{cases} \quad (11-14)$$

证明:

1)充分性 设 $\phi(X)$ 是满足 (11—13)、(11—14) 式的检索规则,$\phi^*(X)$ 是任一水平 $\leqslant \alpha$ 的检索规则,即

$$E(\phi^*(X)/\underset{\sim}{R})\leqslant \alpha.$$

则显然有:

$$[\phi(X)-\phi^*(X)][P(T=X/\underset{\sim}{R})-KP(T=X/\underset{\sim}{I})]\geqslant 0.$$
$$(11-15)$$

因此
$$\sum_{\underset{\sim}{X}\in D}[\phi(\underset{\sim}{X})-\phi^*(\underset{\sim}{X})][P(T=\underset{\sim}{X}/R)-KP(T=\underset{\sim}{X}/I)]\geqslant 0.$$

由此得：
$$E(\phi(\underset{\sim}{X})/R)-E(\phi^*(\underset{\sim}{X})/R)$$
$$\geqslant K[E(\phi(\underset{\sim}{X})/I)-E(\phi^*(\underset{\sim}{X})/I)]$$
$$=K[\alpha-E(\phi^*(\underset{\sim}{X})/R)]\geqslant 0.$$

所以
$$E(\phi(\underset{\sim}{X})/I)\geqslant E(\phi^*(\underset{\sim}{X})/I).$$

故

2) 必要性 若 ϕ 是水平为 α 的最优势检索规则，设 ϕ^* 是满足 (11—13)、(11—14) 式的检索规则，则同 1) 有：
$$[\phi^*(\underset{\sim}{X})-\phi(\underset{\sim}{X})][P(T=\underset{\sim}{X}/R)-KP(T=\underset{\sim}{X}/I)]\geqslant 0.$$

(11—16)

另一方面，ϕ 是水平为 α 的最优势检索规则，于是
$$E(\phi(\underset{\sim}{X})/I)\geqslant E(\phi^*(\underset{\sim}{X})/I);$$
$$E(\phi(\underset{\sim}{X})/R)=E(\phi^*(\underset{\sim}{X})/R)=\alpha.$$

由此得：
$$[\phi^*(\underset{\sim}{X})-\phi(\underset{\sim}{X})][P(T=\underset{\sim}{X}/R)-KP(T=\underset{\sim}{X}/I)]\leqslant 0.$$

(11—17)

由 (11—16)、(11—17) 式得：
$$[\phi^*(\underset{\sim}{X})-\phi(\underset{\sim}{X})][P(T=\underset{\sim}{X}/R)-KP(T=\underset{\sim}{X}/I)]=0.$$

所以除 $P(T=\underset{\sim}{X}/R)=KP(T=\underset{\sim}{X}/I)$ 以外，必有：

$$\phi(X)=\phi^*(X),$$

由此即得 $\phi(X)$ 必满足 (11—14) 式。

由定理11—1知检索规则

$$\frac{P(T=X/R)}{P(T=X/I)} \geqslant K \Rightarrow 检索文献\ X$$

为最优势检索规则，且是唯一的最优势检索规则。

定理11—2 最优势检索规则是最佳检索规则。

证明

$$P(R/T=X) = \frac{P(T=X/R)P(R)}{P(T=X)}$$

$$= \frac{P(T=X/R)P(R)}{P(T=X/R)P(R)+P(T=X/I)(1-P(R))}$$

$$= \frac{[P(T=X/R)/P(T=X/I)]P(R)}{[P(T=X/R)/P(T=X/I)]P(R)+(1-P(R))},$$

可以看出 $P(R/T=X)$ 与

$$\frac{P(T=X/R)}{P(T=X/I)}$$

有相同的增减性，从而对任意的 X_1，X_2 有：

$$\frac{P(T=X_1/R)}{P(T=X_1/I)} > \frac{P(T=X_2/R)}{P(T=X_2/I)}$$

$$\Longleftrightarrow P(R/T=X_1) > P(R/T=X_2).$$

定理得证。

参考文献

[1] Negoita, C.V., ON the Notion of Relevance, Kybernetes, 1973, 2, pp161-165.

[2] Bookstein, A., Outline of a General Probabilistic Betrieval Model, Journal of Documentation, 1983, 39, pp63-72.

[3] 都小健，自然多值相关性制定下的情报检索效用评价与概率检索模型，研究生毕业论文，中情所藏。

[4] 康耀红，广义情报检索理论体系，情报科学，1986, 6, pp1—23。

[5] 康耀红，广义情报检索理论体系，研究生毕业论文，西安电子科技大学藏。

[6] Swets, J., Information Retrieval Systems, Science, 1963, 141, pp245—250.

第十二章 情报检索的哲学

本章讨论与情报检索联系较密切的一些哲学问题。我们首先从一般的哲学观点出发,讨论情报检索的描述与说明以及检索理论的结构。其次,给出检索问题的一种广义的解答,以期对我们的研究工作起到方法论的指导作用。

§ 12—1 情报检索的描述与说明

如果我们期望对情报检索问题做出有成效的研究,则第一步在于给出情报检索的一个适当描述。即相当于建立各种事实,而建立事实又在于用词或符号来陈述所描写的事实是如何由要素组成的,每一要素我们可选择适当的符号来表示。在这个过程中,我们实际进行的工作是研究和分析情报检索领域的每一个成分,并把它们归属到确定的类别中去,配以相应的符号。

接着,对被描述的对象进行说明,也就是将我们在描述过程中用到的某一个符号用另一些符号的组合所代替,而那些符号都已在别的场合使用过。例如,当我们用"检出文献中相关文献的总数与系统中实际存在的相关文献的总数之比"来代替"查全率"这个词,就构成了一个说明。借助于这种描述,我们就能预言查全率这个量的行为方式——查全率是我们用来说明"检出的相关文献"的某一属性的,它的行为方式已经被我们引用已知的概念予以指明了。而且,这一行为方式可以从已知的概念——检出的相关文献和系统中实际存在的相关文献——的已知行为中演绎出来。随着我们进一步的深入研究，我们描述情报检索所必须的概念数目将越来越少，所描述的内容将越来越统一。

说明意味着在不相似中发现相似，在差别中发现同一。由于说明是把情报检索中各种现象的不同种类还原为同一个领域，这些不同的种类就被作为特殊事类而包含在同一领域之中，因此，说明就是普遍包摄特殊，对于其它学科来说也是一样的。

在不同中发现相同被解释为发现常量，即不变量。我们更加感兴趣的是在发现这种常量的同时将它所经历的多样性与变化过程也给予说明。这样，一个根植于某种变化过程的常量就使得这种变化成为可理解的。我们是通过引入定律的概念来给出这种说明的。

表述有关任何一个过程的定律，就在于陈述那些用于描述该过程的变动的量或值的一种特殊组合。这种特殊组合在整个过程中保持恒定。而且，这种恒定的因素只有借助于数学上的函数概念被表明之后，说明才是完善的。因为只有借助于这类公式才能获得全部细节上的完整的描述。定律讲的是实际发生的东西，而不是应当发生的东西。

例如，我们说"用于文献标引的标引词之间不完全是相互独立的，它们之间在不同程度上是相关的"。这似乎可以算作是一个定律，但它还不能构成对所讨论的现象的一个说明。我们应该做进一步的思考，使得上述说法成为更具体的和可检验的。譬如，根据我们的经验，两个标引词在一文献集合中共同标引的文献的个数可以作为反映这两个标引词之间关系的有用数据。于是从这里出发，我们将得到一个表证这种相似程度的公式（如§4—5所述），这才可以算作是一个完整的说明。

我们顺便提一下Zipf定律，它讲的是词的文献频率和词的等级序号之间存在的一种特殊的组合，这就是它们的乘积为一个不变的量。这虽然在我们现在的研究中已显得很不够用和非常原始，但它却是对客观现象的深刻说明。它构成了我们进一步研究的基础。

§12—2 情报理论的结构

对情报检索的研究，仅仅对被研究的对象给予描述和说明是不够的。当我们对情报检索的主要部分分别予以描述和说明，甚至当我们将遇到的经验现象用精确的数量关系表达为各种定律的时候，这还不能算作是对情报检索的真正面貌的具体描述。这些定律还必须有更切实的内容。特别，当我们在应用这些定律时，与之相联系的考察对象也要有清楚的陈述。

特殊的定律是一系列单一观察的结果，一个普遍的定律是以同样的方式归纳合并不同的个别定律的结果。直到最后，我们得到了相对来说较少的命题，而全体定律都将包含在这些普遍命题之中。该命题系统由于涉及相同的对象而彼此相关，我们可以从中选出一组最普遍的命题，所有其它命题均可以由这组命题导出。这就构成了一种理论。

让我们先来考察一下情报检索中的一些较一般的描述与说明是怎样被包含在普遍命题之中的。以文献的表示为例，对文献集合中某一文献d以及经过挑选的n个标引词t_1，t_2…，t_n，设d_i表示t_i在d中的权值，则对文献d可做出如下的描述：

$$d = (d_1, d_2, \cdots, d_n), \qquad (12-1)$$

如果我们没有对这个公式以及公式中出现的量的意义做出相应的解释，而把它作为对文献的一种定义或者关于文献的一个命题，那显然是极不适当的，是一种无意义的约定。事实上，我们在陈述这个公式的同时，还必须陈述那些附加的句子或辅助性假设使该公式符合于观察到的事实。因而我们对（12—1）式有如下的附加说明：

1） 文献集合中任一文献都可以用若干个标引词予以表示；

2） 标引词是能够反映文献的主题内容的词，一篇文献对各标引词的论述是有程度差别的；

3） 某一标引词在某一文献中的重要性可以根据该文献论述该标引词所达到的程度用一个数值（权值）来表证；

4） 一篇文献的表示中所使用的标引词的个数以及各标引词的权值是反映该文献的总体内容的有用的数据。

这些附加的说明也许在我们得出公式（12—1）以前就先行考虑过了。而现在，我们通过公式（12—1）构成了一个更一般的陈述，使得以上四个陈述都被包含在这更一般的陈述之中。而且，因为有了这四个陈述，公式（12—1）就与我们的经验保持一致因而成为一个真实的定律。

类似这种一般性的陈述我们可以举出很多。例如第四章中所定义的检索输出的向量表示$\vec{S}$，查询向量$\vec{q}$，词关系矩阵G以及文献标引矩阵A等，都属于这种一般性的陈述。而这些一般性的陈述又被包含在下述更一般的陈述之中：

$$\vec{S} = \vec{q}\, GA^{T}, \qquad (12-2)$$

公式（12—2）是我们合并不同的个别定律的结果。至此，我们得到了一个由少数普遍命题组成的命题系统。而其它命题都可以由这些命题推导出来。如4—就是由这种普遍命题推导特殊命题的一个过程。

我们已经看到了一个情报检索理论的形成过程以及理论的结构。当我们在着手建立某种情报检索理论时，这种理论的外衣取决于我们用怎样的词或符号来陈述所描写的事实。例如，如果我们坚持用布尔逻辑算符通过标引词的逻辑组合来表达用户查询，则从这种描述出发就将形成布尔检索理论，该理论是一种把查询与文献进行逻辑的（而非数值的）比较而获得结果的检索。如果我们一开始就把文献和查询表示成欧氏空间中的数值向量，则从这种描述出发就将形成文献和查询之间的相似测度的理论，通过相似函数来度量文献和查询之间的相似程度，并在一定的阈值下决定检索输出。

我们使用不同的符号和概念可以形成不同的检索理论，这些理论的形成是我们发挥我们的主观性和创造性的结果。但是当我们试图考察所建立的理论时，就必须考虑到那个独立于任何理论之外的客观实在同理论所使用的符号或概念的区别。符号和概念是用来对应客观实在的，它们只不过是我们借以描述客观实在的工具而已。在评价任何一种理论时，还必须考虑该理论的形成过程中究竟包含了多少假设，在应用这种理论时究竟应该在多大程度上对这些假设予以考虑。读者也许还注意到，在我们的研究范围之内已经有不少文献涉及到了这个问题。

§12—3　检索问题的哲学解

在第一章我们已经指出，情报检索主要涉及情报资料的表示、组织和存取，通过检索系统为用户提供与用户查询主题相关的情报资料。情报检索的这些特点决定了其研究对象具有强烈的人文因素。情报检索过程中所涉及的每一对象都与人或人的主观意志有密切联系。

文献是情报检索研究的最基本对象，是人的主观意识的一种表现形式。其内容的复杂性，形式的多样性已毋庸细谈。一篇文献作为一种现存的和完成的东西，我们可以认为是一种客观的，同人无关的东西。但是，当我们在情报检索过程中遇到处理某篇文献时，却不能不考虑到文献作者的主观意志。在这里，如果把处理与人的意志毫无关系的物理量的方法不经修改或不经变通地照搬过来，将是很不切实际的。在统计学的实验中对于掷出的十个钱币完全可以一视同仁，认为它们之间毫无二致。但是在情报学研究中对于哪怕是同一内容，同一标题的科学论文，我们也不能不注意到它们之间的差别。

在情报检索的实验研究中，我们总设想用户是诚实的，并且具有一定的知识水平。即使在这种情况下，不同的用户对同一情报需求也会按各自的理解，用不同的语言描述出来。其间所存在的细微差别，可能导致我们对同一情报需求做出不同的处理结果。因而在这里必须考虑到心理、情绪、习惯等个人因素。

形成文献或查询的表示（文献标引和查询标引）本质上

是一个人工过程。即使我们通过机器来完成,但归根结蒂是人工的因素在起作用。对文献进行标引时,我们总是把文献加以整理,把它们化成一种简单的形式,直到我们能够借助少数简单的词(标引词)来描述可能是很大量的情报内容为止。文献的这种标引绝不会是精确的,否则,人们只须用少量的"标引词"来撰写科学论文就行了。此外,用不同的标引方法或从不同的标引人员那里,对于同一篇文献所进行的标引也会产生种种差别。

在前边,我们已经对情报检索理论作了一些哲学的探讨。一个情报检索过程以一种理论为背景。这种理论是人创造的结果,现在又再给人来使用。以不同的理论为背景,则检索结果也将是不尽相同的。

那么从哲学的高度来看,一个情报检索问题的正确解答应该是什么呢?

哲学知识因为具有普遍性而可以在各门学科中具体化。哲学的各个范畴和规律都保留着解释各种具体事物的充分余地,哲学的范畴和框架能对人的思维活动起某种规范的作用,并使人的思维活动朝着某一正确的方向发展。

图 12-1 显示了一个情报检索的主体过程。如前所述,

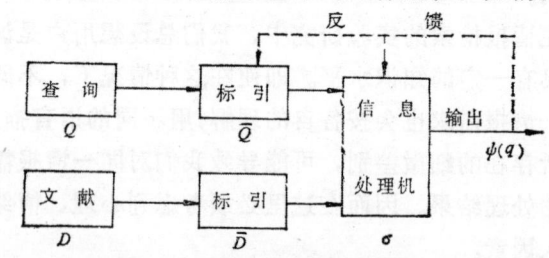

图12-1 情报检索系统示意图

这里的每一个步骤都有人为的因素在起作用。所以，人为的因素贯穿于一个情报检索的全过程。

这里所说的"人为因素"主要是指我们的思想和我们所使用的概念。我们的一切思想和概念，诸如对文献和查询的内容的理解，以及由此所进行的文献标引和查询标引，乃至我们所制定的检索策略，都是由感觉经验所引起的。它们只有在涉及这些感觉经验时才有意义。但是另一方面，它们又都是我们头脑的自发活动的产物，所以它们决不是这些感觉经验的逻辑推论。因此，譬如说对我们所使用的某个标引词，就必须一方面考虑到这个标引词同那些对该标引词所作的种种论断之间的相互关系；另一方面，还必须考虑到这个标引词是如何同文献联系起来而用于文献的标引的。

作为一种尚在制定中的东西，作为一种被追求的目的，比如说对文献和查询的标引，在尚未完成或尚未达到目的以前，是主观的，受心理状态制约的。但是这件事情一旦完成或者我们一旦达到目的，则人为的、主观的因素就不再起作用，它们被客观化，变成了客观的东西。设想在整个情报检索过程中种种主观因素都被如此客观化，则与此同时，检索过程也已经到达终点。这是情报检索的一个显著特点。

但是，人为的、主观的因素所导致的结果是否与我们的感觉经验相一致呢？这并不是一个情报检索系统能够一次性予以回答的，因而一个情报检索系统必须有某种反馈装置，以便我们能够通过对检索输出的综合分析，通过对查询的修改，进一步检索出与用户需求密切相关的文献。甚至，这种反馈会直接指向系统所依赖的理论，迫使我们对情报检索理论进行改进、拓宽或加深，以便使这种理论能够更准确地与经验现象相吻合。

所以,从哲学的观点出发,对一个情报检索系统应该提出这样的要求:对于该系统所实施的每一个检索过程,在其每一个环节上,人为的、主观的因素都应发挥到最大的程度,使得检索结果对用户有利。而且,每一人为的因素在其所处的局部过程中起到的作用,应该与其它部分的作用有机地承接在一起,以至于当一个局部过程十分紧密地接近于感觉经验的时候,由此所产生的有效数据的作用不致在进入系统的其它过程时被减弱。即系统的各部分之间达到了和谐与统一。

我们对情报检索问题提出的这种哲学观点,用一句简单的话来概括,就是始终如一地保持主观和客观相一致。无论从哪一种意义上讲,在这里我们并没有将哲学知识本身予以加深或推广。我们之所以提出这种哲学观点并把它作为检索问题的一种广义的解答,是因为它能对我们的研究工作起到方法论的启示作用。一个情报检索问题不象一个数学问题那样,不同的人可以得出相同的结果。其它一些学科,比如欧氏几何,当人们在建立这一理论的时候,也仅仅在这个时候,才顾及到经验现象——根据感觉经验作出少数的普遍假定(公理)。接着就由此导出无数命题。而当我们考虑这些命题之间的相互关系时,就完全不再考虑它们中间出现的词或符号的实际意义了。情报检索问题也可以作为一种命题的推导,它将用户的查询作为条件推导出符合条件的一个文献集合作为对该查询的响应。但这和欧氏几何中的命题推导有着显著的不同。欧氏几何中的命题仅仅是空虚的命题形式,只有当我们找到某一种类的自然对象用来填补这种空虚的命题形式时,它才是真正的命题。而在情报检索过程中,命题的推导直接涉及到客观的对象，一个结论在得出的同时就要受到严格的实践检验以决定其是否符合客观实在，我们就不能不处处考虑所使用的词或符号的实际意义。而且，如前所述，正因为情报检索问题具有强烈的人文因素，我们才不得不刻意追求这种感觉的实在与理解的实在之间的合理的平衡。